GENEVIEVE WHEELER

JEDES HERZ IST EIN PUZZLE AUS SCHERBEN

Roman

Aus dem Englischen
von Nora Petroll

ROWOHLT POLARIS

Die Originalausgabe erschien 2023
unter dem Titel «Adelaide» bei St. Martin's Press /
St. Martin's Publishing Group, New York.

Deutsche Erstausgabe
Veröffentlicht im Rowohlt Taschenbuch Verlag,
Hamburg, September 2023
Copyright © 2023 by Rowohlt Verlag GmbH, Hamburg
«Adelaide» Copyright © 2023 by Genevieve Wheeler
Covergestaltung FAVORITBUERO, München
Coverabbildung Shutterstock
Satz aus der Questa
Gesamtherstellung CPI books GmbH, Leck
ISBN 978-3-499-00890-0

Die Rowohlt Verlage haben sich zu einer nachhaltigen Buchproduktion
verpflichtet. Gemeinsam mit unseren Partnern und Lieferanten setzen
wir uns für eine klimaneutrale Buchproduktion ein, die den Erwerb von
Klimazertifikaten zur Kompensation des CO_2-Ausstoßes einschließt.
www.klimaneutralerverlag.de

*Für meine Eltern, meine Schwestern
und die vielen Frauen, die meine Scherben
zusammengehalten haben*

Anmerkung der Autorin

Dieser Roman ist rein fiktiv. Wie so oft sind manche Aspekte der nachfolgenden Geschichte von realen Erfahrungen inspiriert. Dennoch sind sämtliche Figuren, sämtliche Dialoge und sämtliche beschriebene Geschehnisse frei erfunden. Übereinstimmungen mit realen Ereignissen, mit Organisationen oder Personen – lebenden oder verstorbenen – sind weder beabsichtigt, noch sollen sie zu Rückschlüssen jeglicher Art auffordern. Aber die Liebe, die Trauer, der Schmerz, die Freude, die Gefühle, die Gefühle, die Gefühle sind echt – sie existieren und atmen auch außerhalb dieser Buchseiten. Ich hoffe, dass es diese Gefühle sind, die sich für euch, liebe Leser:innen, am wirklichsten anfühlen. Für mich sind sie zweifelsfrei sehr wirklich.

Wir erzählen uns Geschichten, um zu leben.

JOAN DIDION, *Das weiße Album*

Ich weiß, dass das listige Luder namens Liebe mich finden wird, wenn ich so weit bin, aber jetzt ist es an der Zeit zu schreiben.

BECK DOREY-STEIN, *Good Morning, Mr. President!*

PROLOG

Das Komische am ultimativen Tiefpunkt ist, dass man nie genau weiß, wann man ihn erreicht hat. Dieses rauschende Gefühl, als ob man fällt, hört nicht schlagartig auf, und noch während man immer tiefer stürzt, denkt man ständig: Schlimmer kann es doch jetzt nicht werden, oder?
Selbst als sie in einem Krankenhauszimmer in Chelsea saß – wo sie benebelt Fragen über ihren emotionalen Zustand, Fälle psychischer Erkrankungen innerhalb ihrer Familie und die genaue Anzahl an Tabletten beantwortete, die sie vorhin geschluckt hatte –, konnte Adelaide immer noch nicht mit Gewissheit sagen, dass sie ihn erreicht hatte. Den ultimativen Tiefpunkt. Sie erwartete fast, dass der Boden unter ihr nachgeben oder die Decke einstürzen würde, dass irgendetwas sie noch tiefer hinabdrückte. *Das kann er nicht sein*, dachte sie. So war es immer. (Doch näher würde sie ihm tatsächlich nie kommen.)
Celeste saß auf einem Stuhl links neben ihr, eine Tesco-Tüte voller Snacks auf dem Schoß. Vor ungefähr einer Stunde war sie zu Adelaide ins Krankenhaus geeilt und hatte sie auf eine Weise umarmt, die Adelaide nie vergessen würde; gleichermaßen vorsichtig und fürsorglich. Sich selbst wegen Suizidgefahr ins Krankenhaus einzuweisen, ist eine seltsame Angelegenheit – vor allem, wenn die Dame bei der Patientenaufnahme deine geflüsterten Worte nicht versteht («Ich. Bin. Selbs-moor-ge-fäärd. Kann ich es einfach aufschreiben?») –, und Adelaide war unendlich dankbar für Celestes Beistand. Sie half, die Lücken zu füllen, sowohl in den Gesprächen mit

dem Krankenhauspersonal als auch auf dem Papier, und sie setzte ohne Zögern ihre Nummer unter *Notfallkontakt*. Sie sei im «Ms.-Celeste-Modus», erklärte sie. Ganz fürsorgliche Grundschullehrerin, fütterte sie Adelaide im Warteraum mit Brezeln, während sie ihr den Kopf streichelte.

Waren am Tiefpunkt überhaupt Besucher erlaubt?

Egal, Adelaide war erleichtert, Celeste bei sich zu haben, doch gleich unter dieser Erleichterung wirbelte ein Strudel teuflischerer Emotionen. Sie war überzeugt, ein neuartiges Tief, eine neuartige Dunkelheit erreicht zu haben. Ihr Herz schlug zwar immer noch gnädig, das Salz der Brezeln brannte auf ihrer Zunge, doch sie wollte nicht mehr weiterleben. Rein körperlich war Adelaide intakt – ihr Oberschenkelknochen war mit dem Knie verbunden und so weiter und so fort –, aber innerlich, mental, war sie ein Haufen scharfkantiger loser Scherben, und sie glaubte nicht, sich selbst wieder zusammensetzen zu können. Sie wollte nicht per se sterben, sie wollte nur aufhören zu existieren. Aufhören zu sein. Und so angsteinflößend es auch war, der Tod schien ihr der einzige Weg dahin. Eine Handvoll Tabletten und ein Schluck Wasser, und sie wäre frei – ihre zusammengefegten Scherben verfrachtet auf eine andere Bewusstseinsebene.

Adelaide war an diesem Morgen nicht mit dem Gedanken aufgewacht, dass es ihr letzter sein sollte. Der Caffè Latte, den sie sich gegönnt hatte, war höchstens mittelmäßig gewesen, und sie hatte nicht mehr gegessen als einen zerdrückten Müsliriegel – weit entfernt von dem amerikanischen Südstaatenschmaus, den sie scherzhaft zu ihrem letzten Mahl auserkoren hatte (Mac and Cheese, Maisbrot, gebratene grüne Tomaten und ein mächtiger Schokokuchen, vielen herzlichen Dank). Kein Abschiedsbrief war verfasst, kein Testament aufgesetzt, keine Vorbereitungen waren getroffen worden.

Die Wolken hatten der Sonne höflich den Vortritt gelassen, und für einen späten Septembertag schien sie erstaunlich hell und munter. Adelaide konnte ausschlafen und sang unter der Dusche Musicalsongs. In der U-Bahn bekam sie einen Sitzplatz, und um halb eins rief sie ihre Mutter an, die in ihrem Haus in Massachusetts gerade *The Tonight Show* schaute, um ihr alles Gute zum Geburtstag zu wünschen. Klar, die Trennung machte Adelaide immer noch zu schaffen, aber der Tag brachte nichts besonders *Schlimmes*. Nichts, was einen Abgang von der Erde unerlässlich hätte erscheinen lassen. Es war Umzugstag! Der Beginn von etwas Neuem! Frischem! Aufregendem!

Aber dann, erst langsam und schließlich mit einem schnellen Ruck – so wie jeder und alles ins Wanken gerät –, verlor sie den Boden unter den Füßen.

Sie holte den Schlüssel für ihre neue Wohnung ab und sah, dass die Sofas farblich nicht zusammenpassten. Ihre Vermieterin verdrehte die Augen, als Adelaide fragte, wer der Stromlieferant sei. («Was interessiert es Sie? Das wollte bisher noch nie jemand wissen.») Obwohl sie sich den Tag freigenommen hatte, wartete noch ein Berg Arbeit auf sie, und die Umzugshelfer waren spät dran, und: «Sind Sie sicher, dass ich keine Bilder an die Wand hängen darf?» Und scheiße, sie musste sich dringend hinlegen.

Rückblickend betrachtet, wirkt es lächerlich – «Die Sofas haben nicht zusammengepasst, und ich wollte keinen Presseplan schreiben, also hab ich beschlossen, mich umzubringen» –, aber Adelaides Batterien waren leer. Sie hatte keine emotionalen Reserven mehr, die sie erden, ihr einen Schubs geben oder sie daran erinnern konnten, dass sie diesen Angstberg überwinden würde. Sie ging auf Twitter, um sich abzulenken, und sah, dass *sie* bei den London Book Awards ausgezeichnet worden war – dass ihr zu Recht die Anerkennung der literarischen Gemeinschaft zuteilgeworden war, zu der Adelaide seit jeher hatte gehören wollen –, und da konnte sie einfach nicht mehr. Sie konnte nicht mehr weiterleben.

Adelaide merkte nicht einmal, dass sie angefangen hatte zu weinen; sie spürte bloß wenige Minuten später das brennende Kribbeln auf ihren Wangen, blickte an sich hinab und sah ihr tränennasses T-Shirt. Das war der Moment, in dem sie ein Glas mit Leitungswasser füllte, in ihrer Handtasche nach dem Notfallfläschchen Xanax wühlte und begann, die Tabletten zu schlucken wie Smarties.

Man kann ehrlich von Glück sagen, dass sie diesen Zusammenbruch am Geburtstag ihrer Mutter erlitt – einem Tag, an dem sie vor drei Jahren auch die Geburt von Adelaides Neffen gefeiert hatten. Sie saß mit dem Tablettenfläschchen in der einen und dem Glas Wasser in der anderen Hand auf einer nackten Matratze – fünf Pillen bereits geschluckt, noch etwa zwanzig waren übrig –, als sie plötzlich dachte: Vielleicht sollte ich das morgen zu Ende bringen. Vielleicht sollte ich nicht den Geburtstag meiner Lieblingsmenschen mit meinem Selbstmord trüben. (Was hätte sie wohl gestoppt, hätte die Abwärtsspirale einen oder zwei Tage später eingesetzt?)

Adelaide wählte die Nummer einer Hotline, empfing die Umzugshelfer, rief Celeste an. Sie schickte eine Nachricht an ihre Familie und an ihre beste Freundin Eloise. Dann atmete sie ein paarmal tief durch und nahm ein Taxi in die Notaufnahme des Chelsea and Westminster Hospital. Und nun saß sie im Wartebereich und fragte sich, ob das jetzt tatsächlich der ultimative Tiefpunkt war oder ob sie noch weiter fallen würde.

«Name?»

«Adelaide Williams. Mit e.»

«Williams schreibt sich mit e?»

«Nein, Adelaide. Am Ende. A-d-e-l-a-i-d-e. Alle vergessen immer das e.»

«Alter?»

«Sechsundzwanzig.»

«Nationalität?»

«Amerikanisch, aber ich wohne hier in England. Ich habe meine Aufenthaltsgenehmigung dabei, falls Sie sie sehen wollen.»

«Nein, schon in Ordnung. Beruf?»

«Kommunikationsmanagerin, ich arbeite in der Presseabteilung eines Technologiekonzerns.»

«Beziehungsstatus?»

Celeste und Adelaide wechselten einen Blick. «Single.» Adelaide räusperte sich. «So was von Single.»

Bei dieser Bemerkung hielt die Pflegerin inne, eine stumme Aufforderung, das genauer auszuführen. Was Adelaide nicht tat.

«Sie hat sich vor Kurzem getrennt», erklärte Celeste. «Vor sehr Kurzem. Eine nicht so tolle Trennung.»

Die Pflegerin nickte und schrieb etwas auf ihr Notizblatt. Sie trug einen lila Krankenhauskittel und eine dicke Brille, hatte üppige Kurven und einen karibischen Akzent. In Adelaides Vorstellung dachte sie: Ah ja, noch so ein Mädchen mit gebrochenem Herzen, das Julia spielt und uns Zeit und Ressourcen raubt. Sie machte der Pflegerin deshalb keine Vorwürfe; Adelaide hatte dasselbe Bild von sich.

Auf ihren Mittelfinger war das Venussymbol tätowiert, und in ihrer neuen Wohnung wartete eine Umzugskiste mit der Aufschrift *FEMINISTISCHE LITERATUR* darauf, ausgepackt zu werden. Zwar hatte sie einen Hang zu heftigen Schwärmereien und liebte Richard-Curtis-Filme, ja, aber Adelaide hatte sich nie für den Typ Frau gehalten, der sich von unerwiderter Liebe in den Abgrund ziehen lässt. Männer waren bescheuert! Sie mochte sie nicht mal! Frauen waren besser, klüger, stärker! Doch hier saß sie in einem Krankenhauszimmer und beantwortete Fragen über ihren Beziehungsstatus mit einem bitteren «So was von Single», weil sie offenbar nicht mit der Tatsache klarkam, dass ein bestimmter Mann sie nicht liebte.

Gab es eine Selbstmordabteilung im Himmel? Adelaide stellte sich den Raucherraum eines Tex-Mex-Restaurants aus ihrer Heimatstadt vor – literarische Größen, die sich um Aschenbecher und rote Plastikschüsseln mit Tortilla-Chips scharten. Würde Virginia Woolf überhaupt mit Adelaide reden, wenn sie dort auftauchte?

«Hatten Sie in der Vergangenheit Probleme mit Ihrer psychischen Gesundheit?»

«Ja und nein. In der Highschool wurden mir Angstzustände und eine Depression diagnostiziert.» Nach Adelaides erster Trennung hatte ihre Mutter sie zum Psychologen gezerrt. Adelaide hatte einen Monat lang kaum geschlafen oder gegessen, und mit ihrem abnehmenden Hüftumfang hatte die Besorgnis ihrer Mutter zugenommen. Offenbar gab es hier ein Verhaltensmuster. «Ich habe auch hin und wieder zwanghaft-obsessive Tendenzen. Die wurden heute, ähm, getriggert. Um es mal so zu sagen.»

«Getriggert?»

«Ja, die neuen Sofas in meiner Wohnung passen nicht zusammen.» Die Krankenpflegerin fragte nicht nach.

«Nehmen Sie irgendwelche Medikamente?»

«Zur Verhütung, aber hauptsächlich wegen meiner Endometriose. Hin und wieder nehme ich auch Xanax, so wie heute.»

«Und wie viel Xanax haben Sie heute eingenommen?»

«Ich glaube, sechs oder sieben Milligramm. Viel mehr nicht.»

«Alles auf einmal?»

«Alles auf einmal.»

«Wie fühlen Sie sich jetzt?»

«Ziemlich schläfrig, aber ruhig.»

«Gibt es in Ihrer Familie Fälle von psychischen Erkrankungen?»

«Ähm, ja.» Adelaide kicherte unangebracht – als Kind war bei ihr zu Hause auf dem Festnetztelefon die Nummer eines Psychologen auf der Schnellwahltaste eingespeichert gewesen. «In meiner Familie hat buchstäblich jeder irgendeine Art von psychischer Erkrankung, mein Dad ausgenommen. Er ist umgeben von verrückten Frauen. Er war, besser gesagt.»

«Können Sie Details nennen?»

«Ja. Meine Schwester Izzy hat eine bipolare Störung. Holly, meine andere Schwester, hat ADS. Meine Mutter ist klinisch depressiv.»

«Irgendwelche Suizidversuche?»

«Viele. Hauptsächlich von meiner Schwester, der bipolaren. Aber hin und wieder auch von meiner Mom.»

«Und haben Sie in der Vergangenheit schon mal versucht, sich umzubringen?»

«Nein. Meine Tagebucheinträge aus der Highschool sind ziemlich düster, aber so etwas wie jetzt habe ich noch nie versucht.»

Adelaide schätzte die distanzierte Art des Gesprächs. Keine lang gezogenen Mhhhs oder anhaltende schmerzhafte Blickkontakte, kein quälendes «Und wie haben Sie sich dabei gefühlt?», gefolgt von einer Pause. Stattdessen klar gestellte Fragen mit klaren Antworten und zu Adelaides Erleichterung auch nur in begrenzter Anzahl. Dieses Frage-Antwort-Spiel hatte einen Rhythmus, der seltsam beruhigend wirkte, wie ein Volleyballspiel oder ein Metronom.

«Und was hat dazu geführt, dass Sie es heute versucht haben?»

Die Antwort darauf würde den Rhythmus unterbrechen. Die Sofas, die Trennung, die Arbeit – das alles waren Trigger und Katalysatoren. Aber die Geschehnisse und Gefühle, die Adelaide an diesen Punkt gebracht hatten, reichten weiter zurück als bis zu diesem Nachmittag, an dem sie in Flammen aufgingen; sie waren schwieriger zu benennen und zu erklären.

Ihr war nicht nur einmal das Herz zerbrochen. Sondern mehrfach über das letzte Jahr hinweg – das letzte Jahrzehnt, um ehrlich zu sein –, und jedes Mal, wenn sie versuchte, es wieder zusammenzusetzen, es mit metaphorischem Sekundenkleber zu flicken, brach es erneut auseinander. Mit jedem Bruch wurden die Scherben kleiner, schwieriger zu erkennen und wieder mit dem Rest zu verbinden.

«Ähm», sagte sie. «Ich weiß selbst nicht, wie ich es erklären soll. Es ist eine lange Geschichte. Viele lange Geschichten.»

Die Pflegerin legte ihr Notizblatt zur Seite. «Würde es helfen, sie zu erzählen?»

FRÜHLING

London, England
2018

EINS

«Von meinen Fersen lösen sich ganze Hautlappen, und wahrscheinlich sollte ich heute Abend keinen Sex haben, oder?»

Dinge wie diese rief Adelaide gern quer durch die Wohnung und leitete damit die Art Unterhaltung ein, an die sich ihre Mitbewohnerin Madison schnell hatte gewöhnen müssen. An der Boston University hatten sie sich flüchtig gekannt – sie waren in derselben Studentinnenverbindung gewesen –, aber außerhalb der Verbindungstreffen und anderer Pflichtveranstaltungen hatten sie eigentlich nichts miteinander zu tun gehabt. Verschiedene Hauptfächer, verschiedene Freundeskreise und so weiter. Eines Nachmittags, ein paar Jahre nach ihrem Abschluss, erfuhr Adelaide über Facebook, dass Madison ebenfalls für ihren Master nach England gehen würde, und dachte sich: *Hey, ich könnte da drüben wirklich eine Freundin gebrauchen.* Sie schrieb ihr eine Nachricht und schaffte es irgendwie, Madison zu überzeugen, mit ihr nach einer gemeinsamen Wohnung in Nordlondon zu suchen, statt in ein Studentenwohnheim zu ziehen. Fünf Tage vor ihrer Ankunft am Heathrow Airport unterschrieben sie online den Mietvertrag für eine sagenhafte viktorianische Wohnung in Highgate – zerkratztes Glas, abgeplatzte Farbe und abgenutzte antike Möbel –, die sie schnell mit auf Flohmärkten erstandenen gerahmten Postern und einer Unmenge Lichterketten dekorierten. Die Vorratsschränke wurden vollgestopft mit Schokokeksen und Bohnenkaffee, die Fensterbänke zugestellt mit alten Weinflaschen, in denen Kerzenstummel steckten. Polaroidfotos, die die zwei jungen Frauen mit schwarzem Eyeliner, Glitzerkleidern und billigen Kunstfellmänteln zeigten, verbargen die unzähligen Dellen und Flecken an ihrem Kühlschrank – der ein ungewöhnliches Pfeifen von sich gab und wahrscheinlich, so fürchteten sie, jederzeit den Geist aufgeben konnte.

Gleich am ersten Abend hatten sich die frischgebackenen Mitbewohnerinnen im Pub um die Ecke betrunken, wo es von alten Männern und verstaubten alten Lederstühlen wimmelte und sie kichernd an einem Ecktisch saßen und Veggieburger aßen. Ihre Unterhaltung wechselte zwischen politisch aufgeladenen ideologischen Diskussionen und «Erinnerst du dich noch an die Frau, die bei der Verbindungsparty im Abschlussjahr auf einer Trage abtransportiert wurde? Das war ich!» und «Welches war früher dein Lieblings-Spice-Girl?». Sie verstanden sich auf Anhieb und Gott sei Dank.

In ihrer ersten Uniwoche nahm Madison an einer Yogastunde für neue Studierende teil und rollte – durch einen Wink des Schicksals, für den Adelaide auf ewig dankbar sein sollte – ihre Matte neben einer Frau mit leichtem amerikanischem Akzent und Boston-College-T-Shirt aus. Ihr Name sei Celeste, textete ihr Madison. Sie sei ein paar Jahre älter, aber auch erst kürzlich für ihren Master nach London gezogen (gleiche Uni wie Madison, aber mit einem anderen Schwerpunkt) und *Willst du später mit uns was trinken gehen?*. Wollte Adelaide in der Tat.

Genauso, wie sie Madison überzeugt hatte, mit ihr zusammenzuziehen, und genauso, wie sie Madison und Celeste ständig überredete, den Abend im Pub zu verbringen («Um zu lernen», sagte sie jedes Mal grinsend), hatte Adelaide ihre Mitbewohnerin auch dazu gebracht, in dieser Woche ein Intensiv-Fußpeeling zu machen – über das Angebot war sie auf der Website eines koreanischen Kosmetiksalons gestolpert, in dem es dann besorgniserregend nach Bleichmittel gerochen hatte. Jetzt schälten sich ihre Füße. Auf den ersten Blick sah es aus, als hingen an ihren Beinen zwei sehr platt gedrückte, sehr blasse sich häutende Schlangen.

«Meine Fersen sehen genauso aus, kann einem echt Angst einjagen», sagte Madison, betrachtete ihre Fußsohlen und reichte Adelaide eine Tasse Rotwein (die Gläser waren dreckig, wie immer). «Du weißt aber schon, dass du nicht mit jedem Typen schlafen musst, mit dem du ausgehst?»

Adelaide lachte. Nach einem knappen halben Jahrzehnt der Enthaltsamkeit hatte sie sich im Alter von zweiundzwanzig mit voller Inbrunst in die Welt der Dating-Apps und One-Night-Stands geworfen – Chatunterhaltungen mit charmanten Fremden und jede Woche schweißtreibende Clubbesuche. Erst in New York, jetzt in London.

Das heutige Date würde sich nicht groß von den anderen unterscheiden, glaubte Adelaide. Sie würde diesen Mann treffen und beim Klang seines Akzents dahinschmelzen (Adelaide wohnte seit sieben Monaten in London, aber der Reiz des Neuen war noch nicht verflogen). Er würde sich über amerikanische Politik lustig machen und fragen, ob New York genauso sei wie eine Folge *Friends*. Sie würde über seine Witze lachen; er würde über ihre Tollpatschigkeit hinwegsehen, wenn sie einen Drink verschüttete. Irgendwann würden sie zu ihm oder ihr nach Hause torkeln, schludrigen mittelmäßigen Sex haben, und noch vor Sonnenaufgang wäre ihr Techtelmechtel vorbei. Es war zu einem Schema geworden.

In der vorigen Woche hatte Adelaide über sechs Tage hinweg drei One-Night-Stands gehabt. Etwa einen Monat zuvor hatte sie in einer schmuddeligen Bar in Shoreditch am selben Abend mit zwei Typen rumgemacht. Was nichts mit geringem

Selbstwertgefühl zu tun hatte, sondern vielmehr mit Kontrolle. Kaum etwas wirkte berauschender auf Adelaide, als einem Fremden in die Augen zu sehen, mit der Zunge über seine Unterlippe zu fahren und dann ganz plötzlich die Bar oder seine Wohnung zu verlassen, wenn sie fand, es sei Zeit zu gehen. Sie hatte in ihren Zwanzigern eine Handlungsfähigkeit für sich entdeckt, die sie als Teenager nicht gehabt hatte (die ihr genau genommen gestohlen worden war), und sie genoss es, damit zu spielen.

«Ich muss nicht mit jedem schlafen, sagst du?» Sie nippte am Wein, zwinkerte Madison im Spiegel zu und richtete ihre Aufmerksamkeit dann wieder darauf, einen schwarzen Lidstrich zu ziehen. «Das ist mir neu!»

Madison saß auf dem Rand der Badewanne, während Adelaide dazu überging, ihr langes dunkelblondes Haar mit dem Glätteisen zu kerzengeraden Strähnen zu ziehen, und schmunzelte, als sie mit ihrem herausgewachsenen Pony rang. Sie unterhielten sich über Hausarbeiten, für den kommenden Sommer geplante Segelausflüge in Frankreich, und: «O mein Gott, hast du gesehen, dass Marissa und Josh sich in Miami verlobt haben? Ich erinnere mich noch, wie ich ihr in der Nacht, als sie sich kennenlernten, bei Sigma Tau die Haare aus dem Gesicht gehalten habe.» Schließlich goss Adelaide den Rest ihres Weins in eine Plastikflasche und fuhr sich mit der Zunge über die Zähne – «Gut?», sie grinste Madison an, «gut», Madison nickte –, dann schob sie ihre sich schälenden Füße in ein Paar flacher Schuhe mit Blumendruck und betete, dass ihr Date den Zustand ihrer Füße nicht bemerken würde.

Sein Name war Rory Hughes, und Adelaide hatte noch nicht entschieden, ob er ihr Typ war oder nicht. Sie hatten sich auf einer Dating-App gematcht, und da er hauptsächlich verschwommene Gruppenfotos hochgeladen hatte (wie unverständlicherweise so viele Männer in ihren Profilen), konnte sie nicht genau erkennen, wie er aussah. Aber er hatte mit kleinen Herzen auf ihr Profil reagiert, und er mochte die Spice Girls, und die harmlosen Neckereien zwischen ihnen hatten Adelaide ein Lächeln ins Gesicht gezaubert. Wenn sonst nichts, hoffte sie, an diesem Abend zumindest einen Drink spendiert zu bekommen und sich nett zu unterhalten. Es wäre sowieso vernünftiger, nicht mit ihm zu schlafen – sie musste noch Hausarbeiten fertig schreiben und für anstehende Prüfungen lernen. Das Date würde eine schnelle Angelegenheit werden, erklärte sie Madison und warf ihre Lederjacke über.

«Vor zehn bin ich wieder zu Hause.»

(Tatsächlich würde sie nicht vor zehn zu Hause sein.)

Wenn man Adelaides Erwachsenenleben in zwei Teile spaltete – wie eine Melone, ein gerader Schnitt mittendurch –, wären diese zwei Teile wahrscheinlich «Vor Rory Hughes» und «Nach Rory Hughes», und auf beiden Seiten stünden zwei unterschiedliche Versionen ihrer selbst.

Als sie unterwegs zu ihrem ersten Date in der U-Bahn saß, den Bodensatz ihres Weins trank und dabei Ginuwines *Pony* in Dauerschleife hörte, hatte sie keine Ahnung, dass dies das Ende war. Die letzten Augenblicke in diesem speziellen Körper, mit dieser speziellen Identität. Hätte sie es gewusst, vielleicht hätte sie etwas anders gemacht; vielleicht auch nicht. (Wahrscheinlich nicht.)

Als Treffpunkt hatte er das Old Vic Theatre vorgeschlagen, das nur einen kurzen Fußweg von der Waterloo Station entfernt lag. Adelaide war vor drei Jahren schon mal dort gewesen, für eine Aufführung von *Im Zweifel für den Angeklagten*.

(Später erfuhr sie, dass Rory am selben Abend auch da gewesen war – er hatte im ersten Rang gesessen, Adelaide hatte

Karten fürs Parkett gewonnen. Sie träumte oft vor sich hin, wie sie sich in jener Nacht in der Lobby über den Weg liefen, wie ihre Handrücken sich in der Menge im Vorbeigehen berührten. Sie stellte sich gern vor, dass ihre Leben durch das Schicksal untrennbar miteinander verknotet waren.)

Sie hatte ihre Kopfhörer zu einem ordentlichen Bündel gewickelt in ihre Handtasche geworfen und fragte sich gerade, wohin mit ihren Händen, als sie eine Stimme hörte: «Hey, Adelaide?»

Ihr Körper wurde taub.

Zweieinhalb Jahre bevor sie ihre Wohnung in Brooklyn aufgab und nach Highgate zog, hatte Adelaide im Zuge eines Austauschprogramms das sorgenfreiste Semester ihres Lebens in London verbracht. Sie hatte eine Schwäche für die Stadt, seit sie als Kind einige Jahre lang am Londoner Stadtrand gelebt hatte, aber sie hätte nie gedacht, dass eine Metropole zu einem festen, wichtigen Bestandteil eines Lebens werden konnte. Nicht vor dem Auslandssemester. «Es ist verrückt», erzählte sie ihren Freunden über Skype. «Ich bin hier einfach von Grund auf zufrieden. Wer hätte gedacht, dass das überhaupt möglich ist?» Ihre Verpflichtungen waren verschwindend gering, und der Hyde Park lag direkt vor der Tür. Es war perfekt.

Eines Tages schlüpfte Adelaide in ein marineblaues Kleid mit kleinen weißen Ankern darauf und ging mit ihren Freunden in einen Biergarten an der Themse, um sich von dort aus das Bootsrennen zwischen der Oxford und der Cambridge University anzusehen. Sie tranken etliche Karaffen *Pimm's* und Limonade und aalten sich in diesem scheuen kleinen Licht, das sich hier Sonne nannte. An jenem Nachmittag, angetrunken und angebräunt, sah sie ihn.

Er trug ein blaues Button-down-Hemd und einen Schal, und Adelaide war auf der Stelle in ihn verliebt – in seine braunen Locken und seine markante Kinnpartie. Wie ein junger Colin Firth. «Hör auf zu sabbern», sagte ihre Freundin. «Du siehst aus wie eine betrunkene Forelle.» Adelaide schloss den Mund, stand auf und nahm all ihren Mut zusammen, während sie hinüber zur Bar schlenderte, um ihn anzusprechen – mit zwei leeren Karaffen in der Hand und ohne Schuhe (von denen hatte sie Blasen bekommen).

Sie tippte ihm auf den Arm und sagte: «Hi. Tut mir echt leid, aber ich ... Ich muss dir einfach sagen ... Du siehst aus wie ein Disneyprinz.»

«Oh, äh, hi», sagte er. «Das ist nett. Danke.»

Er klopfte Adelaide freundlich auf die Schulter und drehte sich dann wieder zu seiner Gruppe. Aber sein Gesicht hatte sie nie vergessen.

Sie erzählte diese Geschichte in den kommenden Jahren ständig. Immer wenn Adelaide Witze über ihre Tollpatschigkeit und ihren fehlenden Sex-Appeal machte und ihre Freunde in höflichem Unglauben den Kopf schüttelten, packte sie diese Anekdote aus. «Seht ihr?», sagte sie anschließend. «Ich bin jemand, der Fremde anspricht und ihnen sagt, dass sie aussehen wie Disneyprinzen – und zwar barfuß!» Es war demütigend, ultrakomisch und zu hundert Prozent *Etwas-das-Adelaide-Williams-tun-würde*.

Dass der Prinz ein zweites Mal in ihrem Leben auftauchen, ihr, diesmal vor dem Old Vic, erneut auf die Schulter klopfen und sich als Rory vorstellen würde, hätte sie nicht erwartet.

Für einen kurzen Moment klappte Adelaide die Kinnlade runter. Wie war ihr das entgangen? Wie hatte sie ihn auf den Fotos nicht erkennen können? «Ogottogott, hi! Ich bin Adelaide», sagte sie. «Freut mich so, dich kennenzulernen! Darf ich dich umarmen? Ich tu's einfach.»

Zum Glück interpretierte man Adelaides aggressive Freundlichkeit in London wundersamerweise als amerikanischen Charme statt als kreischend rotes Warnsignal. Die Schönheit eines ausländischen Akzents. Rory schmunzelte und umarmte sie ebenfalls, dann schob er seine Brust ein Stück vor und fragte: «Wollen wir?»

Das war eine Angewohnheit von ihm. Wenn er nervös war, reckte er die Brust vor wie ein Vogel – in der Bemühung, mutig oder entschlossen oder selbstsicher auszusehen – und sagte Dinge wie «Wollen wir?». Adelaide wiederum war so überglücklich, in seiner Nähe zu sein, neben ihm, mit ihm zusammen (mit! ihm! zusammen!), dass sie jedes Mal dahinschmolz und gehorchte. Er hätte die Frage an einem Abhang stellen und dabei auf die Schlucht unter ihnen zeigen können, Adelaide hätte freudestrahlend erwidert: «Wir wollen!»

Aber sie standen nicht an einem Abhang. Noch nicht. An diesem Abend führte er sie in ein altes italienisches Restaurant in der Lower Marsh Street – eines, in dem es nach gerösteten Espresso roch und dessen knarzende Holztische mit ringförmigen Flecken übersät waren. Vor ihrem Treffen hatte Rory gefragt, ob Adelaide lieber lebhafte Kneipen oder gemütliche Restaurants mit Lichterketten mochte. Sie hatte sich für Letzteres entschieden und bereute es nicht.

«Was darf ich dir zu trinken bestellen?», fragte er.

«Oh, egal! Ich mag jede Art von Alkohol», sagte sie. Ein offenbar erfolgloser Versuch, zurückhaltend und unkompliziert rüberzukommen.

Rory sah sie belustigt an und kam wenige Minuten später mit zwei Gläsern Aperol Spritz zurück. Aus der orangen Flüssigkeit ragten gestreifte Strohhalme. «Cheers», sagte er.

Sie beschloss, ihm nicht zu sagen, dass sie sich schon mal begegnet waren. Dieses kleine Geheimnis wollte sie vorerst für sich behalten, wie es schien, erinnerte er sich ohnehin nicht daran.

Rory erzählte ihr, dass er nach der Schule ein Jahr lang auf einem Bauernhof in Südfrankreich gearbeitet hatte. Anschließend studierte er in Cambridge. Arbeitete eine Weile in einer Kanzlei. Nahm ein Jahr frei, um in Alabama ehrenamtliche Rechtsberatung anzubieten, und ging dann ein paar Wochen an die Filmschule in L.A. – «Einfach so zum Spaß» –, was ihn dazu inspirierte, komplett das Berufsfeld zu wechseln. Inzwischen arbeite er für eine junge Produktionsfirma, und es sei echt verrückt, wie viel glücklicher es ihn mache, in Jeans und T-Shirt und für einen Hungerlohn im Filmbusiness zu arbeiten, als steife graue Anzüge tragen zu müssen.

Zwischendurch löcherte er sie mit Fragen zu ihrem Leben – zu Amerika, ihren vielen Umzügen, den Monaten, die sie als Au-pair in Paris verbracht hatte. Er fragte sie nach ihren Lieblingsserien auf Netflix und welches amerikanische Essen sie am meisten vermisste, und er neckte sie leicht, als sie gestand, dass sie manchmal von Fertig-Mac-and-Cheese und Summer S'mores träumte und daraufhin mit Sabber am Kinn aufwachte.

«Das ist nicht süß», sagte sie. «Tun wir lieber so, als hätte ich es nie erwähnt?»

«Es ist lustig und bezaubernd», sagte er. «Du bist lustig und bezaubernd.»

Sie tranken ihren Aperol Spritz. Dann einen zweiten. Anschließend teilten sie sich eine Flasche roten Hauswein. Adelaide hatte sich noch nie so schnell mit einem Fremden wohlgefühlt, geschweige denn mit einem so bilderbuchhaft gut aussehenden.

Scheiß auf meine Füße, schrieb sie Madison, als sie auf der Toilette war. *Ich schlafe mit diesem Typen.*

War ja klar, schrieb Madison zurück. *Celeste und ich haben gewettet.*

Um etwa halb zwölf – ihr Date dauerte schon viereinhalb Stunden – gab ihnen das Restaurantpersonal freundlich zu verstehen, dass sie jetzt zumachten, und: «Würde es Ihnen etwas ausmachen, wenn wir den Tisch abräumen?» Sie tranken schnell ihren Wein aus, bevor Rory Adelaide die Tür aufhielt und sie hinaus an die frische Luft führte. Sie zitterte.

«Ist dir kalt?», fragte er.

«Nur ein bisschen», sagte sie. «Ist schon okay.»

«Ich würde dir meine Jacke anbieten, wenn ich eine dabeihätte.»

Stattdessen schlang er seine Arme um Adelaide und rubbelte mit den Pulloverärmeln über ihre Schultern. Sie hatte Gänsehaut und wünschte sich trotzdem, ihre Jacke ausziehen zu können, nur um seine Hände auf der nackten Haut zu spüren. Er roch nach Kiefern und frischer Wäsche; seine Gegenwart fühlte sich an wie ein Weihnachtsmorgen.

«Echt eine Schande», sagte er, den Arm immer noch um ihre Schulter gelegt. «Früher gab es in dieser Straße lauter unabhängige Buchläden und inhabergeführte Cafés. Jetzt sieht man nur noch Costa Coffees und Boots-Filialen. Gentrifizierung, was?» Adelaide nickte. «Ich wohne erst seit etwa zwei Jahren hier in der Gegend», fuhr er fort, «aber es hat sich schon so viel verändert. Traurig, es mit anzusehen. Das dort war mal eine Teestube, die von einer entzückenden älteren Dame betrieben wurde. Das Geschirr war bunt zusammengewürfelt, und alles war selbst gebacken.» Wieder nickte Adelaide. «Warum rede ich so viel über Gentrifizierung?»

«In meinem Viertel in Brooklyn habe ich das Gleiche beobachtet», sagte sie. «Es ist schwer, nicht die ganze Zeit daran zu denken, wie es mal gewesen ist, wenn man die Straßen entlangläuft. Kapitalismus, uff.»

Sie glucksten und erreichten das Ende der Straße. «Nun», sagte er. «Ich schätze, du musst da lang.»

Adelaide drehte sich zum Eingang der U-Bahn-Station, dann zurück zu Rory. Er zog sie am Ellbogen zu sich heran, legte ihr die Hand unters Kinn und führte ihre Lippen an seine. Seine Zunge fand den Weg in ihren Mund. Und sie war wie entflammt. Es war weit nach dreiundzwanzig Uhr, und die Sonne war schon vor Stunden untergegangen, aber in ihrer Erinnerung leuchtete der Himmel hell, als sie dort an der Straßenecke standen. Die Vögel sangen, die Wolken brachen auf, die Sonne strahlte. Ein schmerzhaftes Klischee, aber Dunkelheit existierte nicht in diesem kleinen Universum, das Adelaide betrat, als sie Rory Hughes das erste Mal küsste.

«Weißt du», sagte sie und löste ihre Lippen von seinen, «ich muss nicht unbedingt da lang.»

Er zögerte. «Wie wäre es dieses Wochenende?», fragte er. «Hast du Freitag Zeit?»

Es war Mittwoch. Sie überlegte, hob den Blick, versuchte sich an ihre Pläne zu erinnern. Madison und sie waren mit Celeste zum Abendessen verabredet, aber vielleicht danach?

«O nein, Freitag ist zu früh», sagte er. «Ich bin zu schnell, oder?»

«Ich glaube, ich hätte am späteren Freitagabend Zeit», sagte sie. «Lass uns was ausmachen. Schreibst du mir?»

«Natürlich schreibe ich dir», sagte er. «Der Abend war wundervoll.»

«Finde ich auch.» Sie zögerte. «Aber, hast du mir gerade, ähm, einen Korb gegeben?»

Er drückte ihre Hand, überquerte die Straße und zwinkerte ihr im Gehen über die Schulter zu. Adelaide stand da und fragte sich, ob der gesamte Abend nur ein Fiebertraum gewesen war. Der Himmel leuchtete immer noch. Nach einer kurzen Sekunde wählte sie reflexartig die Nummer ihrer besten Freundin.

«Eloise», sagte sie, «ich glaube, ich habe gerade meinen Seelenverwandten kennengelernt.»

ZWEI

Adelaide saß mit Celeste und Madison am Tisch – zwischen ihnen türmten sich Sauerteigbrot, Burrata und Oliven – und erzählte in aller Ausführlichkeit von ihrem Date. Welche Fragen er gestellt, welche Geschichten er erzählt hatte, von ihrer kosmischen Verbindung und dem Kuss (dem! Kuss!) am Ende des Abends. Sie hatte einen Tisch in einer Bar in Soho reserviert, wo sie Rory in anderthalb Stunden treffen würde. Ihr Körper kribbelte vor Vorfreude und Lambrusco.

«Auf Adelaides Liebesleben!», sagte Madison und hob ihre Sektschale.

«Auf Adelaides Liebesleben!», wiederholte Celeste. «Und auf ihre Boobies!»

Die Freundinnen kicherten und ließen die Keramikschalen krachen. Adelaide trug einen BH, der so dick gepolstert war, dass sie ihn auch anstelle von Schwimmflügeln hätte benutzen können, aber wenigstens schaffte er es, einen Hauch von Kurven auf ihre schmale Silhouette zu zaubern. Auf ihre Boobies, in der Tat.

Die drei Freundinnen unterhielten sich über ihre Masterarbeiten und ihre Pläne nach dem Abschluss, über Vorstellungsgespräche und darüber, wie zur Hölle sie sich als Amerikanerinnen ein Visum sichern konnten. Früher am Tag hatte Adelaide eine E-Mail von Sam bekommen, einer Frau, mit der sie in New York zusammengearbeitet hatte – eine der wenigen Account Directors, von denen sie nicht mit Verwaltungsaufgaben und Gezeter überhäuft worden war. Sie hatte Adelaide gefragt, ob sie Interesse hätte, wieder im Technologiebereich zu arbeiten. Sie selbst war inzwischen die interne Kommunikationsdirektorin eines Start-ups namens Alliance Technologies, das laut Sam «eine solide Nummer zwei» (unglückliche Wortwahl, fand Adelaide) in Großbritannien brauchte.

Das Angebot kam mit einem satten Gehalt und einem Fachkraft-Visum, aber es war eben keine Stelle in der Redaktion oder Marketingabteilung eines Verlags – die Art Job, den Adelaide in London ergattern wollte, was auch der Grund war, weshalb sie schon das ganze Jahr über freiberuflich Buchkritiken und Zusammenfassungen schrieb (für einen Hungerlohn). Sie wägte mit ihren Freundinnen das Für und Wider ab, während sie Spaghetti auf ihre Gabel drehte.

«Die uralte Entscheidung zwischen Liebe und Geld», sagte Celeste. «Nur dass es in diesem Fall deine Liebe zu Büchern ist.»

Adelaide nickte. Auf ihre Handgelenke und Hüftknochen hatte sie Zitate von Sylvia Plath, Louisa May Alcott und Emily Dickinson tätowiert; auf ihrem Rippenbogen prangte eine Zeichnung von Antoine de Saint-Exupérys *Der kleine Prinz*; und ihre linke Pobacke schmückte ein kleiner Pfirsich, eine Anspielung auf *Call Me by Your Name*.

Bücher – Worte eigentlich – waren Adelaides große Liebe, und die Vorstellung, tagtäglich mit ihnen zu arbeiten und zu spielen, war aufregend. Aber genauso aufregend war die Aussicht auf einen sicheren Arbeitsplatz mit einem Eintrittsgehalt, so hoch, dass sie darin schwimmen könnte wie Dagobert Duck.

«Ich muss es mir einfach gut überlegen», sagte sie mit vollem Mund.

Celeste und Madison standen vor ähnlich schweren Entscheidungen. Sie hätten beide als Lehrerinnen an die Grundschulen in den USA zurückkehren können, an denen sie vor ihrem Studium in London unterrichtet hatten. Stattdessen hatten sie sich in den kommenden Wochen lieber Vorstellungsgespräche bei einigen der renommiertesten Londoner Privatschulen beschafft. Der unwiderstehliche Charme Londons hatte es den beiden anscheinend angetan, und inzwischen wollten sie viel lieber Arbeit auf dieser Seite des Atlantiks finden und in der Stadt bleiben, sodass sie die farbenfrohen Londoner Mew-Häuser und die Teestuben noch nicht aufgeben mussten – ein Gefühl, das Adelaide voll und ganz nachvollziehen konnte.

Es gab viel Diskussionsbedarf.

Sie zahlten, blieben aber noch sitzen, tranken gemütlich aus und gingen die etlichen vor ihnen liegenden Entscheidungen durch. Als Adelaide sah, wie spät es bereits war, begannen Celeste und Madison, «Kommt erst mein Prinz zu mir» zu summen, während sie nach ihrem Regenmantel griff und sich bereit machte zu gehen.

«Ach, haltet die Klappe», sagte sie lachend. Die beiden überprüften, dass ihr Lidstrich nicht verwischt war und kein Pesto zwischen ihren Zähnen hing, und schon war sie durch die Tür.

«Schnapp ihn dir, Adelaide!», rief Celeste ihr hinterher. «Deine Boobies sehen immer noch spitze aus!»

Genau wie zwei Abende zuvor lehnte Adelaide an einer Gebäudefassade, wartete auf Rory Hughes und fragte sich, wohin mit ihren Händen. Sie hatte einen Tisch im Blind Pig reserviert, einer schummerigen kleinen Bar über dem Social Eating House. Die Karte enthielt lauter teure Cocktails mit kunstvollen Zeichnungen daneben, und jeder Drink basierte auf einem Kinderbuch. Die Bar war dunkel und bibliophil, genau wie Adelaide; der perfekte Ort, um Rory etwas mehr von sich preiszugeben.

«Hallo, du», sagte er und griff nach ihrem Arm. Sie war überrumpelt.

«O, wow, hallo», sagte sie. Sie küssten sich flüchtig auf beide Wangen. Wie europäisch, dachte Adelaide und führte ihn nach drinnen.

«Reservierung für zwei auf Andy», sagte sie zu dem Mann, der sie empfing.

«Das ist der Name, den ich bei Reservierungen immer angebe», flüsterte sie Rory zu. «‹Adelaide› scheint am Telefon niemand zu verstehen.» Er lachte und nickte.

«Übrigens, Andy», sagte er. «Du siehst heute Abend besonders entzückend aus.»

Einen Augenblick später wurden sie zu einer Sitznische geführt, und ein Kellner wollte wissen, ob sie Fragen zur Karte hätten. Rory fragte nach seiner Empfehlung – noch so eine Angewohnheit, wie Adelaide bald erkennen sollte. (Zuerst sah sie darin Höflichkeit, Rorys Talent, alle um sich herum miteinzubeziehen, selbst Fremde. Erst später würde ihr klar werden, dass es schlicht ein Symptom seiner Entscheidungsunfähigkeit war.)

Sie entschied sich für einen süßen Cocktail mit dem Namen *Winnie Poohs Honigtopf*. Rory bestellte auf Empfehlung des Kellners hin *Paddingtons Fundgrube*, eine Mixtur aus Zitrusaromen und Wodka, serviert mit einem winzigen Marmeladensandwich und einer Notiz, auf der stand: *Bitte kümmern Sie sich um diesen Bären.* (Adelaide schmuggelte die Notiz am Ende des Abends in ihre Tasche. Als kleines Andenken.)

«Hast du *Paddington 2* gesehen?», fragte er. «Ein gottverdammtes Meisterwerk, ich schwör's dir.»

Daraus entwickelte sich eine Unterhaltung über ihre Lieblingsfilme und -bücher und die Figuren, die ihnen als Kinder am meisten bedeutet hatten. Normalerweise hatte Adelaide für solche Date-Fragen vorbereitete Antworten – sie wollte nicht zu blauäugig oder altmodisch rüberkommen, also behauptete sie immer, ihre Lieblingsfilme seien *Der Club der toten Dichter* und *Das Imperium schlägt zurück* (was nicht *nicht* stimmte), statt *Ein süßer Fratz*, *Ein Amerikaner in Paris* und *Singin' in the Rain*. Aber bei Rory – dem süßen, gut aussehenden, *Paddington* liebenden Rory – hatte sie das Gefühl, absolut ehrlich sein zu können, was ihre hoffnungslose Romantik und ihre Wertschätzung für alte Musicals anging.

Sie erzählte, wie sie als Fünfjährige nachts im Badezimmer herumgesprungen war und Debbie Reynolds' *Good-Morning*-Tanz nachahmte. Er lächelte. *Singin' in the Rain* sei auch der Lieblingsfilm seiner Mutter gewesen, sagte er, aber die anderen zwei habe er nie gesehen.

«Das musst du nachholen!», sagte sie. «Sie sprühen nur so vor guter Laune. Ein richtiges Schaumbad für die Seele.»

«Dann sollten wir sie uns irgendwann gemeinsam ansehen», sagte er.

Adelaide sah seine grünen Augen erneut aufblitzen, als sie ihre Lieblingsbücher auflistete. *Der kleine Prinz* natürlich (sie hatte das Buch öfter gelesen, als sie zählen konnte). *Die Glasglocke* und *Little Women* und *Das Zeiträtsel*. *Call Me by Your Name*. *1984*. *Wer die Nachtigall stört*.

Die letzten zwei gehörten auch zu seinen Lieblingsbüchern, sagte er strahlend. Atticus Fitch sei schon lange sein Held, und «Hast du *Gehe hin, stelle einen Wächter* gelesen? Es hat mir das Herz zerrissen.»

Rory erzählte ihr, wie er in der Uni seine Liebe für Hugo, Hemingway und Godard entdeckte und dass er sich als Jugendlicher nach einer Blinddarm-OP immer wieder *Die Braut des Prinzen* angesehen hatte. Als Kind hatte er bis weit nach

Schlafenszeit *Harry Potter* gelesen und mit seinen Brüdern Cricket gespielt.

«Wo bist du aufgewachsen?», fragte Adelaide und legte die Hand auf sein Knie. Er blickte hinab, und für eine Millisekunde huschte ein Lächeln über sein Gesicht.

«In Shere», sagte er. «Ein kleines Dorf in Surrey. Nicht weit von Harry Potters Heimatort.»

Adelaide stellte sich Reihen von Reetdächern und Häusern im Tudorstil vor. Sie dachte an Vorgärten mit Wunschbrunnen und Narzissen, die jeden Frühling neu gepflanzt wurden, ähnlich der englischen Kleinstadt, in der sie einige Jahre ihrer Kindheit verbracht hatte.

«Und deine Familie?», fragte sie. «Wohnt sie immer noch dort?»

«Na ja», sagte er. «Meine Brüder und ich sind über London und Manchester verteilt. Aber meine Eltern waren Iren, der Großteil der restlichen Familie wohnt in Galway.»

Waren, dachte sie. Vergangenheitsform.

«Und du? Wo wohnt deine Familie in Amerika?»

«Hauptsächlich in Boston», sagte sie. «Wir sind alle dort zur Schule gegangen, und meine Schwestern sind geblieben. Vor ein paar Jahren ist meine Mom dann auch wieder hingezogen, um mit meinem Neffen zu helfen. Mein Dad hat noch mal geheiratet und wohnt jetzt mit seiner Frau und ihrer Tochter in New Jersey.»

Rory nickte und erwähnte, dass er schon immer mal nach Boston hatte reisen wollen, um die Bank aus *Good Will Hunting* zu sehen (noch einer seiner Lieblingsfilme). *Ich nehm dich mit*, wollte sie sagen. *Ich zeig dir die Bank, und wir fahren mit den Schwanenbooten, du lernst meine wundervoll chaotische Familie kennen, und es wird perfekt sein.*

Sie nippte an ihrem Cocktail.

«Solltest du tun, wenn du das nächste Mal für die Arbeit in den USA bist», sagte sie stattdessen.

Passenderweise sah die Stadt an diesem Abend aus wie eine Filmkulisse. Tagsüber hatte es geregnet – was will man von London an einem Aprilnachmittag auch anderes erwarten? –, und das warme Licht der Straßenlaternen wurde von dem nassen Asphalt reflektiert, sodass die Pfützen orange zu glühen schienen. Aus den Gullydeckeln stiegen Dampfschwaden auf, und als Rory und Adelaide die Bar verließen (wieder waren sie vom Personal höflich zum Gehen aufgefordert worden), setzte ein leichter Niesel ein.

«Ich wünschte, ich hätte einen *brolly* mitgenommen», sagte Rory.

Adelaide, die dieses Wort für Regenschirm erst kürzlich zum ersten Mal gehört hatte, kicherte in sich hinein.

«Was?», fragte er. «Lachst du über meinen Akzent?»

«Nein», sagte sie. «Ich lache über mich, weil ich deinen Akzent so unwiderstehlich finde.»

Er verschränkte seine Finger in ihre und zog sie plötzlich in eine Seitengasse. Es geschah ganz schnell und war lachhaft filmreif – er trug einen Trenchcoat, wieder war seine Zunge in ihrem Mund, und wie zur Hölle sollte sie überhaupt Luft bekommen? Sie versuchte, alle Einzelheiten dieses Augenblicks in ihr Gedächtnis einzubrennen: seinen Geschmack nach Wodka und Orangen; den Geruch des feuchten Asphalts; das Gefühl der Backsteine an ihrem Rücken.

«Das wollte ich schon den ganzen Abend tun», flüsterte er. Seine Nase berührte ihre. «Willst du ... willst du mit zu mir kommen, Adelaide?»

«Mmh», sagte Adelaide mit angehaltenem Atem. Das wollte sie unbedingt.

Rory wohnte in einem Haus voller großer Männer unweit der London Bridge. Hinter der Eingangstür lag ein Haufen ihrer großen Schuhe, über den Adelaide sofort stolperte, als Rory die Tür öffnete. Mit einem lauten «Klonk» fand sie Halt am Treppengeländer.

«O Gott, tut mir leid», flüsterte sie.

«Nein», sagte Rory. «Mir tut es leid. Man könnte meinen, ich hätte eine Adelaide-Falle aufgestellt.»

Er führte sie nach oben in sein winziges Zimmer. Um einen kleinen Kamin stand eine Wand aus Regalwürfeln, jeder einzelne quoll über von zerlesenen Büchern und verblichenen Postkarten. (Adelaide wusste nicht, woher all diese Bücher und Postkarten kamen – oder besser gesagt, von wem. Noch nicht.) Auf dem Boden und auf Rorys Nachttisch türmten sich wackelige Taschenbuchstapel; an einem Korkbrett und an der Tür hingen bündelweise Theater- und Konzertkarten. Daneben hing eingerahmt ein Pastiche von Matisse' *Der Sturz des Ikarus*.

«Ich war letzten Februar auch bei einem Konzert von Kendrick Lamar», sagte Adelaide mit Blick auf die Karten. «Und *Im Zweifel für den Angeklagten* hab ich auch gesehen, vor Jahren.»

«Oh, ich liebe das Stück», sagte Rory. «Mein Mitbewohner und ich sind sogar mehrmals hingegangen. Zur Premiere und dann noch zweimal danach.»

«Ich war auch bei der Premiere!», sagte sie. «Ich habe während meines Auslandssemesters Karten für die erste Reihe gewonnen. Einer meiner Lieblingsabende.»

«Wie lustig», sagte Rory und schlang von hinten die Arme um sie. «Die Welt ist manchmal so unglaublich klein.»

Jedes Mal, wenn Adelaide anschließend sein Zimmer betrat, suchte sie die Eintrittskarten nach weiteren solcher magischen Zufälle ab. Bei dem Kendrick-Lamar-Konzert hatten

Rory und sie nur zwei Reihen auseinander gesessen, erfuhr sie. Im Jahr 2015 hatten sie beide an ihrem Geburtstag *Once* gesehen und ungefähr einen Monat später die gleiche Sadler-Wells-Adaption von *Der große Gatsby* (die, da waren sie sich einig, etwas zu modern für ihren Geschmack war). Beide waren in ihrem Leben nur bei einem einzigen Baseball-Spiel im Yankee Stadium gewesen und hatten am selben schwülen Juniabend im Jahr 2016 auf der Tribüne Limonade getrunken.

Es schien, als steckte Absicht dahinter, wie ihre Leben zusammengewebt waren. Als hätte irgendeine Gottheit Jahrhunderte damit zugebracht, ihre Geschichte zu entwerfen, und haargenau jedes Detail geplant, um ihnen den Weg zueinander zu ebnen. Aber wie gesagt, all das wusste Adelaide noch nicht. Fürs Erste wusste sie nur, dass der Disneyprinz seine Arme um sie geschlungen hatte und sie Gänsehaut bekam.

«Darf ich dir den abnehmen?», fragte er und zupfte an ihrem Regenmantel.

«Darfst du», sagte sie, aber das war das einzige Kleidungsstück, das sie ihm heute erlauben würde ihr auszuziehen. Zum ersten Mal beschloss Adelaide, dass Sex etwas Besonderes sein sollte. Sie wollte ein wenig Vorfreude aufbauen, bevor ihre Beziehung körperlich wurde.

«Aber hättest du was dagegen, wenn wir, ähm, heute Nacht keinen Sex haben?», fragte sie. «Ich kann zurzeit nicht. Wenn du weißt, was ich meine.»

Eigentlich blieb ihre Periode meist aus, weil sie alle paar Monate eine Hormonspritze bekam, aber sie hatte das Gefühl, sich rechtfertigen zu müssen. Alte Gewohnheit.

«Machst du Witze?», sagte er. «Natürlich habe ich nichts dagegen! Ich bin einfach nur glücklich, dass du hier bist. Obwohl ich gestehen muss, dass deine Brüste umwerfend aussehen.» Celeste hatte recht gehabt! Adelaide gluckste.

«Autsch», sagte er. «Das war unverschämt, tut mir leid. Ich weiß nicht mal, warum ich das gesagt habe.»

«Der Dank gebührt voll und ganz dem BH», sagte sie. «Und jetzt habe ich Angst, dass du von der Realität enttäuscht sein wirst.»

«Nichts an dir könnte mich enttäuschen.»

Rory machte ihnen beiden eine Tasse Pfefferminztee, den sie auf seinem Bett tranken, während sie sich im Schneidersitz gegenübersaßen und flüsterten und kicherten wie Kinder. Es war unschuldig und besonders – ganz anders, als es Adelaide im Umgang mit Männern gewohnt war.

«Ich glaube», sagte er, «deine Augen mag ich am liebsten. Groß, strahlend und haselnussbraun – wunderschöne Augen.»

Er wusste nicht mal, dass er aus *Das Zeiträtsel* zitierte, dass Adelaide diese Zeile («Du hast ja wunderschöne Augen») als kleines Mädchen gelesen und gedacht hatte: Ich hoffe, das sagt irgendwann mal ein Junge zu mir. Rory brachte jede Saite in ihr zum Klingen, als spielte er auf einer verdammten Harfe.

Schließlich sah Adelaide, dass es bereits zwei Uhr morgens war – sie hätte schon längst nach Hause gehen sollen! Am Montag war ihre erste Abschlussklausur, und sie hatte sich geschworen, das Wochenende über zu lernen. (Sie schob es schon seit Wochen vor sich her.)

«Ich sollte gehen», sagte sie.

«Nein», sagte er. «Du kannst hier schlafen! Ich leih dir ein T-Shirt, und wir können uns *Parks and Recreation* ansehen, das wäre so gemütlich. Und morgen mache ich uns Frühstück!» Es war eins der schönsten Dinge, die er je zu ihr sagte.

«Das ist ein verlockendes Angebot», sagte sie. «Aber ich sollte wirklich nach Hause fahren.»

«Geh nicht!», sagte er. «Bitte. Lass mich dich noch ein bisschen behalten.»

Sie knabberte zärtlich an seiner Unterlippe.

«Ich muss», sagte sie. «Aber versprich mir, dass du nach heute Nacht nicht verschwindest.»

«Versprochen», sagte er. «Du aber auch nicht.» Sie gaben sich die Hand darauf.

Er lieh ihr einen Regenschirm und brachte sie zur Tür, wo er sie küsste und ein letztes Mal fragte: «Bist du sicher, dass du gehen musst?» Sie war sicher.

«Kann ich dich wenigstens zur U-Bahn bringen?», fragte er. «Oder dir ein Taxi rufen?»

Sie käme schon zurecht. «Wirklich», beharrte sie.

«Gib Bescheid, wenn du zu Hause angekommen bist, ja?»

«Natürlich», sagte sie. «Danke noch mal für den Regenschirm und den Tee und den wunderschönen Abend.»

Sobald sie auf der Straße um die Ecke gebogen war, rief Adelaide wieder Eloise an.

«O Gott, Adelaide?», meldete sich Eloise. «Ist alles in Ordnung? Ist es bei dir nicht mitten in der Nacht?»

«Alles ist bestens», sagte Adelaide. «Mehr als bestens. Ich weiß, es ist spät, aber ich ... Ich muss dir einfach mehr von diesem Mann erzählen. Eloise, so habe ich mich noch nie gefühlt.»

In den folgenden Monaten, vielleicht auch Jahren, dachte Adelaide oft an diesen Abend zurück. Sie spielte noch einmal durch, wie Rory Calvin O'Keefe zitierte, ihr über den Kopf strich und sie im Regen küsste. Erinnerte sich daran, wie sie, die Hand an der Brust, mit Eloise telefonierte, dabei ihr Herz schlagen spürte und dachte: *Das ist es. Das ist es, worauf ich gewartet habe. Das ist das Licht am Ende eines sehr dunklen Tunnels.*

Adelaide würde sich nie von Rory Hughes definieren lassen. Er hatte keinen Einfluss auf ihren Charakter; den formte sie ganz allein. Aber zu sagen, dass diese Nacht ihr Leben nicht verändert hätte, wäre gelogen. Sollte sie je in eine Zeitschleife à la *Und täglich grüßt das Murmeltier* rutschen und ein und denselben Tag wieder und wieder durchleben müssen, würde sie diesen Tag wählen. Er enthielt Erinnerungen, die sie nie vergessen wollte – so schmerzhaft sie auch waren.

Sie wäre so oder so in diesen See gesprungen, egal, als wie dunkel oder gefährlich er sich entpuppte; sie war zu fasziniert von seiner schimmernden Oberfläche, um auch nur darüber nachzudenken, ihm den Rücken zu kehren. Es gab keine Welt, in der sie sich nicht Hals über Kopf in Rory Hughes verliebt hätte. Dies war der einzige Weg.

DREI

Lernen war unmöglich. Adelaide saß, mit dem Laptop auf den Knien und einem Eiskaffee neben sich, auf dem Boden der British Library. (Die Tische waren alle besetzt.) Sie starrte auf ein leeres Word-Dokument und tat so, als sei sie imstande, einen Lernplan zu erstellen; war sie aber nicht.

Sie war müde und frisch verliebt und spielte gedanklich in Dauerschleife den vergangenen Abend durch. Den Kuss. Den nächsten Kuss. Seine Augen. Dieses Lächeln. Wie verzweifelt er gewollt hatte, dass sie über Nacht blieb – nein, wie verzweifelt er *sie* gewollt hatte. Adelaide. Punkt.

Dieses Gefühl war so ungewohnt.

Sie nahm einen Schluck Kaffee, rieb sich die Augen und blinzelte den Bildschirm an. Schreib etwas, sagte sie sich selbst. Einfach irgendwas.

Die Datenschutz-Grundverordnung (DSGVO) umfasst sechs Grundsätze, an die sich Unternehmen im Umgang mit persönlichen Daten halten müssen. Zu diesen Grundsätzen gehören ...

Adelaide studierte Marketing und Kommunikation, was – zu ihrem Leidwesen – bedeutete, dass sie die rechtlichen Grundlagen für Datenverarbeitung, statistische Analysen und Zero-Base-Budgeting verstehen musste. Sie hatte sowohl einen Studienplatz für Global Media an der London School of Economics als auch einen für Vergleichende Literaturwissenschaft am University College London ausgeschlagen und sich stattdessen für eine kleine, völlig unbedeutende Wirtschaftsschule entschieden, wo ihr ein Viertel der Studiengebühren erlassen wurde. Adelaide war der Meinung gewesen, dass es sich lohnte – tat es absolut nicht.

(Wenn Adelaide Monate später erzählte, wo sie studierte, schob Rory jedes Mal hinterher: «Aber sie wurde am UCL angenommen! Sie ist ein kluges Köpfchen.» Es war als netter sozialer Booster gemeint; aber es fühlte sich an, als drehte er das Messer in der Wunde herum.)

Sie listete die Grundsätze der DSGVO auf – erst in der Word-Datei, dann mit knalligem Gelstift auf Karteikarten. Sie wiederholte verschiedene Matheaufgaben, berechnete Marketingbudgets, analysierte Umwandlungsraten und fluchte leise, wenn sie mit ihren Antworten falschlag. Sie betete laut die einzelnen Bausteine des Sender-Empfänger-Modells herunter und wischte metaphorischen Staub von den Regalen ihres Gedächtnisses, die sie seit dem Bachelor größtenteils ignoriert hatte. Zwischendurch erlaubte sie sich, fünf Minuten auf ihre Hände zu starren und sich vorzustellen, wie es sich anfühlen würde, jetzt durch Rorys Haar zu wuscheln oder mit dem Daumen an seinem Kinn entlangzufahren.

Wie auf Kommando leuchtete ihr Handydisplay auf.

Was Kleines, um dir das Lernen zu versüßen, schrieb Rory. Angehängt hatte er ein Bild von einem flauschigen Zwergspitz. (Er sah genauso aus wie Puff, Adelaides Hund in den USA. Woher wusste er das?, fragte sie sich.) *Übrigens*, schrieb er weiter, *sag ruhig, wenn es nicht ganz dein Ding ist, aber hättest du Interesse, am Freitag mit mir ins Globe zu gehen? Sie führen* Wie es euch gefällt *auf, und das Wetter soll herrlich werden. Sag Bescheid. x*

Adelaide hatte als Kind immer zugesehen, wenn ihre große Schwester Holly auf der Bühne stand, meist bei Highschool-

Aufführungen und kleineren städtischen Theaterproduktionen. Holly hatte Sandy in *Grease* gespielt und Rosalinda bei einer Sommercamp-Aufführung von *Wie es euch gefällt*. Immer wenn die kleine Adelaide nicht schlafen konnte (was oft vorkam) – oder wenn Izzy eine besonders schlimme Episode hatte –, las Holly ihr als Gutenachtgeschichte aus *Ten Tales from Shakespeare* von Charles und Mary Lamb vor und strich dabei mit den Fingern durch Adelaides Haare.

In der Middle School hatte der Englischunterricht mit einer Einheit über Shakespeare begonnen, und Adelaide hatte die Antworten auf sämtliche Fragen gewusst, die ihre Lehrerin in der ersten Stunde stellte. «Kann mir jemand sagen, in welche drei Genres Shakespeares Stücke gewöhnlich unterteilt werden? Wie viele Sonette hat er vermeintlich geschrieben? Wie heißt sein Theater in London?»

Tragödie, Komödie, Geschichte. Hundertvierundfünfzig. Globe Theatre.

Ins Globe?, schrieb sie zurück. Sie hatte an einer Führung teilgenommen und etwas über die Entstehung des Theaters gelesen, aber sie hatte noch nie ein Stück dort gesehen. Sie war nie von jemandem eingeladen worden. *Ich will bloß schon mein gesamtes Leben lang eine Aufführung dort sehen, und* Wie es euch gefällt *ist eins meiner Lieblingsstücke. Also ja, ich hätte sehr großes Interesse. Das allergrößte! (Und danke übrigens auch für die flauschige Motivation!)*

Ich reserviere uns Karten, antwortete er. *x.*

Adelaide hatte das Gefühl, als erlitte ihr Herz einen Kurzschluss.

Die nächsten Tage zogen in einem Schleier aus Karteikarten und Telefonaten mit ihrer ehemaligen Kollegin Sam an ihr vorbei. (Sam sei nächste Woche in London, und «Wir müssen

was trinken gehen und über Jobmöglichkeiten sprechen, ja?»)
Adelaides fünf Abschlussprüfungen verteilten sich über zehn Tage, wobei die kürzeste und anspruchsvollste die letzte war. Am Freitagnachmittag hatte sie drei Prüfungen hinter sich und Dutzende Stunden damit verbracht, für die restlichen zu lernen, und sie brauchte dringend ein Nickerchen.

Um dreizehn Uhr öffnete Adelaide ihr Zimmerfenster und ließ sich auf ihr Bett fallen, zog sich die Decke über die Schultern und schloss die Augen. Sie war überzeugt, dass sie in einer Stunde wieder aufwachen würde, stellte aber trotzdem den Wecker auf vier Uhr, nur um sicherzugehen. Um halb sieben war sie mit Rory vor dem Globe verabredet, und sie wollte genügend Zeit haben, um ihre Haare zu glätten und noch mal zu glätten …

Um Punkt 17:30 Uhr schlug sie die Augen auf, fünfzehn Minuten bevor sie losmusste. Mist. Sie hatte ihren Wecker auf vier Uhr morgens gestellt. Mist, Mist, Mist, Mist, Mist.

Adelaide spritzte sich kaltes Wasser ins Gesicht und trug schnell etwas Make-up auf. Zum Glück gelang ihr der perfekt geschwungene Cat-Eye-Lidstrich gleich beim ersten Versuch. Sie band ihre Haare zu einem tief sitzenden Pferdeschwanz und fuhr mit dem Glätteisen über die Haarspitzen, um abstehende Strähnen und ungewollte Dellen zu bändigen. Nur wenig brachte Adelaide so sehr zur Weißglut wie unerwünschte Wellen in ihrem Haar (vermutlich ein Symptom ihrer Zwangsneurose), und an diesem Abend duldete sie keine einzige. Als kleines Accessoire band sie eine Samtschleife um den Ansatz des Pferdeschwanzes.

Dann zog sie die alten Klamotten aus und frische an, wobei sie förmlich in ihre Unterwäsche sprang, die absichtlich nicht zusammenpasste. (Sie hoffte, dadurch den sehr falschen Eindruck zu erwecken, dass sie sich keinerlei Gedanken über ihre

Unterwäsche gemacht hatte. *Sex? Wir? Heute Nacht? Also, mir ist nicht mal die Idee gekommen!*)

«Ogottogott-ich-hab-verschlafen-treffe-mich-mit-Rory-komme-heute-Abend-wahrscheinlich-nicht-nach-Hause-wünsch-mir-Glück-hab-dich-lieb-tschüss», rief sie über ihre Schulter.

«Viel Glück!», rief Madison zurück. «Hals- und Beinbruch! Oder so, keine Ahnung! Hab dich lieb, tschüss!»

Rory schrieb, dass er bei der Arbeit aufgehalten worden sei und sich um etwa zehn Minuten verspäte. Adelaide kaufte ihnen an der Bar zwei Dosen Cider, und ihr wurde klar, dass sie ihm an diesem Abend zum ersten Mal komplett nüchtern gegenübertreten würde. Sollte sie schnell eine Dose exen? Nein, sagte sie sich. Sie musste nicht angetrunken sein, um eine Unterhaltung mit einem gut aussehenden Mann zu führen. (Richtig?)

Mit einem kühlen Cider in jeder Hand lehnte sie sich ans Ufergeländer und sah zu, wie die Sonne über der Skyline unterging und in die Themse tauchte. Sie atmete aus. Es mochte abgedroschen sein, aber es gab Momente, in denen Adelaide sich umsah und dachte: *Heilige Scheiße.* Sie hatte es geschafft. Sie lebte in London und machte ihren Master, und gleich würde sie sich vor dem Globe mit einem süßen Typen treffen. Es fühlte sich genauso an, wie das Geheimnis einer Freundin zu bewahren, ein Versprechen zu halten.

Ihr Telefon vibrierte mit einer Nachricht. *Stehe neben dem Haupteingang.* Adelaide atmete langsam ein – erlaubte sich, noch ein paar Sekunden ihren albernen, zuckersüßen Gedanken nachzuhängen – und atmete wieder aus.

Dann ging sie zu Rory am Haupteingang und gab ihm sein Cider.

«Auf das Ende der Woche», sagte er. «Und das Ende der Prüfungen.»

«Fast», sagte Adelaide. Sie stießen mit den Dosen an; das Aluminium schepperte dumpf.

«Ich mag deine Schleife», sagte er und fuhr mit der Hand unter ihren Pferdeschwanz, was ihr Gänsehaut auf den Armen bescherte.

Sie holten ihre Eintrittskarten ab und folgten der Menge nach drinnen. Adelaide ließ den Blick umher- und zur Decke schweifen, und wieder bekam sie Gänsehaut. Sie hatten Karten für den Stehbereich. Normalerweise hasste Adelaide Stehen (sie hatte einen Hang dazu, sich selbst auf dreckigem Asphalt und U-Bahn-Steigen hinzusetzen), aber heute Abend machte es ihr nichts aus. Sie hielten Small Talk über ihre Woche; Rory erzählte, dass er ein paar Tage lang mit einer leichten Erkältung zu Hause geblieben war.

«Du hättest was sagen sollen. Ich hätte dir Suppe oder irgendwas vorbeigebracht!»

«Du bist süß», erwiderte er. Er habe eine Menge Suppe und Inigo Montoya gehabt, um sich bei Laune zu halten, aber danke.

Das Stück fing an.

Es war schon eine Weile her, seit Adelaide zuletzt Shakespeare gelesen hatte. Einige Dialogfetzen flogen unverständlich über ihre Köpfe hinweg, aber sie kannte den Plot gut genug, um Rory in der Pause über die Handlung aufklären zu können.

«Ich bin froh, dich dabeizuhaben», sagte er.

Als das Stück endete, war es bereits dunkel, und Rory schlug vor, in einem Biergarten den Fluss hinauf noch etwas trinken zu gehen. Mit zwei Gin Tonics vor sich saßen sie in der Abendluft, über ihnen eine Handvoll Sterne. Er fragte, wo sie in London gern tanzen ging, und statt ehrlich zu sein (auf den Dachterrassen in Hackney, im Duke's Head in Highgate Hill, in schmuddeligen Clubs mit Motown-Abenden in Dalston), gab sie die Antwort, die einem schnieken Engländer ihrer Meinung nach am besten gefiel. Unerklärlicherweise hatte sie das Gefühl, an diesem Abend eine Show abziehen zu müssen, um Rory zu beeindrucken und sich zu beweisen.

«Oh», sagte sie. «Du weißt schon, Mayfair, Chelsea und so.»

(Genauso gut hätte sie sagen können: «Überall, wo Frauen enge Kleider und High Heels mit Riemchen tragen müssen und verwässerte Wodkacocktails für zwanzig Pfund serviert werden.» Und es war die völlig falsche Antwort für Rory Hughes, der die Liberaldemokraten wählte und Privatschulen verabscheute. Das sollte ihr später klar werden, und sie würde ihm anvertrauen, dass dies eines der peinlichsten Dinge war, die sie je zu ihm gesagt hatte. «Ja», würde Rory nickend antworten. «Das war ziemlich daneben.»)

«Ach ja?», sagte er jetzt. «In die Mayfair-Schublade hätte ich dich gar nicht gesteckt.»

Sie sah die schwarze Zunge der Themse gegen die Ufermauer schlagen und wechselte schnell das Thema.

«Hast du schon mal darüber nachgedacht, da unten schwimmen zu gehen?», fragte Adelaide.

«Auf keinen Fall», sagte Rory. «Das Wasser ist dreckig.»

«Ich hab gehört, die Aale darin sind alle high vom Kokain», sagte sie. «Sie haben diesen irren Blick in den Augen.»

«Kennst du viele Aale, die keinen irren Blick in den Augen haben?»

Dritte Dates sind interessant, dachte Adelaide, weil die Unterhaltung in diesem seltsamen Schwebezustand ist. Man kennt das Leben des anderen in Grundzügen – wo er aufgewachsen ist, was sie arbeitet, vielleicht das Lieblingsgetränk –, aber es ist noch zu früh, die oberflächlichen Themen beiseitezulassen und wagemutiger in die charakterlichen Feinheiten des Gegenübers einzutauchen. Sich mit Rory zu unterhalten, war bisher so einfach gewesen, wie warme Butter auf Toast zu streichen. Doch an diesem Abend war der Dialog abgehackter, ein bisschen bröselig.

«Und du?», fragte er. «Würdest du in der Themse schwimmen gehen?»

«Nur um zu sehen, ob bei meinen Freunden, den Aalen, alles in Ordnung ist», sagte sie. Er lachte kurz.

«Abgesehen vom Schwimmen mit Aalen, was sind die drei verrücktesten Dinge, die du je getan hast?», fragte er. «Deine besten Geschichten?»

Ihr wurde flau im Magen. «Du zuerst», verlangte sie. Rory erzählte ihr von dem Abend, an dem er und eine Freundin – «Ex-Freundin», hustete er – gesehen hatten, dass in einem der Universitätsgebäude eine Hochzeitsfeier stattfand. Durch die Fenster erhaschten sie Blicke auf die Gesellschaft und beschlossen, sich hineinzuschmuggeln. Sie sahen einander an und vereinbarten, sich in dreißig Minuten in Abendgarderobe am Gebäudeeingang zu treffen. Etwa eine Stunde lang waren sie auf der Feier, bevor die Gäste argwöhnisch wurden; es habe einen Heidenspaß gemacht.

«Du bist dran», sagte er.

«Hm», machte Adelaide und überging die Erwähnung seiner Ex. «Ich habe zwar keine Hochzeit gecrasht, aber ... Ich bin mal zum Bootsrennen zwischen Oxford und Cambridge gegangen, während meines Auslandssemesters vor Jahren. Hab zu viel Pimm's getrunken und hatte zu viel Spaß. Egal, jedenfalls ist mir dieser echt gut aussehende Typ ins Auge gefallen. Und ich bin einfach zu ihm hingegangen und habe gesagt ...»

Das Herz schlug ihr bis zum Hals. «Ich habe gesagt: ‹Ich muss dir einfach sagen, du siehst aus wie ein Disneyprinz.›»

Rory bekam große Augen. Er sagte kein Wort.

«Er hat mich nicht eingeladen, glücklich bis ans Ende der Welt in seinem Schloss zu wohnen», fuhr sie fort. «Ist das zu glauben?»

«Ich», sagte er. «Ähm.»

Adelaide nippte an ihrem Gin Tonic und zwinkerte ihn über das Glas hinweg an. Sie spürte, wie sie am ganzen Körper anfing zu zittern, versuchte aber, ihre Hände ruhig zu halten. Sie wollte sich nicht anmerken lassen, dass sie alles andere als gelassen und entspannt war, dass sie sich nicht unter Kontrolle hatte.

«Die ganze Zeit?», fragte er. «Du wusstest es schon die ganze Zeit?»

«Hm», sagte Adelaide. «Vielleicht.»

«Ist das hier irgendeine Gameshow?»

Sie fing an zu lachen. Verrückt, nicht wahr?

Völlig abgedreht, stimmte er zu.

«Ich glaube, ich brauche noch einen Drink», sagte Rory. «Sollen wir hier noch einen holen? Ich habe auch Wein bei mir in der Wohnung, wenn du magst?»

«Wein in der Wohnung klingt perfekt», sagte sie.

Sie gingen zu ihm nach Hause, und unterwegs rief Rory bestimmt dreizehnmal «Wie abgedreht!» Adelaide konnte nicht aufhören zu kichern.

Irgendwann machte sie einen Witz über eine Statue, die aussah, als fehlten ihr die Arme. Er zog sie zu sich heran und küsste sie.

«Wofür war das? Meine Bemerkung über Verstümmelung?», fragte sie.

«Mmh, ganz genau, Baby.» Er küsste sie erneut. Das Wort

«Baby» hallte in ihrem Kopf nach. «Ich versuche nur, dem Disneyprinz-Stereotyp gerecht zu werden.»

Rorys Wohnung umfasste vier weitere Männer und nur ein Badezimmer, was Adelaide nicht gerade gelegen kam. Mit plötzlichem Unbehagen stellte sie fest, dass sie seit acht Stunden (und drei Drinks) nicht mehr auf der Toilette gewesen war. Rory trug sie über die Schwelle und die Treppe hoch in sein Zimmer, wo er sie sanft aufs Bett warf, und *Ogottogott*, sie machte sich gleich in die Hose.

«Noch eine meiner besten Geschichten», fing sie an, «ist, dass ich in New York mal in eine Pepsiflasche gepinkelt habe. Auf einem U-Bahn-Steig.»

«Das ist widerlich», sagte er und saugte an ihrer Unterlippe.

«Weißt du, ähm, wie lange dein Mitbewohner noch in der Dusche braucht?»

Rory ging nach unten, um zu fragen. Bubs, sein Mitbewohner, sei in fünf Minuten fertig, versicherte er, als er zurückkam, den Mund bereits wieder an Adelaides Lippen. (Bubs?, wunderte sie sich, fragte aber nicht nach.)

Die Dusche wurde abgedreht, und sie rannte ins Bad, wo sie sich einen Mundvoll Listerine von den Jungs genehmigte (und zugegeben auch einen Blick auf die Bauchmuskeln von Rorys Mitbewohner, als er mit nichts als einem Handtuch bekleidet in den Flur trat), bevor sie sich erleichterte und sich anschließend die Hände wusch. Adelaide hatte für Gelegenheiten wie diese immer ein Probefläschchen Parfüm in der Handtasche – sie hatte es bei Selfridges am Viktor-&-Rolf-Tresen ergattert – und sprühte es sich zwischen die Beine, unter die Arme und in den Nacken. Sie löste ihr Haar und band den Pferdeschwanz neu, etwas höher diesmal. Er federte, als sie die Treppe wieder nach oben lief.

«Hi», sagte sie und schloss Rorys Tür hinter sich.

«Oh, hi», sagte er. Auf seinem Nachttisch standen zwei Gläser Wein. «Möchtest du ein Glas?»

«Ehrlich gesagt habe ich mich gefragt», begann sie und setzte sich neben ihn aufs Bett. Sie küsste seine Lippen, sein Kinn, seinen Nacken, fuhr mit der Zunge an seinem Ohrläppchen entlang. Ihre Stimme war jetzt nur noch ein Flüstern: «Willst du heute Nacht mit mir schlafen, Rory?»

In den vergangenen Jahren hatte Adelaide begonnen, Sex als vergnügliche, aber irgendwie mechanische Angelegenheit zu betrachten. Klar, sie genoss es, aber sie spürte nur selten eine Verbindung zu dem Mann, mit dem sie schlief. Zumindest nicht in irgendeiner Weise, die über die technische hinausging. Sie machte die richtigen Bewegungen, die richtigen Geräusche. Schließlich kam der Mann, und Adelaide fühlte sich wie eine Einzelhändlerin, die einen Verkauf abgeschlossen hatte und froh war, Feierabend zu machen.

Sex mit Rory war anders. Sex mit Rory bedeutete Küsse auf ihre Nase, ihre Schläfe, ihre Schultern. Es bedeutete vollständige Sätze und die in ihre Haare geflüsterten Worte «Wo bist du die ganze Zeit gewesen?» statt wahlloses Luststöhnen.

«Ist das ein verdammter *Call-Me-by-Your-Name*-Pfirsich?», fragte er, die Hände auf ihrem Hintern.

«Mmh», sagte sie. Sie war erstaunt, dass er es erkannt hatte.

«Das ist so sexy!», sagte er und küsste das kleine Tattoo auf ihrer linken Pobacke. «*Du* bist so sexy.»

Adelaide hatte keinen Orgasmus (hatte sie nie), aber als sie fertig waren, hörte ihr Körper kaum auf zu zittern. Nicht vor Kälte, sondern vor Wonne. Sie fühlte sich erwacht.

«Wo bist du die ganze Zeit gewesen?», sagte Rory noch einmal. Sie küsste ihn und willigte ein, über Nacht zu bleiben, in seinem T-Shirt und seinen Armen zu schlafen, aber sie warnte ihn, dass sie am Morgen nicht süß aussehen würde.

«Das zu beurteilen, liegt bei mir», entgegnete Rory.

Adelaide schlief immer wieder kurz und strahlte jedes Mal, wenn sie aufwachte und sich daran erinnerte, wo sie war, neben wem sie lag. Gegen vier oder fünf rollten sie sich zueinander und hatten erneut schläfrigen, wunderbaren Sex, atmeten schwer und fielen mit noch immer verknoteten Beinen wieder in Schlaf, während die ersten Sprenkel Tageslicht durchs Zimmerfenster krochen.

Als die Sonne am Himmel stand, war Rorys Bettseite leer. Adelaide steckte sich einen Kaugummi aus ihrer Handtasche in den Mund und rieb sich die verwischte Mascara von den Augen. Eine Sekunde später öffnete Rory die Zimmertür und kam herein, zwei Teetassen und Teller voll Toast balancierend.

«Ich war mal Kellner», sagte er, reichte ihr eine Tasse English Breakfast Tea und küsste sie auf die Stirn. «Ich wusste nicht, wie du deinen Tee trinkst, also hab ich ihn so gemacht, wie ich ihn mag.»

«Er ist perfekt», sagte sie und schluckte den Kaugummi runter. «Danke.»

«Guten Morgen, übrigens», sagte er. «Du siehst hübsch aus.»

«Lügner, aber danke trotzdem.»

Sie aßen die buttrigen Toastdreiecke und tranken ihren Tee. (Adelaide verbrannte sich beim ersten Schluck die Zunge und musste sich zusammenreißen, nicht zu fluchen, um den Moment nicht zu ruinieren.) Sie sprachen über ihre Pläne fürs Wochenende – mehr Lernen für Adelaide, Rory musste einem Freund beim Umzug helfen – und lachten wieder über den Disneyprinz-Zufall. Er fragte, ob sie sich auf seinem Laptop die *Graham Norton Show* vom gestrigen Abend ansehen wolle (sie liebte Graham Norton – «Woher wusstest du das?»), aber

Adelaide sagte, sie müsse gehen. Besser zu früh gehen als ihm auf die Nerven fallen, dachte sie.

«Jetzt schon?», fragte er.

«Nur damit du den Samstagmorgen ganz für dich allein hast, vor dem ganzen Geschleppe», sagte sie, schlüpfte in ihre Jeans und knotete ihr Haar zu einem Dutt. «Sag Bescheid, wie der Umzug gelaufen ist, ja? Ich hoffe für euch, dass es sonnig bleibt.»

Sie schob ihren Teller unter seinen und stellte ihre Tasse darauf, gab ihm einen Kuss und fuhr mit der Hand durch seine verwuschelten Locken.

«Versprichst du immer noch, nicht zu verschwinden?», fragte sie.

«Wie könnte ich, nach dem hier?», gab er zurück.

«Danke», flüsterte sie. «Für alles. Hab ein tolles Wochenende.»

Sie erfuhr nie, wie der Umzug gelaufen war.

ZUVOR

St. Marys, Georgia und Cambridge, England
2009–2010

VIER

Mit sechzehn war Adelaide die Art Schülerin gewesen, von der jeder Lehrer gleichzeitig hofft und fürchtet, dass sie in seinem Klassenzimmer sitzt. Sie war klug und neugierig, beteiligte sich eifrig an Diskussionen und backte ihren Mitschülern zu Geburtstagen Cupcakes (ihre Frischkäseglasur war stets selbst gemacht und oft rosa gefärbt). Aber sie hatte auch keine Angst davor, den Mund aufzumachen, wenn jemand Stuss redete.

Verwechselten die Unterrichtenden den Konflikt im Irak mit dem in Afghanistan, behaupteten sie, die Bürgerrechtsbewegung sei im Jahr 1964 zu Ende gegangen, oder verdrehten sie die Bedeutung des Wortes «Feminismus», hob Adelaide schnurstracks die Hand, um den Fehler zu korrigieren. Zur Freude der Lehrkraft, da war sie sicher.

Aus demselben Grund, aus dem die Lehrer sie schätzten (und sich manchmal über sie ärgerten), waren die Jungs mehr als zurückhaltend, Adelaides Komplimente und Schwärmereien zu erwidern, so viel war ihr klar. Ja, sie war süß und kicherte viel, aber sie hatte auch eine standhafte Abneigung gegen etliche Dinge, die Jungs als Teenager liebten: Hauspartys, billiges Marihuana (jegliches Marihuana, besser gesagt), Fluchen, Sex, Handstände auf Bierfässern. Und manchmal – okay, immer – führte das dazu, dass sie bei der Homecoming-Party allein tanzte. Es war ätzend, aber sie konnte es verstehen.

Dann, im April 2009, lernte sie Emory Evans kennen.

Er hatte einen lächerlichen Namen, ein verwegenes Lächeln und eine Ukulele, auf der er im Schneidersitz und barfuß in den Vorgärten seiner Freunde herumklimperte. So auch bei ihrem ersten Aufeinandertreffen: Emory spielte bei einer Geburtstagsparty einen Song von Say Anything und zog Adelaides Aufmerksamkeit auf sich, als er die Worte «*I'd walk through hell for you*» direkt in ihr Gesicht sang und sich damit in ihre Seele katapultierte.

Irgendwie lustig – fast schon ikonisch –, denn er *war* die Hölle. Er war Feuer und Schwefel und Dreizacke, eine Horde Dämonen in der Form eines rothaarigen schlaksigen Teenagers – Dämonen, die Adelaide noch lange verfolgen sollten. Aber in diesem Moment zählte nur die Geburtstagsparty und dass er der erste Junge war, der Adelaide je richtig sah. Der sich nicht nach dem ersten Blick abwandte.

«*Let it burn right through my shoes*», sang er. «*These soles are useless without you*», formten ihre Lippen, und sie lächelte das gesamte Lied lang.

Es begann mit Händchenhalten im Kino, mit stickigen abendlichen Autofahrten, um Eiscreme zu kaufen, und mit geteilten Kaffeemilchshakes auf der Mittelkonsole. Er brachte ihrer Mutter Blumen mit, als er das erste Mal zum Abendessen kam – nur ein paar Tulpen vom Supermarkt, gerade genug, um ihrer beider Herzen zum Schmelzen zu bringen. Adelaide war mit ihrer Mutter vor etwa vier Jahren in eine verschlafene Kleinstadt in Georgia gezogen, kurz nachdem die Scheidung ihrer Eltern unter Dach und Fach war und lange nachdem ihre Schwestern das Haus verlassen hatten, um aufs College und ins Internat zu gehen. Am Anfang hatten sie sich anderen Leuten nur zögerlich geöffnet, aber bald bezogen sie das Gästebett frisch und hießen Emory willkommen. (Die Fahrt nach Hause sei «lang», es sei schon «so spät», und: «In dieser Stadt gibt es einfach nicht genug Ampeln, warum schläfst du heute Nacht nicht unten im Gästezimmer? Es wäre sicherer.»)

Emory zog in jenem Sommer mehr oder weniger mit ein, übernachtete wöchentlich zwei-, dreimal bei ihnen. Er und Adelaide schlichen sich raus, um schwimmen zu gehen und leise im Mondlicht zu planschen. Der Pool war zu dieser Nachtzeit tiefschwarz. In Handtücher gewickelt und auf den Teppich des Gästezimmers tropfend, verbrachten sie Stunden damit, sich flüsternd zu unterhalten, während Adelaides Hund Puff neben ihnen schnarchte. Sie sprachen übers College und die Weihnachtszeit, und: «Wusstest du, dass es im Palast von Versailles bis ins 18. Jahrhundert keine Toiletten gab? Das haben wir im Geschichtsunterricht gelernt.»

Die Zeit verflog und brachte sie minütlich der Zukunft näher, die sie sich miteinander ausmalten. Eines Nachts flüsterte Emory mit der Hand in ihrem nassen Haar: «Selbst wenn ich nicht derjenige sein sollte, der dich eines Tages heiratet, darf ich hoffentlich dem Mann die Hand schütteln, der es tut.» Bei diesen Worten fühlte Adelaide ihr Innerstes entfachen.

Noch Jahre später waren dies die Tapes, die sie im Kopf abspulte. Wie sein Daumen auf ihrer Handfläche Kreise zog oder wie er ihre feuchten Haarlocken um seine Finger zwirbelte, all seine Versprechen, die er nie hielt. Den Rest blendete ihr Gedächtnis aus. Es verhedderte die Magnetbänder der Tapes in Bandsalat und weigerte sich, auf Play zu drücken.

Aber etwa fünf Monate nachdem sie ihre Beziehung auf Facebook offiziell gemacht hatten, setzten bei Adelaide die Panikattacken ein. Sie hatte schon früher welche gehabt – manchmal vor Flügen oder während der psychotischen Episoden ihrer Schwester und einmal komischerweise bei einem *High-School*-Musical-Konzert –, aber diese waren anders. Sie konnte nie genau sagen, wie sie anfingen, und erst hinterher, wenn Adelaide wieder einmal schluchzend auf dem Boden lag, wurde ihr klar, dass es eine Panikattacke gewesen war.

Ihr Gehirn schien alles durcheinanderzuwerfen, packte manche Erinnerungen in einen traumartigen Nebel (das Schwimmen, die geflüsterten Unterhaltungen, die Küsse bei Barnes & Noble) und andere (was immer gerade die Attacke ausgelöst hatte) hinter einen blickdichten Vorhang – der sich jahrelang nicht heben sollte.

(Letztendlich würde alles in erdrückenden Wellen wieder hochkommen. Meist spätabends, wenn sie zwischen Wachen und Träumen schwebte. Dann blubberten Erinnerungen an die Oberfläche und sickerten in Adelaides Geist, waren unmöglich zu verarbeiten und noch unmöglicher zu ignorieren. Sie versuchte, die Erinnerungsfetzen durchzusieben und herauszufinden, wann sich alles verändert hatte. Wann genau sich ihre Beziehung mit Emory von süßer, zärtlicher erster Liebe in Haareziehen und Druck verwandelt hatte. Gewaltigen Druck. Jede Form von Druck. Richtig verstanden hat sie es nie.)

Aber fürs Erste war Adelaide jung und verliebt, und was machte es schon aus, wenn ihr Freund manchmal ein Arschloch war?

Monate vergingen; aus Sommer wurde Herbst. Adelaide und Emory gingen auf unterschiedliche Highschools: Er fuhr quer durchs Land, um eine Privatschule zu besuchen, sie belegte in unmittelbarer Nähe von zu Hause eine Unmenge von Vorbereitungskursen fürs College. (Oft wurde sie darauf hingewiesen, wie wenig Köpfchen ihre Kurse im Vergleich zu seinen erforderten.) Am Anfang des dritten Highschooljahrs freundete Emory sich mit einer neuen Mitschülerin aus San Francisco an. Ihr Name war Brianna, sie saß im Physikunterricht hinter ihm, und *Scheiße, Mädchen, die Quantenmechanik verstehen, sind echt heiß,* twitterte er an jenem Nachmittag.

Adelaide kam von ihrem ersten Schultag nach Hause, band ihr Haar zu einem Pferdeschwanz, wechselte in eine kurze Pyjamahose und machte sich einen Erdbeersmoothie. Aus reiner Langeweile checkte sie Twitter und verschluckte sich fast am rosa Smoothieschaum.

Was soll das?, schrieb sie ihm. (Mit sechzehn wahr Adelaides Wortschatz noch weit weniger farbenfroh.) *Einen schönen ersten Schultag! Mein Freund postet online, wie heiß er andere Mädchen findet!*

Es ist ein Witz, Adelaide, antwortete er. *Sei nicht so verklemmt. Das ist unattraktiv.*

Bald lernte Adelaide, zu nicken und zu lächeln. Sie brachte frisch gebackene Cupcakes mit zu Eloise, als sie sich mit Emory und seinen Freunden bei ihr für einen Filmabend trafen. Sie biss sich so fest auf die Zunge, dass es blutete, als Brianna – «Bri», wie er sie nannte – Emory zur Begrüßung auf den Arm sprang. Während Brianna ihm die Beine um die Hüften schlang, stand Adelaide daneben, schmeckte Blut und ermahnte sich zu atmen.

Sei nicht so verklemmt, sagte sie sich im Stillen. *Das ist unattraktiv.*

Auf der Heimfahrt hielt Emory auf einer Grasfläche an und schlug vor, dass sie sich hinten in seinen Truck legten, «um die Sterne zu beobachten». Dabei hielt er, den Arm um Adelaides Schulter gelegt, ihre Hand und ließ seine andere Hand in ihre Hose gleiten.

«Lass das bitte», sagte Adelaide. Sie griff nach seinem Handgelenk. «Du weißt, dass ich mich damit nicht wohlfühle.»

«Ich schwöre, Adelaide», sagte er, schwieg eine Minute lang

und legte dann den Gang wieder ein. «Ich versuche, nett und romantisch zu sein. Und du ... Bist du asexuell oder was? Bist du ein verfickter Seestern?»

Ein paar Wochen später zog Brianna zurück nach San Francisco. Emory verbrachte die Wochenenden wieder im Gästezimmer, und immer häufiger wachte Adelaide mit seiner Hand in ihrer Unterwäsche auf. (Oder träumte sie das nur?)

Eines Sonntagmorgens dann – ihre Mutter war weggefahren, um Donuts zu holen – trat Adelaide aus der Dusche und fand sich plötzlich auf dem Boden festgenagelt. Emory war auf ihr, seine Finger waren in ihr, und ihr Kopf war völlig leer.

«Adelaide?», rief Eloise von unten. Sie wusste, wo der Ersatzschlüssel lag, und kam oft herein, ohne zu klingeln – ein Glück. «Bist du zu Hause? Ich habe Kokos-Eiskaffee dabei!»

Emory ließ sofort von Adelaide ab, und nur mit einem Handtuch bekleidet lief sie die Treppe runter zu Eloise, während sie sich fragte, was gerade passiert war – ob es wirklich passiert war und ob die Badezimmerfliesen einen Abdruck auf ihrer Wange hinterlassen hatten.

«Geht's dir gut?», fragte Eloise und stellte den Eiskaffee auf die Arbeitsplatte. «Du bist ganz rot im Gesicht.»

«Ich hab nur zu heiß geduscht, glaube ich», sagte Adelaide.

Sie schämte sich zu sehr, um Eloise die Wahrheit zu sagen. Es würde Jahre dauern, bis diese Scham verflog.

Adelaides Schwestern kamen in jenem Dezember beide aus Boston zu ihnen geflogen, damit sie Weihnachten alle zusammen verbringen konnten. Holly war frisch verlobt und arbeitete im State House; Izzy studierte Psychologie im letzten Semester an der University of Massachusetts. Während ihrer

Jugend hatte sie ständig irgendwelche Internate für problembelastete Mädchen besucht. Seit einiger Zeit jedoch ging es ihr wesentlich besser.

Aber natürlich (natürlich!) waren bei den Frauen der Williams-Familie Zwischenfälle vorprogrammiert.

Adelaide konnte nicht sagen, wie genau es passiert war; sie wusste nur, dass Izzy nicht gut geschlafen hatte, die Apotheke ewig für die Beschaffung ihrer Medikamente brauchte, und wahrscheinlich war der Kellner beim Abendessen unfreundlich gewesen. Und plötzlich stampfte Izzy mit den Füßen auf den Wohnzimmerboden und behauptete schreiend, dass keiner sie verstehe. Dass sie sich hier und jetzt umbringen wolle. Dass niemand – «niemand» – wisse, wie es in ihrem Kopf aussah.

«Tief ein- und ausatmen», sagte ihre Mutter. «Tief ein- und ausatmen», wiederholte Holly. Adelaide schwieg wie immer. (Sie wusste nie, wie sie Izzy beruhigen konnte, sondern nur, wie sie sich so klein wie möglich machte.)

Sie schrieb Emory, fragte ihn, ob er sie abholen könne, vielleicht eine Weile mit ihr um die Häuser fahren? Er antwortete, dass er gerade mit ihrer gemeinsamen Freundin Misha für eine Geschichtsprüfung lerne, aber er könne für eine Stunde oder so vorbeikommen.

Das passt, schrieb sie zurück. *Ich muss nur mal aus dem Haus raus. Bitte.*

Fünfzehn Minuten später bog Emory in die Einfahrt. Adelaide schlich sich durch die Seitentür raus und stieg in seinen Truck.

Diesmal erinnerte sie sich genau, was in jener Nacht passiert war. Wie sie geweint und sich für eine Umarmung zu ihm gebeugt hatte. Wie er sie beruhigt und sie «Baby» genannt hatte, bevor er seine Hose aufknöpfte, ihre Hand hineinschob und sie zwang, sie an seiner Haut auf und ab zu bewegen. Dort in der Einfahrt, während ihre Schwester drinnen schrie.

«Alles okay bei dir, Süße?», fragte Holly später, als sie neben Adelaide ins Bett kroch. Vor etwa einer Stunde war es ihnen gelungen, Izzy zu beruhigen – sie zu überreden, eine Xanax zu nehmen und eine Tasse warmen Tee zu trinken.

«Mir geht's gut», sagte Adelaide. «Mach dir wegen mir keine Sorgen.»

(Aber in Wirklichkeit? In Wirklichkeit ging es ihr überhaupt nicht gut.)

Emory ließ Adelaide über AOL Messenger wissen, dass er sie liebte, jeden Abend, bevor sie schlafen ging. Bei einem Footballspiel nannte er sie eine Fotze, weil sie ihm keinen Ketchup für die Pommes mitgebracht hatte. Zum Geburtstag schenkte er ihr See-Äffchen und zum Valentinstag einen großen Strauß gelber Blumen. Eines Nachmittags betatschte er sie, als sie still dalag, dann wieder sagte er ihr, sie habe die Titten eines pummeligen vorpubertären Jungen. Er schenkte ihr T-Shirts, die er mit seiner kleinen Schwester im Hinterhof gebatikt hatte. Erzählte seinen Freunden, dass er sich wünschte, sie würde sich die Schamhaare mit Wachs entfernen lassen wie seine Ex-Freundinnen. Er lud sie zur Hochzeit seines Stiefbruders in Clearwater Beach ein, wo sie sich von der Feier wegstahlen, an den Strand legten und mit den Fingern die Sternbilder im Nachthimmel nachzeichneten. Eines Tages kippte er ihr grundlos einen Milchshake über den Kopf, während sie Auto fuhr. Er half Adelaides Mutter, die Haustür neu zu streichen und Hortensienbüsche im Garten zu pflanzen. Er hielt gewaltsam Adelaides Kopf fest, während sie ihm einen blies – nachdem er monatelang darum gebettelt und gesagt hatte: «Ich würde alles tun, damit du dich gut fühlst, aber du tust nicht dasselbe für mich» – und ihr Tränen über die Wangen liefen.

Er ging mit Adelaide zum Prom, fuhr mit ihr nach Cumberland Island, um sich den Sonnenaufgang anzusehen, stellte sie seinen Großeltern und den Babykätzchen vor, die sie unter der Veranda gefunden hatten. Und eines Abends zog er auf dem Sofa bei Adelaide zu Hause ihre Pyjamashorts zur Seite – auf dem Kaffeetisch schmolz ein Eisbecher Ben & Jerry's vor sich hin – und drang in sie ein, ohne Kondom, ohne Frage und ohne Einverständnis. Wieder war ihr Kopf wie leer gefegt.

«Hast du gerade?», stotterte sie. «Haben wir gerade?»

«Nicht alles muss eine große Sache sein, Adelaide», sagte er.

Sie hasste sich dafür. Und dafür, dass sie das Gefühl beinahe genossen hatte. Wie war das überhaupt möglich? Wie hatte er ihr so schnell und so leichtfertig die Jungfräulichkeit rauben können – diesen skurrilen Teil ihrer Identität, der ihrer siebzehnjährigen Meinung nach ihren Wert definierte, ihre Tugend und ihre Reinheit?

Sie weinte, als es am nächsten Abend auf dem Schlafzimmerboden wieder passierte und danach, am helllichten Tag, im Pool. Sie weinte, als sie die Wange gegen den Toilettensitz presste und sich zwang, sich zu übergeben, weil sie hoffte, dadurch alles aus ihrem Körper rauszuwürgen – die Angst, die Beschmutzung, den Selbsthass. Sie weinte jede Nacht im Bett mit offenen und geschwollenen Augen und fragte sich, ob sie diese Schmach auf ewig mit sich herumtragen konnte. Adelaide versuchte, sich einzureden, dass Liebe Zugeständnisse erforderte, und mehr als das war es schließlich nicht, oder? Es war keine Vergewaltigung, nein, niemals. Nur ein Zugeständnis.

Eine Woche vor Beginn ihres letzten Schuljahres bekam Adelaide einen Anruf von einem Mädchen aus ihrem Lacrosse-

Team. «Hast du vielleicht Lust auf einen Kaffee?» Sie trafen sich in einem Café in Downtown, und das Mädchen sagte, es gäbe keinen einfachen Weg, das Folgende auszusprechen, aber vor einer Woche habe sie in der Schule ihren Stundenplan abgeholt und Emory zusammen mit Misha Stojanovic auf dem Parkplatz gesehen.

«Oh», sagte Adelaide. «Ja klar. Wir sind alle drei gut befreundet. Ich habe Emory letztes Jahr bei Mishas Geburtstagsparty kennengelernt.»

«Nein», sagte sie. «Ich glaube … Das zwischen den beiden sah nicht aus, als seien sie nur Freunde.»

«Wie meinst du das?», fragte Adelaide.

«Sie haben. Ähm. Ich weiß nicht, ob sie im Auto Sex hatten oder nur wild rumgeknutscht haben, aber …»

Adelaides Atem ging plötzlich flach, und alles verschwamm vor ihren Augen.

Das war der letzte Tag, an dem sie sich als seine Freundin bezeichnete, aber Emory Evans würde sie noch jahrelang verfolgen.

FÜNF

Auf der anderen Seite des Atlantiks kam Rory Hughes an einem glasklaren Septembernachmittag im Downing College in Cambridge an und packte seine alten Pullis und die neuen Jurabücher aus, während sein iPod «Under the Bridge» von den Red Hot Chili Peppers spielte. Laut summend hängte er aufs Geratewohl Poster und Fotos von seinem Brückenjahr an die Wand: den Keith-Haring-Druck von einer Ausstellung in New York, die Polaroidfotos von seinem Roadtrip entlang der Côte d'Azur, das leuchtend orange Penguin-Buchcover von 1984, das er in der berühmt-berüchtigten Hatchards Buchhandlung in St. Pancras erstanden hatte.

«Tolles Cover», sagte jemand von der Tür her. Er drehte sich um und sah dort zwei junge Frauen in knöchelhohen Chucks und mit einem breiten Lächeln im Gesicht stehen. «Ich liebe Orwell», fügte die Frau hinzu, die gesprochen hatte. «Wie es der Zufall will, studiere ich Literatur.»

Ihr Name sei Nathalie Alban, und das hier sei Diana, sie bezögen gerade ihre Zimmer den Flur runter. Rory stellte sich vor, gab beiden Frauen die Hand, und klar, er würde gerne mit ihnen ein Pint trinken gehen. «Danke, dass ihr fragt.» Er nahm seinen Schlüssel und folgte ihnen die gewundene Treppe hinab und auf ein Ledersofa im Lord Butterfield Cafe, wo sie Indian Pale Ale tranken und sich unter die restlichen neuen Studierenden mischten. Als sich mehr und mehr Erstsemester aufs Sofa quetschten, streifte Rorys Hand Nathalies.

«Sorry», formten seine Lippen.

«Schon okay», antwortete sie lautlos und lächelte.

Rory spürte, dass er rot wurde, und hoffte, dass Nathalie es nicht bemerkte. (Tat sie aber.)

Die kommenden Monate waren geprägt von Momenten wie diesem – verstohlene Blicke, sich berührende Finger, sich rötende Wangen. Vielleicht oder vielleicht auch nicht hatte Rory Nathalies Stundenplan auswendig gelernt und legte seine Teepausen wie zufällig auf ihre. Vielleicht oder vielleicht auch nicht trug Nathalie eine Extraschicht Mascara und ein wenig mehr Rouge auf, bevor sie Bücher in ihren Rucksack stopfte, von denen sie glaubte, dass sie ihm gefallen würden, und auf eine Tasse Tee runter in die Gemeinschaftsküche ging. Kurz vor Weihnachten band sie eine Schleife um ihre neue Ausgabe der *Orwell-Tagebücher*. Es gehörte zu Nathalies Lieblingsbüchern, und vielleicht wollte er es über die Feiertage gern lesen.

Rory bedankte sich bei ihr, und es war ihm peinlich, seinerseits kein Geschenk für sie zu haben. Er nahm das Buch mit zu seinen Großeltern nach Galway, wo er es auf den Nachttisch legte und die Schleife geduldig darauf wartete, aufgezogen zu werden. Hin und wieder fiel er mit einer süßen Irin ins Bett – mal mit einer Blondine, mal mit einer Rothaarigen –, und bildete er es sich nur ein, oder verurteilte ihn George Orwell vom Nachttisch aus? Er legte das Buch in die Schublade und hoffte, dass damit auch seine Schuldgefühle verschwanden. (Taten sie nicht.)

Am Weihnachtsabend löste Rory – ein bisschen angetrunken nach dem Abendessen und um dem konservativen Nachrichtenkanal zu entfliehen, den seine Großeltern eingeschaltet hatten – die Schleife, fing an zu lesen und spürte, wie sein Herz Feuer fing. Vielleicht war es der Alkohol, vielleicht war es der Geist der Weihnacht, oder vielleicht lag es an den etlichen Stunden, die er in der Küche gesessen und an die Sommersprossen in Nathalies Gesicht gedacht hatte. Aber in diesem Moment, als er mit schwerem Kopf und warmem Herzen George Orwell las, bemerkte Rory, dass er vielleicht dabei war, sich zu verlieben.

Danke für das tolle Semester und dieses Juwel von einem Buch, schrieb er Nathalie irgendwann gegen ein Uhr morgens. *Frohe Weihnachten dir. xx*

Gegen sieben Uhr morgens am ersten Weihnachtsfeiertag wachte Nathalie auf und las die Nachricht mit genauso schwerem Kopf und warmem Herzen. *Dir auch frohe Weihnachten,* schrieb sie und merkte ebenfalls, dass sie vielleicht dabei war, sich zu verlieben.

Den Rest des Semesters pendelten Rory und Nathalie – «Nat», wie er sie nannte – zwischen Freundschaft und Beziehung hin und her. Sie saßen ständig zusammen in der Gemeinschaftsküche, sprachen über den Unterricht und ihre Heimatstädte und: «Ist es nicht eine Schande, dass Charles Dickens so ein Sexist war?» Sie besuchten Studentenkneipen wie das Life and Cindies, tranken schlechten Gin Tonic und schwangen hemmungslos die Hüften zu Songs aus den späten Neunzigern. Manchmal wachten sie im Bett des jeweils anderen auf, nackt und verkatert und irgendwie immer noch glühend von der vergangenen Nacht.

Aber sie waren nicht offiziell zusammen, das mit ihnen war nicht in Stein gemeißelt. Sie waren jung, frisch an der Uni und wollten einfach noch ein bisschen die Fühler ausstrecken, bevor sie «sich festlegten».

Dann kam May Week, das Ende des akademischen Jahres.

Eigentlich waren weder Rory noch Nathalie der Typ für pompöse Partys und Abendgarderobe, aber diese Woche war anders. Es ging nicht um den Pomp oder die Feier, das Geprahle oder die ausladenden Kleider. Nein, in dieser Woche ging es um Tradition, um das Ende ihrer Prüfungen und darum, sich zu betrinken, bis ihnen der Kopf schwirrte und die Sonne aufging. Und es gab nur eine Person, mit der Rory diese Zeit verbringen wollte.

Er fragte Nathalie, ob sie mit ihm zum Downing's May Ball gehen wollte. Sie sagte Ja.

Das Motto war *Olymp*. Der prunkvolle Ballsaal wirkte wie einem Film entsprungen. Nathalies Kleid war ein Strudel aus Gold und Weiß, sie hatte ihr teils zu großen Locken gedrehtes, teils eng geflochtenes Haar halb hochgesteckt, goldenen Lidschatten aufgetragen und die Augen schwarz umrandet.

«Du siehst aus wie eine griechische Göttin», sagte Rory und drückte ihr eine Sektflöte in die Hand.

«Genau das war die Intention», sagte sie mit einem Augenzwinkern.

«Schwingt die gottverdammten Hüften, Cambridge!», rief die Band.

«Wenn sie darauf bestehen», flüsterte Rory in Nathalies Ohr. Er griff nach ihrer Hand und wirbelte sie über die fast leere Tanzfläche. Der Sekt spritzte auf ihr Kleid, aber es war ihr egal. Sie schüttelte das Haar und ließ sich in Rorys Arme ein- und wieder ausdrehen. Der Rock ihres Kleides wehte rechtsherum, linksherum.

«Are there patterns in our skies?», sang die Band. *«Are patterns only in our eyes?»*

Rory sah Nathalie in die Augen – ihre tiefblauen, mit kleinen gischtgrünen Tupfen durchzogenen Augen –, und plötzlich hörte dort auf der Tanzfläche das Pendel auf, zwischen Liebe und Freundschaft hin- und herzuschwingen. Sie lächelte, bewegte weiter die Hüften, und sein Herz setzte einen

Schlag aus. Er war verliebt in diese Frau. «Ich bin in dich verliebt», sagte er.

«Hast du etwa schon zu viel Sekt getrunken, Rory?», fragte sie lachend. «Die Nacht ist noch jung, Kumpel.»

«Es ist nicht der Sekt», erwiderte er. «Ich liebe dich, Nat Alban.»

«Also, ich ...» Er ließ sie den Satz nicht zu Ende sprechen, sondern küsste sie leidenschaftlicher als je zuvor. «Komm mit», sagte er und nahm sie an beiden Händen. Sie wusste nicht, was genau gerade geschah, aber sie folgte ihm. Nathalie würde Rory Hughes immer folgen.

Er führte sie hinaus in den Garten, auf die Festwiese. Dort waren sich im Kreis drehende Fahrgeschäfte aufgebaut, und auf einer riesigen Leinwand liefen alte Filme. Irgendwo gab es auch einen Hot Tub; sie konnten das Geplansche und Gekicher in der Ferne hören.

«Also», sagte Nathalie. «Du liebst mich?»

«Ich liebe dich», wiederholte er. Er war nicht betrunken (zumindest noch nicht), aber etwas schnürte ihm das Herz zu, benebelte seine Gedanken und seine Sicht. Es verzerrte seine Perspektive – wie ein Spiegel im Spiegelkabinett oder das eine Glas Champagner zu viel –, sodass er sich unmöglich auf irgendetwas anderes als Nat fokussieren konnte. Die wunderschöne, perfekte in Gold und Weiß und Mondlicht getauchte Nat.

(Eines Tages würde er sie genau so in Erinnerung behalten. Nachdem.)

«Dann bist du jetzt also mein Freund?», fragte sie.

«Ich schätze, schon», sagte er. «Wenn du mich nimmst.»

«Ich schätze, schon. Wenn du mich nimmst», äffte sie ihn nach und verdrehte die Augen. Aber verdammt. «Verdammt, ich liebe dich auch, Rory Hughes.»

Der Rest der Nacht war verschwommen – eine einzige Unschärfe aus hellen Lichtern, schicken Anzügen und wummernden Lautsprechern. Sie tranken Ginshots, dann Espressoshots, hauten auf die Bar und schlugen sich auf die Wangen, um wach zu bleiben. Alles war überzogen – extravagant und epikureisch –, aber weder Rory noch Nathalie wollten, dass die Nacht jemals endete.

Sie tanzten zu schlecht gecoverten Songs von Lady Gaga und stiegen um vier Uhr morgens zusammen mit Freunden aus dem Wohnheim in ein Boot. Als sie den Fluss Cam hinabfuhren, schlang Rory die Arme um Nat.

«Ist das?», setzte Diana an und wedelte, eine Flasche Sekt in der Hand, mit dem Zeigefinger vor den beiden herum. «Seid ihr? Ist das jetzt was Offizielles?»

«Anscheinend schon», sagte Nat und gab Rory einen Kuss auf die Wange. Die Sonne ging gerade auf.

«Anscheinend schon», bestätigte Rory.

Das Jahr war fast vorbei, und sie waren nicht mehr einfach jung und frisch an der Uni, wollten nicht länger ein bisschen die Fühler ausstrecken. Nein. Jetzt waren sie verliebt. Rory und Nathalie waren verliebt. Und alles sollte sich ändern.

FRÜHLING

London, England
2018

SECHS

Es war schon fünf Tage her (fünf! Tage!), seit Adelaide und Rory miteinander geschlafen hatten. Fünf Tage, seit sie in seinem Bett aufgewacht war und er ihnen Toast gemacht, ihre Stirn geküsst und sie gefragt hatte, wo sie die ganze Zeit gewesen sei, seit er versichert hatte, er würde nie – «Wie könnte ich?» – verschwinden. Und doch war er verschwunden. Adelaide hatte bisher kein einziges Wort mehr von ihm gehört.

Wie zur Hölle hab ich das vermasselt?, fragte sie sich.

Als sie am Samstag nach Hause gekommen war, hatte sie ihm eine kurze Nachricht geschickt, in der sie ihm noch einmal für *die echt schöne Zeit* dankte und fragte, ob er kommenden Freitag Zeit habe. Dann seien alle ihre Prüfungen vorbei, und sie könne es vertragen, ein wenig zu feiern. Er antwortete nicht.

Sie fühlte sich wie ein erlegtes Beutetier. Ihr Körper gehörte jetzt ihm, ihr Interesse war kundgetan und der Nervenkitzel der Jagd verflogen – er hatte sie verschlungen und ihre Überreste verschmäht. Das war alles, was von ihr noch übrig war, ein zerfleischter Kadaver von einer Frau.

Die ersten Tage war sie verwirrt gewesen, fast paranoid. Sie sah alle zehn Minuten auf ihr Handy und dachte: Das nächste Mal, wenn ich draufgucke, hat er mir bestimmt geschrieben. Als auch Stunden später noch kein Wort von ihm eingegangen war, begann sie zu glauben, dass irgendetwas nicht stimmte. Dass vielleicht ihre Nachrichten nicht gesendet worden waren oder er sein Handy verloren hatte. Oder was, wenn – *was, wenn* – seine Erkältung wieder aufgeflammt und er ernsthaft krank war?

Was, wenn er in einem Krankenhausbett liegt, und du sitzt hier und zermarterst dir selbstsüchtig den Kopf darüber, warum er kein nächstes Date mit dir plant?, fragte sie sich selbst. *Hör auf, so verdammt egozentrisch zu sein, Adelaide!*

Diese Theorie wurde jedoch widerlegt, als sie den Whats-App-Chat öffnete und unter seinem Namen das Wort *online* entdeckte. Sein Profilbild zeigte Rory als Kleinkind. Klein Rory trug einen himmelblauen Pullover und saß im Schneidersitz im Grünen. Wahrscheinlich in irgendeinem Park oder Garten in Galway oder Shere. Das Foto war ein bisschen unscharf, aber man konnte erkennen, dass Klein Rory begeistert lachte. Klein Rory machte sich über sie lustig.

Adelaide musste dringend lernen, daher stellte sie den Klingelton für ihre Nachrichten auf sehr laut und warf das Handy auf ihr Bett, weit weg vom Schreibtisch. Es klingelte mehrmals – Nachrichten von ihrer Familie, ihren Kommilitonen, von Madison, die fragte, ob sie Toilettenpapier oder Schokoriegel vom Supermarkt mitbringen sollte. Jetzt machte sich auch der Klingelton über Adelaide lustig.

Am dritten Tag kam sie aus der U-Bahn-Station, setzte sich auf eine Parkbank und begann zu schluchzen. Nicht still und heimlich; nein, Adelaide schluchzte lauthals in unkontrollierbaren Wellen. Die Leute um sie herum nahmen wahrscheinlich an, dass sie einen Elternteil oder einen engen Freund verloren hatte – dass jemand auf tragische und unerwartete Weise gestorben war. Für den Verlust eines Mannes, den sie dreimal gedatet hatte, war es ein unangemessenes Schluchzen, das wusste Adelaide, aber sie konnte nicht anders. Sie weinte trotzdem.

Am Mittwoch, Tag fünf, schrieb sie ihre letzte Prüfung und

schaltete anschließend ihr Handy ein. Als immer noch keine Nachricht von Rory aufleuchtete, fühlte sie sich, als fiele sie in eine tiefe Leere. Keine Ruhe überkam sie jetzt, wo sie ihre Klausuren hinter sich hatte, kein Gefühl von Erfolg oder Zielverwirklichung. Nur Leere. Endgültigkeit.

Sie ging zu Little Waitrose in der Nähe des Campus und starrte auf eine Flasche gekühlten Rosé. In ihren Augen schwammen Tränen. Sie beschloss, dass sie nichts zu verlieren hatte.

Hey, schrieb sie. *Kann sein, dass ich überempfindlich bin und zu viel hineinlese, was typisch für mich wäre, aber irgendwie fühlt es sich an, als würdest du mich ignorieren, nachdem wir miteinander geschlafen haben ... Was kein so tolles Gefühl ist ...*

Eine Sekunde später ertönte ein Ping.

Hi, schrieb er. *Tut mir echt leid, so ist es nicht. Ich versinke einfach nur in Arbeit. Hoffe, deine Prüfungen sind gut gelaufen. Steht Freitag noch?*

Adelaide blinzelte und wusste nicht genau, was sie empfand. Das Gefühl lag zwischen Erleichterung und Enttäuschung, am Balancepunkt einer emotionalen Wippe. Sie hatte sich – überzeugt, dass sie nie wieder von Rory Hughes hören würde – für Freitag mit Madison und Celeste verabredet und war nun zwiegespalten. Sie wollte ihre Freundinnen nicht sitzenlassen und dabei Rory von vornherein das Gefühl geben, dass sie ihre Zeit aus Rücksicht auf ihn (oder sonst irgendeinen Mann) freihielt. Aber sie wusste auch, dass sie implodieren würde, wenn sie diese Quasi-Einladung ablehnte und damit ihre Chance vertat, Rory wiederzusehen.

Gut zu wissen, antwortet Adelaide. *Und tut mir leid, dass du Stress bei der Arbeit hattest, ich kenne das Gefühl. Hoffe, es hat sich wieder einigermaßen gelegt? Habe mir Freitag schon was vorgenommen, weil ich angenommen habe, dass du beschäftigt bist, aber wir könnten uns hinterher treffen, wenn du Lust hast?*

Sie benahm sich wie ein Hund, der auf Kommando pariert, und hasste sich dafür, aber sie musste diesen Mann einfach wiedersehen. Musste, musste, musste.

Er fragte, ob sie stattdessen am Samstag Zeit hätte – er habe Karten für eine Comedy-Show im Soho Theatre, und vielleicht wolle sie ihn begleiten? Sie willigte ein, kaufte eine Flasche Côtes de Provence und fuhr mit der U-Bahn nach Hause.

Als sie in der Northern Line saß, fiel Adelaide wieder in diesen Zwischenraum von Erleichterung und Enttäuschung. Ihre Unrast hatte sich gelegt, war aber nicht vollkommen verschwunden – sie verspürte weder Frieden noch Wärme. Sie versuchte, sich aus dem Zwischenraum heraus in Richtung Erleichterung zu hangeln. Richtung Vorfreude und Gedanken über Outfits und: *Ist roter Lippenstift zu viel für eine Comedy-Show?*

Zu Hause angekommen, öffnete sie sofort den Rosé und goss sich ein Glas ein. Es war vier Uhr nachmittags, aber «Für Happy Hour ist es nie zu früh», murmelte sie.

Sie redete sich ein, dass sie glücklich war, dass die Dinge gut liefen. (Taten sie das nicht?)

Adelaide saß auf einem Hocker in einer gut besuchten Tapas-Bar. Es war zwanzig Uhr, und sie scrollte durch ihr Handy, während sie auf Sam wartete.

Sie hatten sich schon seit, *herrje!*, anderthalb, zwei Jahren nicht mehr gesehen. Nicht seit Sams letztem Tag bei Endelman & Sloan, der PR-Agentur in Manhattan, in der Adelaide ihren ersten Job gelandet hatte. Sam war ihre Vorgesetzte gewesen, ihre Mentorin und eine Art jüdische Märchengroßmutter –

die stets Lokschenkugl dabei und eine ernste Ermahnung auf den Lippen hatte: «Achte auf dich, Adelaide. Du bist in letzter Zeit nur Haut und Knochen!»

Die Agentur bestand aus etwa fünfzehn Frauen in ihren Zwanzigern, die alle blitzgescheit waren und ohne Murren für ein miserables Gehalt Sechzig-Stunden-Wochen schoben. Spezialisiert waren sie auf externe Unternehmenskommunikation in der Technologie- und Finanzbranche, was bedeutete, dass die Frauen von Endelman & Sloan – E&S, wie sie es nannten – ihre Tage damit verbrachten, Pressemeldungen und Pitchs für Führungskräfte aus dem Silicon Valley und dem Financial District zu schreiben. Abends saßen sie gemeinsam auf dem Bürofußboden, tranken Tequilashots und teilten sich salziges chinesisches To-go-Essen, und oft blieben sie bis zwanzig, einundzwanzig Uhr, um Pressepläne zurechtzuschustern. Eine andere Kollegin von Adelaide hatte E&S «Satans Schwesternschaftshaus in der Spring Street» genannt. (Unrecht hatte sie nicht.)

Es war nicht gerade eine erfüllende Arbeit. Während des College hatte Adelaide vor allem Praktika bei Unternehmen gemacht, in denen es darum ging, zu schreiben und Texte zu veröffentlichen und sich für aufstrebende Literaturmagazine die Hacken wund zu laufen – während sie in kurzen schwarzen H&M-Kleidern schwitzte und davon träumte, ihren Namen im Impressum oder in Danksagungen von Autoren zu lesen. E&S war alles andere als die Erfüllung dieser Träume. Aber es war ein Job, eine Möglichkeit, Kontakte mit Medienunternehmen zu knüpfen. Und ihre Kolleginnen machten das Ganze mehr als erträglich.

Etwa sechs Monate bevor Adelaide kündigte und nach London ging, verließ Sam die Firma, um für ein junges Tech-Start-up in Williamsburg zu arbeiten. Sie hatten bei ihrer

Abschiedsfeier bereits etliche Margaritas getrunken, als Sam Adelaides Hand drückte und eindringlich sagte: «Zweifle nie daran, dass du klug und scharfsinnig bist. Wirklich, du bist etwas Besonderes.» Ihre Worte blieben hängen.

Nun betrat Sam das Brindisa und zog Adelaide in eine Umarmung. Sie trug einen kobaltblauen Blazer, einen diamantenen Verlobungsring, und am Ringfinger der Hand, mit der sie vor Jahren Adelaides gedrückt hatte, steckte ein neuer Ehering. Sie winkte den Kellner heran und bestellte eine Karaffe Sangria für sie beide.

«So schön, dich wiederzusehen», sagte Adelaide. Sam erwiderte ihr Lächeln.

Sie sprachen über Hochzeiten, das Leben als Freiberuflerin und über das kleine Boutiquehotel um die Ecke, in dem Sam übernachtete. Über die Frauen von E&S, mit denen sie noch immer Kontakt hatten (es waren viele), und über die, mit denen sie nie wieder ein Wort wechseln wollten (es waren wenige). Sam erkundigte sich nach der Londoner Datingszene, und Adelaide, die spürte, dass sie rot wurde, sagte: «Na ja, es gibt da jemanden. Es ist noch früh, aber ...»

Irgendwann zwischen *Pan con tomate* und *Queso de cabra* begann Sam, Adelaide die erwähnte Stelle bei Alliance, dem Tech-Unternehmen, schmackhaft zu machen. Seit Sams Einstieg war Alliance so sehr gewachsen, dass man es nicht mehr als Start-up bezeichnen konnte. Es gab Außenbüros in Großbritannien, Frankreich und der Schweiz. Sam brauchte jemanden, der von London aus für die internationale Kommunikation zuständig war – «Jemanden, der unseren amerikanischen Ton mit europäischer Denkart zusammenbringt», erklärte Sam zwischen zwei Bissen. Adelaide sei ihr dafür als Erste in den Kopf gekommen.

«Ich weiß, der Job ist nicht sonderlich kreativ», sagte sie.

«Er ist unternehmerisch und technikbezogen, aber ich kann dir einen Haufen Geld zahlen, und du würdest herumreisen. Ich glaube, es könnte dir gefallen.»

Adelaide dachte an die kläglichen Gehälter, die Verlage in ihren Stellenausschreibungen angaben. Sie dachte an die unzähligen Bewerbungen, die sie abgeschickt hatte, ohne Antwort zu bekommen, an den Druck von Vorstellungsgesprächen und an die Hürden, ein Arbeitsvisum zu bekommen – an all die Unwägbarkeiten. Sie sah Sam an und fragte sich, wie es wohl wäre, für jemanden zu arbeiten, der einem ein solches Vertrauen entgegenbrachte, tagein, tagaus. Die Vorstellung hatte etwas Warmes, Zuversichtliches und Verlockendes.

«Okay», sagte sie. «Ich bin dabei.»

«Im Ernst?», fragte Sam. «Du bist dabei? Ich dachte, es bräuchte viel mehr Überredungskunst!»

«Oh», sagte Adelaide. «Stimmt. Lass uns übers Gehalt reden, wenn du deine Überredungskünste spielen lassen willst.»

Sie lachten und bestellten Dessert. Sam übernahm die Rechnung, und Adelaide begleitete sie noch zu ihrem Hotel in der Charlotte Street. Zum Abschied umarmten sie sich und versprachen einander, in Kontakt zu bleiben – Sam wollte ihr alle weiteren Informationen per E-Mail schicken, sobald sie in ein paar Tagen zurück in New York wäre.

Adelaide stieg an der Goodge Street in die U-Bahn. Sie überlegte, ob sie ihre aufregende Beinahe-Neuigkeit mit Rory teilen sollte, entschied sich aber dagegen und sagte sich, dass es besser sei, sie ihm von Angesicht zu Angesicht zu verkünden. Zugegebenermaßen war sie auch nicht überzeugt, dass er antworten würde, aber daran wollte sie im Moment nicht denken. Sie schrieb eine WhatsApp in den Gruppenchat mit ihrer Familie und eine in den mit Madison und Celeste. Außerdem schickte sie eine Nachricht an Eloise. Sie alle antworteten mit Konfettikanonen- und Champagner-Emojis.

Zum ersten Mal in dieser Woche konnte Adelaide sich ein Lächeln nicht verkneifen.

Es war Freitagabend, es regnete in Strömen, und Celeste gab die erste Runde aus. Ihre Gläser schäumten über, sodass sich die Flüssigkeit auf den Tisch und über ihre Jeans ergoss. Sie scherten sich nicht darum.

Die drei Freundinnen waren in Adelaides Lieblingspub – einer Kneipe in Bethnal Green, an deren Wänden alte Porträts hingen und in der in Trüffelöl getränkter Käsetoast serviert wurde. Das erste Mal waren sie an einem regnerischen Märzsamstag hier hereingestolpert. Unter den Gästen waren immer Hunde, Pärchen auf Dates und alte irische Männer, die über Rugbyspiele diskutierten. Und die Barkeeper spöttelten jedes Mal darüber, dass Adelaide ihr Guinness mit einem Schlag Cassiscreme bestellte. Sie liebte das alles.

«Wie fühlst du dich, Adelaide?», fragte Celeste.

«Gut», sagte Adelaide. «Wirklich gut, ja. Es ist so surreal, findet ihr nicht?»

Sie nickten alle.

«Surreal» war die einfachste Art, es zu beschreiben. Adelaide hatte die Abschlussklausuren hinter sich und einen Job in der Pipeline. Zudem hatte sie einen Mann kennengelernt. Sie empfand Freude und Optimismus, Wertschätzung und Dankbarkeit. Aber noch deutlicher empfand sie das Fehlen anderer Gefühle: Selbstvertrauen, Zuversicht, Trost.

Jahre später bekam eine Kollegin von Adelaide eine wohlverdiente Beförderung, und zur Feier tranken sie Sekt in der Büroküche. «Kennst du dieses Gefühl», flüsterte ihre Kollegin, «wenn du ein Ziel erreicht hast oder ein Traum wahr geworden ist, aber du traust der Sache irgendwie nicht? Als würdest du erwarten, dass alles nur ein großes Missverständnis ist? Ein Versehen?»

«Ja», sagte Adelaide. Sie kannte das Gefühl genau; es pulsierte an diesem Freitagabend im Pub durch ihre Venen.

«Okay, okay», hob Madison an, «ich finde es echt scheiße, dass dieser Rory-Typ sich tagelang nicht gemeldet hat, aber nehmen wir einfach mal an, dass es ein einmaliger Ausrutscher ist. Glaubst du», sie nahm einen Schluck Bier, «wenn du irgendwann reich und mächtig und mit Rory verlobt bist, heiratet ihr in einem Schloss in England? Oder im Plaza in New York?»

Adelaide lachte, aus vielerlei Gründen. «Beides natürlich», sagte sie und trank einen Schluck Bier.

«Lustig», fuhr sie fort. «Über meine Traumhochzeit habe ich als Kind nie nachgedacht. Ich habe mir eher meine Beerdigung ausgemalt.»

«Das sagst du immer, du komisches Huhn», sagte Madison. «Die Männer sollen keine schwarzen, sondern graue Anzüge tragen. Und du willst gelbe Blumen. Und Buchstabenluftballons.»

«Stimmt!», sagte Adelaide. «Ich bin froh, dass du das behalten hast. Ich habe eine Vision.»

Hatte sie wirklich. Während ihrer Kindheit und Jugend schien die Stadt in Georgia, in der sie wohnten, alle paar Monate den Tod eines Teenagers zu betrauern – Unfälle durch betrunkene Fahrer, versehentliche Überdosen, Motorräder, die in Bäume krachten. Sie selbst hatte zudem einige entfernte Familienmitglieder und Freunde durch Selbstmord oder bösartige Tumore verloren. Als Resultat ging Adelaide mittlerweile erstaunlich entspannt mit der Vorstellung von Tod um.

Sie nahm keine Drogen und übte keine Extremsportarten

aus; sie konnte nicht mal Fahrrad fahren. Aber sollte der Tod sie holen, wollte Adelaide zumindest zu einem gewissen Grad die Kontrolle behalten. Sie hatte Notizen auf ihrem Handy und Laptop gespeichert, in einer Datei mit dem schlichten Namen *IM FALL MEINES TODES*. Wie Madison gesagt hatte, sie wollte Männer in grauen Anzügen (Schwarz fühlte sich zu sehr nach Abschlussball an), einen Haufen gelber Blumen und metallisch glänzende Buchstabenluftballons, die die Worte *LIEBE GIBT ES NUR IM GANZEN* bildeten. Sie wollte, dass es Eiersalat und Chipwich-Eiscremesandwiches gab, und im Hintergrund sollte ein bunter Mix aus Songs wie «Drops of Jupiter» und «Pony» laufen. Sie hoffte, mit diesem sehr ungewöhnlichen letzten Abschied bei den Menschen, die ihr lieb und teuer waren, einen bleibenden Eindruck zu hinterlassen – sich auf ihren bildlichen Kaminsimsen festzukleben. *Genau so sollt ihr mich alle in Erinnerung behalten. So und nicht anders.*

Adelaide war mal einer Hellseherin über den Weg gelaufen – ausgerechnet an der Küste von Jersey –, die nach ihrer Hand griff und sofort sagte: «Ich verstehe nicht, warum du glaubst, jung sterben zu müssen. Du springst nicht gerade von Klippen, Schätzchen.»

Trotzdem, sie erwartete den Tod, war auf alles vorbereitet. Nur dies hier hatte sie nicht erwartet. Adelaide konnte partout nicht glauben, dass die Puzzleteile ihres Lebens plötzlich so akkurat ineinanderzupassen schienen: das Stellenangebot, ihr Liebesleben, die perfekte, regengetränkte Stadt.

Wie glücklich sie sich doch schätzen konnte, diese Wirklichkeit zu leben. Und welch panische Angst sie hatte, ihr Glück könnte zu Ende gehen.

SIEBEN

Adelaide wachte mit einem leichten Kater und heftigen Gelüsten nach Ahornsirup auf. Von einer Bäckerei um die Ecke ließ sie sich Frühstück liefern – sie wollte unter keinen Umständen eine richtige Hose anziehen und die zehn Minuten die Straße hochlaufen – und machte es sich in einem der Lehnsessel im Wohnzimmer bequem. Er war hellgrau und aus einem wildlederähnlichen Material. Den Essenskarton mit French Toast und einen geeisten Espresso-Chai-Latte stellte sie auf die Armlehne.

Kurze Zeit später kam Madison aus ihrem Zimmer und nahm sich ein Mandelcroissant vom Tisch (Adelaide wusste, dass sie die am liebsten mochte). Gemeinsam sahen sie sich stundenlang Episoden von *Love Island* an, bevor Adelaide aufstand und duschen ging, um sich den Geruch von Trüffel und Hopfen aus dem Haar zu waschen. Anschließend schlüpfte sie in Jogginghose und T-Shirt und kehrte in ihren Sessel im Wohnzimmer zurück, wo sie ihre Haare ein wenig lufttrocknen ließ. Zufrieden, zum ersten Mal – seit Monaten, wie es schien – nichts zu tun zu haben.

Im vergangenen Jahr hatte Adelaide beständig versucht, die Seminare und ihre freiberufliche Arbeit unter einen Hut zu bringen, während sie sich gleichzeitig bemühte, mit Verlegern in Kontakt zu kommen, denen sie auf Twitter folgte. Man sah sie nur selten ohne ihren Laptop, und oft saß sie noch bis zwei, drei Uhr morgens über den Bildschirm gebeugt im Bett, schrieb Essays für ihre Seminare, schlecht bezahlte Rezensionen für angesagte Zeitschriften, bei denen sie während ihrer

Collegezeit mal Praktika gemacht hatte, oder Buchzusammenfassungen für Websites wie *Hustle* oder *The Fix* (die Adelaide als Lifestyle-Portale für Frauen bezeichnete, ihre Professoren hingegen eine Zeitverschwendung nannten). Im Durchschnitt kam Adelaide auf zwanzig Wochenstunden für ihre Seminare, dreißig für ihr freiberufliches Schreiben und noch mal fünf bis zehn für Gruppenarbeiten und unbezahlte Projekte. Sie liebte das Schreiben. (*Vergiss nicht*, sagte sie sich immer, wenn ihre Augen vom Starren auf den Bildschirm schon ganz glasig waren, *du liebst das Schreiben!*) Aber sie war, um es in einem Wort zusammenzufassen, ausgelaugt. Umso größer die Erleichterung, mit der sie in diesen Sessel sank – keine Aufgaben, die erledigt werden wollten, keine Google Docs voller Änderungsvorschläge in ihrem Posteingang, die sie verspotteten.

Die Comedy-Show fing um 20:30 Uhr an, und Rory hatte gefragt, ob sie sich eine Stunde vorher auf einen Drink treffen wollten. Adelaide glättete sich die Haare, legte roten Lippenstift auf und wischte ihn dann wieder ab; es sollte nicht aussehen, als gäbe sie sich zu viel Mühe. Sie wollte bei Rory Hughes Eindruck hinterlassen, aber nicht so wirken, als wolle sie Eindruck hinterlassen. Stattdessen tupfte sie sich etwas Vaseline auf die Lippen und sprühte einen Spritzer Flowerbomb in ihr Haar.

Um 18:45 Uhr goss Adelaide ein bisschen Rosé in eine Wasserflasche und verließ die Wohnung mit einer anderen Art von Nervosität als vor den letzten drei Dates. Sie hoffte, dass der Alkohol ihre Befürchtungen betäubte; tat er aber nicht so recht.

Adelaide betrat das Soho Theatre und sah Rory mit zwei Gläsern Wein vor sich an einem Tisch sitzen. Er lächelte ungezwungen, als sie zu ihm trat, was Adelaide freudig überraschte. (Sie hatte Angst gehabt, dass er ihr die anklagende Nachricht und die allem Anschein nach unangebrachte Paranoia übel nehmen würde.)

«Du riechst göttlich», sagte er leise und gab ihr einen Kuss auf die Wange. Der Satz wirkte wie ein Zauberspruch; mit einem «Puff» verschwanden sämtliche Befürchtungen, die Adelaide mit sich herumgetragen hatte.

«Ich habe dir ein Glas Chardonnay bestellt», sagte er. «Hoffe, das war okay.»

«Perfekt», sagte sie. «Danke.»

Sie sprachen über die hinter ihnen liegende Woche, über die Arbeit und die Prüfungen. Adelaide erzählte ihm von ihrem neuen Beinahe-Job, woraufhin Rory auf den Tisch schlug und rief, sie müssten zur Feier die beste Flasche Champagner bestellen. Sie schüttelte kichernd den Kopf und sagte: «Das könnte Unglück bringen, noch ist nichts unter Dach und Fach.»

Als er fragte, ob sie schon mal im Soho Theatre gewesen sei, schüttelte Adelaide erneut den Kopf und gab zu, dass sie sich kaum je Live-Comedy-Veranstaltungen angesehen hatte, nur die gelegentliche Impro-Theateraufführung im UCB in New York.

«Dort hat *Fleabag* angefangen», sagte er.

«*Fleabag*?», fragte sie. «Ist das eine Comedy-Gruppe?»

(Im darauffolgenden Sommer sollte Adelaide stundenlang in einer Schlange vor der Buchhandlung Waterstones anstehen, während ihr Schweiß auf den Asphalt tropfte und sie sich mit den Händen Luft zufächelte. Drinnen signierte Phoebe Waller-Bridge Ausgaben von *Fleabag: The Scriptures*, und wegen der enormen Nachfrage durfte jeder nur ein Buch signieren lassen. «Könntest du ‹Für Rory› schreiben?», würde Adelaide sie fragen.)

Um Viertel nach acht schoben sie sich die Treppe hinunter in den Theaterraum, in dem vor einer kleinen Bühne reihenweise Plastikstühle standen. Es gab keinen Vorhang, nur eine Handvoll Scheinwerfer an der Decke, von denen ein bläuliches Licht ausging.

«Rory?», ertönte eine Stimme. «Ist das Rory Hughes?»

«Diana Abrams», sagte er und stand auf, um eine kleine Frau mit blonden Locken zu begrüßen. Adelaide saß ganz außen in der Reihe und musste daher ebenfalls aufstehen, um ihn durchzulassen. Sie überlegte, ob sie sich wieder hinsetzen sollte, blieb aber stehen.

«Und Bubs», sagte er und schüttelte einem sehr großen Mann die Hand. «Ich wusste nicht, dass du heute Abend auch hier bist, Kumpel.»

(*Nennt er nicht auch seinen Mitbewohner Bubs?*, dachte Adelaide. *Nennt er alle Männer in seinem Leben so?*)

Lächelnd zwirbelte sie an einer Haarsträhne herum, unsicher, was sie sonst tun sollte. Sie bemerkte, dass Diana roten Lippenstift trug, und fragte sich, wie viel Überlegung in diese Entscheidung geflossen war. Rory stellte sie alle einander vor: «Bubs, äh, sorry, Brennan und Diana – Adelaide; Adelaide – Brennan und Diana.» Adelaide schüttelte ihnen die Hand. Rory erklärte, dass er und Diana früher gemeinsam zur Uni gegangen und zufälligerweise bei derselben Anwaltskanzlei gelandet waren. Brennan war dort Senior Associate. Zurzeit mietete er für ein paar Monate ein Zimmer in Rorys Wohnung – «Ich spare auf ein Haus in Angel», sagte Brennan (Bubs?). Adelaide nickte und lächelte.

Rory und Brennan vertieften sich in eine Unterhaltung, und Diana wandte sich Adelaide zu. Sie fragte, ob sie Amerikanerin sei, wie lange sie schon in England lebe und was sie studiere. Adelaide bemühte sich, ebenfalls Fragen zu stellen. («Und woher aus England kommst du? Cambridge? Es muss toll gewesen sein, dort groß zu werden!») Ihr fiel auf, dass Brennan ihr immer wieder verhaltene Blicke zuwarf; was Rory ihm wohl erzählte?

«Bist du dann also Rorys Freundin?», fragte Diana.

«Oh, nein», sagte Adelaide. «Nicht so richtig.»

«Wie schade», sagte sie und senkte ihre Stimme zu einem Flüstern. «Rory Hughes ist der Beste.» Adelaide wurde rot.

«Und du und, ähm, Brennan, richtig?», fragte sie.

«Bubs?», sagte Diana. «Nein, nein. Wir sind nur als Kollegen hier. Als Freunde.»

Die Lichter wurden gedimmt, und alle nahmen ihre Plätze ein. «Habt ihr diesen Mann beide Bubs genannt?», fragte Adelaide. Rory flüsterte zurück, dass Bubs' voller Name Brennan Uralla-Burke sei. «B-U-B», sagte er. «Irgendjemand hat ihn mal Bubs genannt, und dabei ist es geblieben.» Wieder lächelte Adelaide und dachte, wie verrückt es war, dass Rory unerwartet seinen Mitbewohner und eine alte Arbeitskollegin in einem Kellertheater in London traf.

Die Show begann. Es gab Sketche über trottelige schwedische Rock-Duos und eine über die Bühne tanzende Katze. Nach der Hälfte der Show griff Rory nach Adelaides Hand und hielt sie fest, während sie beide aus vollem Halse lachten. Zwischen zwei Sketchen strich er ihr das Haar aus dem Gesicht und gab ihr einen Kuss auf die Schläfe. Seine Berührung fühlte sich auf ihrer Haut an wie Seide.

Als sie das Theater verließen, giggelte Adelaide noch immer. Sie lachte, als Rory fragte, ob sie Lust auf Nando's Chicken habe.

«Um Welten besser als KFC natürlich?», sagte sie mit gekünsteltem englischem Akzent.

«Ja, Mary Poppins», sagte er. «Um Welten besser als KFC natürlich.»

Sie bestellte Pommes und einen Salat, und Rory machte sich darüber lustig, dass sie in einem Chickenrestaurant kein Hähnchen bestellte.

«Ehrlich gesagt bin ich Vegetarierin», sagte sie. Es war ihr fast peinlich.

«Oh. Das hättest du früher sagen sollen. Dann hätte ich was anderes vorgeschlagen.»

«Nein, hier ist es perfekt.» Sie meinte es so.

Er fragte, wann sie aufgehört habe, Fleisch zu essen, und warum, woraufhin Adelaide wie immer log und behauptete, dass es eher gesundheitliche als ethische Gründe hätte. In Wirklichkeit hatte sie einen Hang zu Eisenmangel – ihre fleischlose Kost wirkte sich also höchstwahrscheinlich nachteilig aus –, aber sie fand den Gedanken einfach furchtbar, etwas zu essen, das mal ein schlagendes Herz gehabt hatte. Doch meist fühlten sich die Menschen um sie herum unwohl, wenn sie das so sagte.

Sie wechselte das Thema und fragte Rory nach Geschichten aus seiner Schulzeit. Sie mochte die Art, wie er Canterbury beschrieb, die sanften Hügel und die Steinhäuser. Er erzählte, wie eng er mit den Jungs in seinem Internat gewesen war, wie ihre Socken in der Wäsche immer durcheinandergeraten waren und dass sie das Ende jedes Schuljahrs im Sommer mit einem Sprung in den River Stour beschlossen hatten.

«Aber es war kein reines Jungeninternat, oder?», fragte Adelaide.

«Nein, ein gemischtes», sagte Rory und führte die Gabel zum Mund. Er kaute, schluckte. «Ich war natürlich sehr beliebt bei den Mädchen, falls du das fragen wolltest.»

Adelaide lachte und wurde ein bisschen rot. Sie hatte bei

der Frage eigentlich keine Hintergedanken gehabt. «Ach ja?», sagte sie.

«Nur ein Witz. Aber in der sechsten Klasse hatte ich eine amerikanische Freundin. Ivy. Meistens hat sie unseren englischen Akzent imitiert.»

«Eine Amerikanerin?», sagte Adelaide. «Warte mal, sollte ich besser auch mit englischem Akzent sprechen?»

«Ich mag deinen Akzent, wie er ist», sagte Rory. Er senkte den Blick. «Er ist sehr sexy.» Sie wurde noch ein bisschen röter.

Zu Adelaides Erleichterung fragte er sie nicht nach ihrem Freund auf der Highschool.

Wieder ging Adelaide mit Rory nach Hause, und diesmal achtete sie darauf, nicht über den Schuhberg hinter der Tür zu stolpern. Er nahm ihr den Mantel ab und küsste ohne Eile ihre Brüste, ihren Rippenbogen und ihren Bauch, während er ihre Bluse aufknöpfte. Adelaide spürte die Innenseite seiner Lippen auf ihrer Haut und fragte sich ernsthaft, ob es auf der Welt ein besseres Gefühl gab. Erst Jahre später sollte sie erkennen, dass die Antwort Ja war.

«Versprichst du mir, diesmal für ein richtiges Frühstück zu bleiben?», fragte er und löste sich von ihren Schenkeln. Sein Mund schwebte über ihrem Hüftknochen. *Versprichst du mir, nicht wieder fünf Tage lang zu verschwinden?*, dachte Adelaide.

«Wenn du darauf bestehst», sagte sie.

Am nächsten Morgen machte Adelaide das Bett und versuchte, ihre Haare zu einem ordentlichen Dutt zu knoten, während Rory duschte. Die Sonne schien hell durch die Fenster, und sie hörte, wie er einen Song von Little Mix mitsang, der im Radio lief, was sie zum Lächeln brachte.

Ein paar Minuten später öffnete Rory mit einem Handtuch bekleidet und ganz nass und rosig die Zimmertür. Er stellte sich hinter Adelaide, schlang die Arme um sie und drückte ihr einen Kuss auf den Kopf – sie spürte, wie Wassertropfen ihr Ohr hinabrannen. Sie hob seine Hand an ihren Mund, strich mit der Lippe an seinem Unterarm entlang und saugte mit der Zunge an seinem Daumen. Sie konnte hören, wie er langsam genüsslich ausatmete und stellte sich vor, dass seine Augen geschlossen waren.

«Du weißt schon», sagte sie und drehte sich zu ihm um, «dass ich noch nicht geduscht habe.»

«Was willst du damit sagen?», fragte er.

«Nur.» Sie küsste seine Lippen, sein Ohrläppchen. Führte seine Hand unter ihr T-Shirt. «Wenn du auf mich kommen willst, egal, wo, hätte ich nichts dagegen, noch etwas schmutziger zu werden.»

Adelaide hatte diese Art von Sätzen eingeübt. Besser gesagt, waren sie ihr antrainiert worden. Manchmal fragte sie sich, ob sie sich, indem sie sie sagte, der patriarchalen Unterwerfung fügte – sich buchstäblich niederlegte. Dann wieder sagte sie sich, dass es ein Akt der Selbstermächtigung war, des Feminismus – eine dreiste Zelebrierung der sexpositiven Bewegung. Die Wahrheit lag irgendwo dazwischen: Sie sagte diese Art von Sätzen nicht, weil sie gerne Sperma auf ihrem Körper hatte, sondern weil sie die Reaktion mochte, die sie hervorriefen. Es gab ihr das Gefühl, die Kontrolle zu haben.

«Fuck, Adelaide», sagte Rory. Sie mochte es, ihren Namen aus seinem Mund zu hören. «Du bist echt etwas Besonderes.»

Sie saßen um die Ecke von Rorys WG vor einem Café, trugen beide Sonnenbrillen und genossen den milden Morgen. Adelaide hatte ihre Haare nach der Dusche zu einem seitlichen

Zopf geflochten; er lag feucht und kühl auf ihrem Schlüsselbein.

«Also», sagte Rory, «erzähl mir mehr über diesen Job.»

Adelaide erklärte, dass sie Sam vor Jahren kennengelernt hatte, als sie für E&S arbeitete. Es war schwierig, jemandem, der nie Teil der Agentur gewesen war, ihre sektenähnliche Essenz zu beschreiben – was wahrscheinlich auch auf richtige Sekten und Harems zutraf. Adelaide hatte in diesem Büro krasse Hoch- und Tiefpunkte durchlebt; es war nicht ganz einfach zu erklären, wie gleichzeitig so viel Licht und Dunkelheit an ein und demselben Ort existieren konnte.

Sie erzählte Rory, dass sie ursprünglich auf einen Job im Verlagswesen aus gewesen sei – irgendwas Redaktionelles oder vielleicht was im Marketing. Bei diesen Worten zuckte sein Kopf hoch.

«Kennst du jemanden aus der Verlagswelt?», fragte Adelaide auf seine Reaktion hin.

«Früher mal», sagte Rory. «Aber inzwischen nicht mehr so richtig, nein.»

«Wie auch immer.» Sie sei froh, einen Job in petto zu haben, und freue sich darauf, wieder mit Sam zu arbeiten. Alliance entwickelte Technologien für Banken und Finanzinstitutionen – «Nicht gerade meine Leidenschaft», sagte sie –, aber sie sei ohnehin skeptisch, wenn es darum ging, ein Hobby zur Arbeit zu machen. Sie hatte am eigenen Leib erfahren, dass der Spaß am Schreiben nachließ, wenn Abgabetermine und strenge Unternehmensrichtlinien im Spiel waren. Sie befürchtete, dasselbe könnte für Bücher gelten, sollte sie tatsächlich einen Job im Lektorat oder Buchmarketing finden.

«Ich bin absolut der Meinung, dass man in einem Feld arbeiten sollte, das man mag», sagte sie. «Aber nicht unbedingt in einem, das man liebt.»

«Dann magst du also Finanztechnologie?», fragte er.

«Ich mag strategische Kommunikation», erwiderte sie. «Ich mag es, mit Technologieunternehmen und mit Sam zu arbeiten. Ich mag es, genug Geld zu verdienen, um meine Studienkredite abbezahlen und abends mehr als hart gekochte Eier essen zu können. Und ich würde immer noch schreiben. Nur nicht über Bücher.»

Rory nickte und nahm einen Schluck Kaffee. Adelaide wurde bewusst, dass ihr jemand gegenübersaß, der eine renommierte Anwaltskanzlei verlassen hatte, um beim Film zu arbeiten, um etwas zu tun, das er liebte.

«Nein, wirklich», sagte sie. «Ich bin froh, dass ich durch Alliance ein Visum bekomme und weiter in diesem Land leben kann. Das war immer mein Ziel, und es ist der größte Vorteil an dem Job. Ich würde als Schornsteinfegerin arbeiten, wenn ich dadurch in London bleiben könnte.»

«Dann müsstest du aber auch deinen Cockney Rhyming Slang aufpolieren, wie Dick van Dyke in *Mary Poppins*», sagte er.

«Genau!», sagte sie. «Bringst du mir was bei? Nur für den Fall, dass aus dem Job nichts wird?»

Er brachte ihr Ausdrücke wie «brown bread» für «dead» und «bees and honey» für «money» bei und erklärte, dass der Rhyming Slang wahrscheinlich gar keine Erfindung der Cockneys war, sondern von irischen Dockarbeitern stammte. Der Kellner brachte Teller mit Avocadotoast und einer Art Gemüsepuffer, die sich «Bubble and Squeak» nannten (Rory hatte natürlich nach einer Empfehlung gefragt, obwohl er bestimmt schon ein Dutzend Mal in diesem Café gewesen war). Adelaide übte ihren Rhyming Slang. Später brachte Rory sie zur U-Bahn, spielte mit ihrem Zopf und küsste sie zum Abschied.

«Sehen wir uns diese Woche noch mal?», fragte er. Sie nickte und biss sich auf die Zunge, um keine spitze Bemerkung über seine miserable Antwortrate zu machen.

«Ja, gern», sagte sie. «Können wir lieber früher als später etwas planen?»

«Können wir», sagte er und küsste sie erneut.

Auf dem Weg nach Hause holte Adelaide noch zwei Caffè Latte für sich und Madison. Als sie die Wohnungstür öffnete, saß ihre Mitbewohnerin eingekuschelt auf einem der Sessel und sah sich *Love Island* an. Genau wie Adelaide sie zurückgelassen hatte.

«Hast du die ganze Zeit weitergeschaut?», fragte sie und gab Madison ihren Kaffee. «Jetzt muss ich so viel aufholen!»

«Keine Sorge», sagte Madison. «Das ist die Episode mit der Zusammenfassung. Ich habe auf dich gewartet und die meiste Zeit *Friends* geguckt.»

«Gott sei Dank», sagte Adelaide.

Sie ließ sich in den bequemen Lehnsessel fallen, wobei ihr Kaffee aufs T-Shirt spritzte. Sie betupfte den Fleck mit einer Serviette. Adelaide wusste, dass sie sich besser umziehen und ihre E-Mails checken sollte, ein paar Pitchs rausschicken und nachsehen, ob ihr Betreuer für die Masterarbeit irgendwelche Anmerkungen zu ihrem Exposé hatte, das sie ihm vor den Prüfungen gesendet hatte. Aber es war ein sonniger Sonntagmorgen, die Fenster standen offen, und sie wurde nirgendwo erwartet.

«Sollen wir später in den Park gehen, Mads?», fragte Adelaide. «Für ein kleines Picknick vielleicht?»

Madison nickte. «Nach der nächsten Folge», sagte sie. «Und dann musst du mir alles über dein Date erzählen.»

Sie verbrachten den Nachmittag im Waterlow Park und den Abend im Duke's Head. Adelaide fiel auf, dass es schon der fünfte Abend in Folge war, an dem sie Alkohol trank – aber scheiß drauf, dachte sie, schließlich hatte sie quasi Ferien. Sie kippten Irish Whiskey mit den Barkeepern und bestellten tellerweise fettige Käsepommes. Adelaide erzählte Madison (in wahrscheinlich unangemessen expliziter Ausführlichkeit), wie sehr sie ihre Zeit mit Rory genoss.

«Ich will dir nichts vormachen», sagte Madison. «Ich finde es nicht gut, dass er dich die ganze Woche ignoriert hat, vor allem, nachdem ihr miteinander geschlafen habt.»

«Ich auch nicht», gab Adelaide zu. Aber es sei komisch und ja, auch noch früh, aber es fühle sich an, als seien alle Grundlagen für eine solide Beziehung gegeben: gute Unterhaltungen, guter Sex, geteilte Interessen. Sie und Rory hatten beide hochgesteckte Ziele, mochten beide Filme mit Robin Williams und verschickten gerne Fotos von flauschigen Hunden.

«Aber irgendwie habe ich das Gefühl, dass er noch an etwas anderem hängt», sagte Adelaide. «Oder an jemand anderem.»

«Das klingt ziemlich vorausinterpretiert», sagte Madison. «Vielleicht hat er ja wirklich einfach viel um die Ohren? Sollen wir ihn im Internet stalken? Sehen, was er bisher so getrieben hat?» Adelaide schüttelte den Kopf. Sie hatte bereits versucht, Rory in jedem erdenklichen sozialen Netzwerk zu finden – vergebens, abgesehen von einem aufs Minimum reduzierten Account auf Facebook und einem überholten LinkedIn-Profil ohne Foto. Er war ein digitaler Einsiedler, und sie traute sich nicht, ihn offen nach seinen früheren Beziehungen zu fragen.

«Vielleicht braucht er einfach noch ein bisschen Zeit», sagte Adelaide. Sie zuckten beide die Schultern.

Um Mitternacht herum tranken sie ihre Pints aus und torkelten nach Hause. Adelaide hörte ihr Telefon plingen, als sie ins Bett kroch. Es war eine Nachricht von Sam.

Hey!, stand da. *Hast du meine E-Mail von Freitagabend be-*

kommen? *Entschuldige bitte die späte Nachricht, ich wollte nur nachfragen, ob alles klargeht und du morgen früh ins Büro gehen kannst? Ich könnte versuchen, ein paar Termine zu verschieben, falls nicht!*

Adelaide sank das Herz in die Hose; sie setzte sich auf und schaltete schnell den Laptop ein. Nach ihrem gemeinsamen Abendessen hatte sie angenommen, dass sie die Stelle bei Alliance erst antreten würde, nachdem sie ihre Masterarbeit abgegeben und ihr Studium abgeschlossen hatte. Im späten August, vielleicht frühen September. Aber wie Sam in ihrer E-Mail erklärte: *Uns wäre es am liebsten, wenn du so früh wie möglich anfangen und durchstarten könntest.* Weiter fragte sie, ob Adelaide am Montagmorgen (das war morgen!) für ein Bewerbungsgespräch mit Djibril, dem Leiter des internationalen Marketingteams, ins Alliance-Büro kommen könne. Die nächsten Wochen sei er auf Geschäftsreise, aber er würde sich einen Slot um zehn Uhr für sie freihalten.

Oje, schrieb Adelaide. *Tut mir so leid! Ich habe meine E-Mails übers Wochenende nicht gecheckt. Natürlich kann ich morgen ins Büro kommen. Danke für deine Nachricht!*

Sie exte ein Glas Wasser, nahm ein paar Ibuprofen und googelte, wie man den Namen Djibril aussprach («Gee-breel, Gee-breel, Gee-breel», sagte sie vor sich hin). Dann berechnete sie, wie lange sie am Morgen brauchen würde, um zu dem Büro zu fahren, und stellte sich den Wecker für 7:45, 8:00 und 8:15 Uhr.

Adelaide seufzte. Ein Bewerbungsgespräch nach einem Abend voller Drinks zuzusagen, war genau, wie Wildfremden zu eröffnen, dass sie wie Disneyprinzen aussahen – unglücklicherweise genau *etwas, was Adelaide-Williams tun würde.*

ACHT

Wunderbarerweise überstand Adelaide das Bewerbungsgespräch gut. Sie war pünktlich und wortgewandt, noch dazu in einem unerwarteten Mix aus Französisch und Englisch. («Je suis roillée», sagte sie, als Djibril mitten im Gespräch die Sprache wechselte. «Mais je peux l'essayer.» – Ich bin eingerostet, aber ich kann es versuchen.) Hinterher hatte sie ihm die Hand geschüttelt, der Empfangsdame zum Abschied zugewinkt und war hinaus auf die Tottenham Court Road gegangen. Erst dann (dann!) zog Adelaide eine zusammengeknüllte Tesco-Tüte aus der Handtasche und übergab sich hinein. Einfach dort, auf der Straße.

Dafür habe ich eine Medaille verdient, dachte sie und wischte sich Erbrochenes vom Kinn. Sie hatte recht: Dafür hatte sie eine Medaille verdient.

Ein paar Monate später, als die Verträge unterzeichnet waren und sie ein gutes Verhältnis zueinander aufgebaut hatten, gestand Adelaide Djibril bei ein paar Drinks nach der Arbeit die ganze Geschichte. An einem Tisch in der Fitzroy Tavern – mit dem klebrigen Karoboden und der Holzvertäfelung – erzählte sie ihm von Sams spätabendlicher Textnachricht, dass sie sich auf der Tottenham Coat Road übergeben hatte und nur durch schieres Glück in der Lage gewesen sei, seine Fragen zu beantworten, zumal auf Französisch. Er lachte (gackerte richtig) und hob seinen Gin Tonic: «Darauf Prost, Schätzchen!»

Djibril war Französisch-Nigerianer, hatte einen unnatürlich gut gepflegten Bart und einen Pariser Akzent, der mit jedem Schluck Alkohol stärker wurde. Er verriet ihr, dass er wenige Tage vor dem Bewerbungsgespräch mit seinem Langzeitpartner Louis Schluss gemacht hatte.

«Du bist reingekommen und hast geglänzt», sagte er. «Und dieses Glänzen brauchte ich einfach in unserem Team!»

«Ich glaube, das war nur Katerschweiß, Djibril», sagte Adelaide und zwang sich zu einem Lächeln. «Aber egal, du bist zu gut zu mir. Das mit Louis tut mir leid, er hat einen echten Hauptgewinn verloren.»

Sie fragte, wie es ihm seit der Trennung ging. Djibril zuckte die Schultern und beugte sich vor. «Ganz okay. Aber jetzt hilf mir auf die Sprünge: Datest du zurzeit jemanden?»

Adelaide seufzte. Immer noch wusste sie nicht recht, wie sie diese Frage beantworten sollte.

Datete sie jemanden? Schlief sie mit jemandem? Schwelgte sie stundenlang in hormongesteuerten Tagträumen von diesem gewissen Jemand? Absolut. Aber derselbe Jemand hatte die Angewohnheit, nicht auf ihre Nachrichten zu antworten und sich höchstens ein, zwei Tage im Voraus mit ihr zu verabreden, und damit zerrte er an Adelaides Geduldsfaden wie ein launisches Kind.

«Es gibt da jemanden, mit dem ich mich, na ja, manchmal treffe», sagte sie schließlich. «Hätten wir 2008, würde mein Facebookstatus sagen: ‹Es ist kompliziert.›»

«Hm», machte Djibril und nickte wissend. «Erzähl mir mehr.»

Sie erzählte ihm, dass er Rory hieß. Dass er gut aussah und vielleicht ihr Seelenverwandter war und auch, dass er sie in mancher Hinsicht zur Weißglut brachte. Das mit ihnen lief schon seit etwa drei Monaten, obwohl er oft einfach mal vier oder fünf Tage verschwand – ihre Nachrichten ignorierte und sich vor Verabredungen drückte.

Aber manchmal erschien er mit duftenden Dim-Sum-Tüten vor ihrer Tür und sagte: «Hey du», wenn sie aufmachte. Dann küsste er ihre Stirn und ihre Nasenspitze. Während gruseliger Filmszenen hielt er ihr die Augen zu und drückte unter der Bettdecke ihre Hand. (Und dann war da noch der Sex – «OooomeinGott», der Sex. Zum ersten Mal in Adelaides Leben war er wahrlich orgiastisch.)

Sie zeigte Djibril auf ihrem Handy ein Foto von Rory, das er ihr vor Wochen geschickt hatte. An einem Wochenende war er mit seinen Brüdern zum Lake District gefahren und von ihnen – Rory war der Jüngste der vier – komplett bekleidet ins Wasser geschmissen worden. Auf dem Foto sah Rory aus, als entstamme er irgendeinem Sommerkatalog: die Haare tropfnass, das Shirt klebte ihm an den Bauchmuskeln, und im Gesicht hatte er ein breites Grinsen. Bei dem Anblick bekam Adelaide jedes Mal einen trockenen Mund. Ein simples Foto von Rory Hughes machte Adelaide buchstäblich durstig. Es war lächerlich.

«Mon dieu, Adelaide», sagte Djibril. «Dass er wie ein Disneyprinz aussieht, hast du nicht erwähnt.»

«Wo du es sagt», erwiderte sie mit einem Lächeln. «Ich habe da eine lustige Geschichte.»

Gegen acht Uhr kam Adelaide nach Hause. Sie legte ihr Handy auf den Handtuchhalter und ließ Hall & Oates laufen, während sie sich das Gesicht schrubbte und die Haare schamponierte und zwischendurch immer wieder einen verstohlenen Blick aufs Display warf, um zu sehen, ob eine Nachricht eingegangen war.

Inzwischen kannte sie das Schema. Montag bis Donnerstag waren die Tage des Schweigens, «Arbeitstage». Freitagabende jedoch verhießen Einladungen zum Eisessen am Südufer der Themse oder Kinokarten für den neuen *Star Wars*. Vernissagebesuche, billige Matinees im West End und Brunch im Café am nächsten Morgen. («Im Ivy Chelsea Garden? Morgen um elf?») Zumindest hatte das für die vergangenen neun oder zehn Freitage gegolten. Aber an diesem Abend schlief Adelaide mit ihrem Handy in der Hand ein und wachte am nächsten Morgen noch immer ohne Nachricht auf.

Frohen Samstag, schrieb sie Rory gegen Mittag. *Lass mich wissen, falls du Lust hast auf ein gemeinsames Mittagessen morgen. Oder vielleicht was trinken nächste Woche irgendwann?*

Keine Antwort. Auch am Sonntag nicht. Erbärmlicherweise oder gerechtfertigterweise (oder beides) fing Adelaides Herz an zu schmerzen – dies war eine entmutigende Art von Déjà-vu.

«Kennst du dieses Zitat», fragte Madison, «das fälschlicherweise Shakespeare zugeschrieben wird?»

«Du meinst, dass man den Regen liebt, aber trotzdem einen Regenschirm benutzt?»

«Nein. ‹Hältst du mich einmal zum Narren, Schande über dich. Hältst du mich zweimal zum Narren, Schande über mich.›»

Adelaide verdrehte leicht die Augen und zuckte die Schultern. Sie wusste, dass sie sich zum Narren halten ließ. Das Problem war, dass es ihr egal war. Obwohl es jämmerlich und armselig und, ja, närrisch war, wünschte sie sich nichts sehnlicher, als dass Rory sich meldete. Ein Lebenszeichen, eine Frage, ein Wort – Hauptsache irgendetwas von Rory.

Ein paar Monate bevor sie Rory kennenlernte, hatte Adelaide in der U-Bahn *Call Me by Your Name* gelesen, und die Erkenntnis hatte sie getroffen wie ein Schlag: Ihr war nie echte Liebe begegnet. Keine wie die zwischen Elio und Oliver, bedingungslos, romantisch, keinen Widerspruch duldend. An jenem Nachmittag in der Northern Line hatte sie angefangen zu weinen, und seitdem waren die Tränen nie richtig versiegt.

Was, wenn etwas mit ihr nicht stimmte?, fragte sie sich. Was, wenn sie als Teenager Schaden genommen hatte und jetzt unfähig war, bei anderen Gefühle von Bewunderung und Zuneigung hervorzurufen? Was, wenn ihr Herz – oder was immer in einem Menschen schlug, das es wert war, geliebt zu werden – unwiederbringlich beschädigt war? Sie konnte fremde Männer bezirzen, mit ihnen schlafen und dabei gut gelaunt gleichgültig bleiben. Aber was, wenn das der Grund dafür war, dass auf ein erstes Date nie ein zweites folgte? Dass ihre One-Night-Stands nie nach ihrem Nachnamen fragten?

Zwei Märzwochen lang dachte Adelaide unter Tränen über diese Fragen nach. Unter vielen Tränen. Warmen, strömenden Tränen von der Sorte Ich-kann-nicht-zur-Uni-oder-zur-Arbeit-gehen und Ich-muss-auf-der-Straße-Fast-Food-in-mich-reinstopfen. Antworten oder eine Lösung hatte sie damals nicht gefunden, wohl aber einen Künstler in Shoreditch, der ihr einen kleinen Pfirsich auf den Körper tätowierte. Er sollte sie daran erinnern, dass sie neu gedeihen konnte. Dass sie zu einer Liebe wie der zwischen Elio und Oliver fähig war. Doch in letzter Zeit erinnerte er sie nur an ihr erstes Mal mit Rory.

Verdammter Rory. Dieses Trugbild von einem Mann in Gestalt jeder Kindheitsfantasie, die Adelaide je gehabt hatte: großgewachsener Engländer, gut aussehend und belesen. Der den kleinen Pfirsich auf ihrem Po geküsst und es geschafft hatte, sie glauben zu lassen, dass sie hier vielleicht den Menschen vor sich hatte, der ihre kaputte Seele lieben könnte.

Adelaide wusste, dass es normal war, verletzt zu sein, wenn ein Mann, den man mochte, einfach verschwand. Es war nicht das erste Mal, dass sie das durchmachte. Aber diesmal fühlte es sich anders an; die Verletzung drang bis tief in ihr Innerstes. Was sie als Beweis dafür sah, dass sie wirklich unwiderruflich beschädigt war. Und als aus fünf Tagen des Schweigens sechs wurden, dann sieben, dann acht, vergrub sich Adelaide immer tiefer in diese Überzeugung.

Am Donnerstag waren es elf Tage, seit Adelaide zuletzt von Rory gehört hatte, und sie begann, sich körperlich krank zu fühlen. Den Kopf gegen die Metallstange in der U-Bahn gelehnt, hörte sie sich Sufjan Stevens' «Mystery of Love» in Dauerschleife an, als sie plötzlich glaubte, ihren Namen gehört zu haben. Sie hob den Blick und sah, dass sie sich gegen einen sehr großen, ihr entfernt bekannt vorkommenden Mann gelehnt hatte. Er hatte schlaffes braunes Haar und blaue Augen. Sie nahm ihre Ohrstöpsel heraus.

«Adelaide, oder?», sagte der Mann. «Rorys Freundin? Ich glaube, wir sind uns im Soho Theatre begegnet.»

Oh! Es war Boodle oder Bobsy oder – «Bubs?», sagte Adelaide. Rorys Mitbewohner und ehemaliger Kollege. Adelaide korrigierte nicht, dass er sie Rorys Freundin genannt hatte. (Wer wusste schon, was die korrekte Bezeichnung für sie war. Und sie konnte schließlich nicht sagen: «Nicht seine Freundin, nein! Anscheinend nur jemand, mit der er hin und wieder gern Sex hat!»)

«Ich meine, Brennan», sagte sie. «Tut mir leid, dass ich mich gerade an dich gelehnt habe. Wie geht's dir?»

«Bubs ist schon in Ordnung. Und mir geht's gut, ja. Aber geht es dir gut? Du siehst ein bisschen blass aus. Ich hab mir schon Sorgen gemacht, und dann hab ich dich erkannt.» Sein Akzent klang ungewöhnlich.

«Alles bestens», sagte sie. «Ich habe nur ein bisschen Kopfschmerzen. Und offenbar kein Gefühl für die Privatsphäre von anderen. Aber danke, dass du gefragt hast. Und du ... kommst nicht aus England?»

Bubs schmunzelte. Nein, er sei kein Engländer – zumindest nicht nur. Er war in Irland, England und Australien aufgewachsen – «Meine Mum ist von den Torres Strait Islands. Tatsächlich haben wir ein paar Jahre im australischen Adelaide gelebt» –, weshalb er drei Reisepässe hatte und einen nicht differenzierbaren Akzent.

«Ich weiß nie, wie ich die Frage beantworten soll, woher ich komme», sagte er.

«Geht mir auch immer so!», erwiderte Adelaide. «Nur dass ich nicht eindeutig sagen kann, aus welchem Bundesstaat ich komme. Du hast drei ganze Länder im Wettbewerb um dein Heimatland.» Wieder schmunzelte er.

Sie stiegen beide an der Tottenham Court Road aus. (Es stellte sich heraus, dass sein Büro – die Kanzlei, in der Rory früher gearbeitet hatte – nur wenige Blocks vom Alliance-Büro entfernt war.) Bubs bestand darauf, ihr im Mini Pret ein Getränk zu kaufen.

«Das ist wirklich nicht nötig», sagte sie.

«Zu meiner eigenen Beruhigung», entgegnete er und drückte ihr eine Flasche Limonade in die Hand. «Gute Besserung, ja? Und einen schönen Tag, Adelaide. Wir sehen uns bestimmt.»

Als er weg war, stand sie einen Moment lang nur da, während das Kondenswasser der Limonadenflasche an ihrer Hand hinablief. «Zu meiner eigenen Beruhigung», murmelte sie. Adelaide trank einen Schluck, schob die Flasche in ihre Tasche und hielt sich die kühle Hand an den Nacken. Sie verließ den Bahnhof und machte sich eine gedankliche Notiz, noch vor Ende des Tages Rory anzurufen. Zu ihrer eigenen Beruhigung.

Am Abend nahm Adelaide eine halbe Xanax, biss sich auf die Unterlippe und wählte seine Nummer. Ihr Herz klopfte, während es klingelte.

«Hi, Adelaide» sagte Rory, als er abnahm. «Ist alles in Ordnung?»

«Hey, ja», sagte sie. «Ich wollte nur ... Ist bei *dir* alles in Ordnung? Ich will dir nichts vorwerfen, aber gibt es einen Grund, weshalb du ... na ja, verschwunden bist?»

Sie hörte, wie er am Ende der Leitung Luft ausstieß. «Na ja», setzte er an. Er arbeite gerade an einem großen Projekt – im Sommer sei immer viel zu tun –, aber das sei nicht alles, erklärte er. Er habe eine sechsjährige Beziehung hinter sich, die er vor etwas mehr als zwei Jahren beendet habe, und er wisse einfach nicht mehr, wie er in einer Beziehung leben sollte. Er mochte Adelaide – «Wirklich», sagte er. «Du bist lieb und schön und unglaublich klug» –, aber Beziehungen seien nicht leicht für ihn. Sie machten ihn nervös, und er habe eine Tendenz davonzulaufen. «Wie eine erschrockene Gazelle», sagte er.

Adelaide kaute beim Zuhören an den Nägeln und lief in ihrem Zimmer auf und ab. Es war das erste Mal, dass sie über Ex-Partner sprachen. Sie war nicht ganz sicher, was sie von diesem Telefonat erwartet hatte, aber das mit Sicherheit nicht. Nicht wirklich.

«Ich finde dich aufregend», sagte sie. «Wahrscheinlich wünsche ich mir einfach, das würde auf Gegenseitigkeit beruhen.»

«Nun», sagte er, «ich fand schon lange niemanden mehr aufregend.» Diese Worte fühlten sich an, als hätte er Säure über ihr Herz geschüttet.

«Pass auf», sagte Adelaide. Sie habe in der Vergangenheit ebenfalls schwierige Beziehungen gehabt. Sie wolle nicht ins

Detail gehen – noch nicht –, aber mit diesem Hin und Her könne sie nicht umgehen. Das sei ein Trigger für sie und tue ihr nicht gut.

«Ich brauche keinen Glitzerkram oder Wochenendausflüge», sagte sie. «Und wir müssen auch nicht ununterbrochen in Kontakt sein. Aber ich muss mich darauf verlassen können, dass du auf meine Nachrichten antwortest und dich nicht erst vierundzwanzig Stunden im Voraus mit mir verabredest. Und dass du mir sagst, was in deinem Kopf vor sich geht. Wenigstens ein bisschen.»

Er verstand und entschuldigte sich. «Was hältst du von einem Picknick im St.-James-Park morgen?», fragte er. «Ich bringe eine Magnumflasche Rosé mit. Als kleine Wiedergutmachung?»

Ein paar Stunden nach dem Telefonat mit Rory erhielt Adelaide eine E-Mail von einem ehemaligen E&S-Kunden, Entwickler einer Reise-Dating-App. («Stellen Sie sich vor, Tinder und Expedia hätten ein Kind», hatte Adelaide den Journalisten gesagt.) Sie brachten eine neue Dienstleistung auf den Markt, mit der Millennialpärchen günstige Luxusreisen planen konnten – oder etwas Absurdes in der Art –, und brauchten Erfahrungsberichte.

Auf die Gefahr hin, dass wir mit dieser E-Mail eine Grenze überschreiten: Wir wissen, dass Sie inzwischen freiberuflich tätig sind, und könnten Ihre Fähigkeiten als Werbetexterin gebrauchen. Zudem kennen Sie unser Unternehmen. Konkret brauchen wir jemanden, der nächsten Monat einen Bericht über Paarangebote in einem Boutiquehotel in Palma de Mallorca schreibt. Hätten Sie Lust, uns zu helfen, im Gegenzug für einen kostenlosen Wochenendtrip für Sie und eine Begleitung?

Fuck, dachte Adelaide.

Rory saß auf einer großen Picknickdecke vor dem Duck Island Cottage und hielt eine Flasche Côtes de Provence in jeder Hand, als Adelaide sich am darauffolgenden Abend um neunzehn Uhr mit ihm traf. Sein Hemd sah aus wie jenes, das er beim Bootsrennen getragen hatte, als Adelaide ihm zum ersten Mal begegnet war. Sie fragte sich, ob es dasselbe Hemd war und ob eine Absicht dahintersteckte.

«Im Supermarkt gab es keine Magnumflaschen», sagte er und küsste Adelaide auf die Wange. «Aber ich dachte, zwei Flaschen und extralange Strohhalme sind genauso gut.»

Er holte einen Korkenzieher aus dem Rucksack und gab Adelaide einen rot-weiß gestreiften Strohhalm. Sie prosteten sich zu. Adelaide hatte Chocolate-Chip-Cookies mitgebracht, die sie am Nachmittag gebacken hatte, und freute sich tierisch, als Rory sagte, sie seien «das absolut Beste, was ich je gekostet habe».

«... abgesehen von dir», fügte er mit einem Augenzwinkern hinzu.

Sie gaben den Entenküken im Teich Namen – dieses dort war Tom, weil es wie ein Tom aussah – und überlegten, ob Enten von Grund auf gut oder böse waren. (Teuflisch böse, entschieden sie.) Sie diskutierten darüber, welch vertracktes Erbe Margaret Thatcher hinterlassen hatte, wie sehr sie Barack Obama vermissten und welche französischen Weine und Käsesorten sie am liebsten mochten. Adelaide erzählte Rory, dass sie Bubs über den Weg gelaufen war. («Er war übrigens auch dabei an dem Tag, als du entschieden hast, dass ich ein Disneyprinz bin», sagte Rory. «Ach ja?», entgegnete Adelaide. «Die Welt ist echt klein.») Über ihr Telefonat vom vorigen Abend sprachen sie nicht, auch nicht darüber, dass Adelaide ein kostenloser Urlaub auf den Balearen angeboten worden war.

Plötzlich zogen über ihnen dunkle Regenwolken auf. Wenige Minuten später goss es wie aus Eimern auf Adelaide, Rory und ihre halb ausgetrunkenen Roséflaschen herab. «Das ist wohl ein Wink mit dem Zaunpfahl, dass wir gehen sollten», sagte Rory.

Adelaide nickte. Sie griff nach der Tupperdose mit den Cookies und der Picknickdecke. Sie könnten die U-Bahn nehmen, schlug Rory vor. «Oder wir scheißen drauf, weil wir sowie schon klatschnass sind, und schlendern im Regen zurück zu mir.»

Adelaide blickte sich lachend um. «Ist das ... Sind wir in einem Richard-Curtis-Film?»

«Psst», sagte Rory. «Durchbrich nicht die vierte Wand.»

Sie spazierten im Regen zu Rory, und ihre Papierstrohhalme lösten sich langsam auf, während sie an Westminster Abby, der Statue von Königin Boudicca und Shrek's Adventure vorbeikamen.

«Warte mal», sagte Rory. «Vielleicht ist es das Unenglischste, was ich je getan habe, aber ...»

Er holte sein Handy aus der Tasche, spielte laut den Piña-Colada-Song und sang übertrieben schief mit. Beim Chorus fiel Adelaide mit ein und grölte lauthals und betrunken: «If you like making love at midnight / In the dunes on the cape», ohne sich um den Rest der Welt zu scheren. Sie spielten am Flussufer Luftgitarre und schüttelten die Haare wie nasse Hunde. Es war magisch.

In der Art, wie Rory sie küsste, als sie seine Wohnung erreichten – wie er sie hochhob, ihr an den Hintern und in ihre Haare griff –, lag etwas Dringliches. Die Fenster in seinem Schlafzimmer beschlugen; ihre nassen Klamotten hingen über dem Heizofen. Auch das war wie aus einem Film, dachte Adelaide – unflätig, zärtlich und sichtbar feuchtheiß.

«Die hätte ich wohl schon früher öffnen sollen», sagte Rory, zog die Fenster über seinem Bett auf und drehte sich wieder zu Adelaide um. Er ließ die Zunge über ihr Schlüsselbein und ihre Unterlippe gleiten. «Aber ich mag es, dich zum Schwitzen zu bringen.»

Adelaide hatte nie Drogen genommen, aber so musste es sich anfühlen, auf Ecstasy zu sein. Sie wollte jeden Zentimeter seines Körpers erkunden: jede Geschmacksknospe auf seiner Zunge, jede Sommersprosse auf seiner Haut, jede Nische hinter seiner neugierigen, filmbesessenen Cambridge-Stirn.

«Erzähl mir ein Geheimnis», flüsterte Adelaide. Sie schlüpfte unter die Bettdecke und rollte sich auf die Seite, um ihn anzusehen. Ihr Gehirn schwamm noch immer in Oxytocin und Roséwein.

«Du meinst, ein Sexgeheimnis?», fragte er.

«Nein. Oder vielleicht doch, keine Ahnung. Einfach ein Geheimnis aus deinem Leben. Erzähl mir irgendetwas, was ich noch nicht von dir weiß.»

Er drehte sich auf den Rücken und blickte nachdenklich an die Decke.

«Ich bin ein Waisenkind», sagte er nach einigen Minuten. Adelaide atmete aus. Sie sagte nichts, schob nur ihre Finger zwischen seine.

Unter tiefen Atemzügen erzählte Rory ihr, dass seine Eltern einen Autounfall gehabt hatten, als er zehn war. Eines Abends wollten sie nach einem Restaurantbesuch nach Hause fahren und stellten fest, dass sie einen Platten hatten und im Kofferraum kein Ersatzreifen lag. Um diese Uhrzeit fuhren in Shere nicht viele Taxis, daher riefen sie Rorys «Onkel» Trevor an – den besten Freund seines Vaters – und baten ihn, sie einzusammeln. Trevor hatte getrunken, aber er sagte, er könne sie trotzdem nach Hause zu ihren Jungs fahren und am nächsten Morgen einen Ersatzreifen besorgen. Kein Problem.

Er war von der Straße abgekommen und im Graben gelandet. Das Auto hatte sich überschlagen. Rory und seine Brüder erfuhren, dass ihre Eltern sofort tot gewesen waren, aber Onkel Trevor überstand den Unfall mit nichts als ein paar Kratzern und kleineren Knochenfrakturen. Überwältigt von Schuldgefühlen, hatte er anschließend Jahre in Entzugskliniken und Psychiatrien verbracht. Inzwischen ging es ihm besser. Zumindest war er trocken.

«Ach du Scheiße», sagte Adelaide. Nicht gerade eloquent, aber sie wusste nicht, was sie sonst hätte sagen sollen. «Wie geht es dir damit? Diese Geschichte zu erzählen, ist bestimmt nicht einfach für dich.»

«Nein», sagte Rory. «Und es wird, ehrlich gesagt, auch nicht einfacher. Aber es ist schon okay. Mittlerweile geht es mir gut.»

Er blinzelte und konnte ein paar Tränen nicht zurückhalten. Adelaide wischte sie mit dem Daumen weg und küsste den nassen Fleck auf seiner Schläfe.

«Tut mir leid, dass du das durchmachen musstest», sagte sie. Er nickte und atmete noch mal tief ein und aus.

«Was ist mit dir?», fragte er. «Welches geheime Trauma trägst du mit dir herum?»

«Wahrscheinlich hat jeder irgendeine Art von Trauma, oder?», sagte sie. «Meins ist nicht mit deinem zu vergleichen, ich habe keinen Elternteil verloren. Aber ich stand schon ein paarmal kurz davor, ein Familienmitglied zu verlieren. Erschreckend kurz davor.»

Adelaide beschrieb die Episoden ihrer Schwester Izzy: die Schreie, das Schluchzen, die Messerrangeleien, die sie als Kind beobachtet hatte. (Wie Rory hatte sie als Jugendliche etliche Besuchsstunden in psychiatrischen Einrichtungen verbracht.) Sie erzählte ihm von der Scheidung ihrer Eltern und wie sie ihre Mutter mehrfach durch gutes Zureden von der metaphorischen Felskante zurückziehen musste. Emory Evans erwähnte sie nicht.

Adelaide beschlich das Gefühl, dass sie die Unterhaltung an sich gerissen und Rorys Kummer unter ihrem eigenen begraben hatte. Sie hoffte, dass er nicht dasselbe dachte, sondern sah, dass sie verstand, wie grundverschieden die Umstände ihres Leids gewesen waren.

«Wie auch immer», sagte sie. «Was hat dir damals Trost gespendet?»

«Meine Brüder. Und die Schulfreunde meiner Brüder, die nie gefragt haben, warum eines Tages dieser Elfjährige bei ihnen im Vorzimmer eingezogen ist. Meine Tante Helen, Trevors Frau. Oh, und natürlich meine anderen Waisenhaus-Freunde. Harry Potter und Oliver Twist, meine besten Kumpels.»

Adelaide lachte. Sie küsste erneut seine Schläfe, fuhr mit der Lippe sacht an seiner Kieferpartie entlang.

«Ich weiß nicht, ob es gerade die richtigen Worte sind, aber es ist schön, dich besser kennenzulernen», sagte sie.

«Ich finde es auch schön, dich zu kennen, Adelaide.»

Was sie als Nächstes dachte – aber selbstverständlich nicht aussprach –, war: Ich liebe dich.

Adelaide hatte sich nicht langsam in Rory Hughes verliebt, auch nicht mit Vorsicht oder Absicht. Sie hatte sich genauso verliebt, wie man im Supermarkt trotz des Aufstellers *Achtung: Rutschgefahr!*, der in buchstäblich jedem Gang steht, auf die Nase fällt – schnell, ungewollt und sich voll und ganz bewusst, in welchen Schlamassel sie sich bugsierte. Aber das spielte keine Rolle. Sie hatte Rory sofort und mit einer Leidenschaft geliebt, die allumfassend, wirklichkeitsverändernd und möglicherweise widersinnig war. Er hatte etwas überaus Besonderes an sich, und sie wollte nicht, dass ihm irgendetwas oder irgendjemand je wieder wehtat. Niemals.

Doch nichts davon sprach Adelaide laut aus. Stattdessen fragte sie, ob sie seine Zahnpasta benutzen dürfe und er ihr ein T-Shirt leihen könne, und dachte beim Einschlafen: *Ist es Glück oder Pech, dass ich mich in diesen Mann verliebt habe?* Sie sollte nie eine zufriedenstellende Antwort darauf finden.

Adelaide wachte verschwitzt und dehydriert auf dem Fußboden auf. Sie trug ein großes Garfield-T-Shirt und Unterwäsche, aber keine Hose. In ihrer Handtasche suchte sie nach einem Tic Tac und trank dann einen Schluck aus ihrer Wasserflasche. Rory lag ausgestreckt mitten auf dem Bett – ein Kissen unter dem Kopf, das andere lag auf dem Boden bei Adelaide. Sie war sich nicht sicher, wie sie dort gelandet war, legte sich trotzdem wieder zurück auf den Boden und scrollte schläfrig durch ihr Handy, während sie wartete, dass Rory aufwachte.

Schließlich döste sie ein und wachte ein paar Stunden später wieder auf, als Rory über ihre Beine stieg. Er beugte sich zu ihr hinab und küsste ihre Stirn.

«Guten Morgen», sagte er. «Das mit dem Boden tut mir leid. Du hast gestern Nacht im Schlaf so sehr um dich getreten, dass ich dachte, wir schlafen beide besser, wenn ich es dir hier unten gemütlich mache.»

Er verließ das Zimmer und kam mit zwei Tassen Tee zurück. Eine davon reichte er Adelaide und setzte sich zu ihr. Sie lehnten sich gegen das Fußende des Betts, tranken schweigend ihren Tee und lauschten den zwitschernden Vögeln vor Rorys Fenster. Der Regen setzte wieder ein.

«Es soll die ganze Woche regnen», sagte er. «Londoner Sommer, was?»

Adelaide war zu verkatert, um über das nachzudenken, was sie als Nächstes sagte.

«Mir, ähm, wurde ein kostenloser Kurzurlaub für zwei auf Mallorca angeboten. Also, falls du mal raus willst?»

«Dir wurde was?»

«Ein ehemaliger Kunde braucht einen Erfahrungsbericht über ein Boutiquehotel in Palma», sagte sie. «Sie haben mir angeboten, mich und eine Begleitung im Gegenzug für einen Bericht auf die Insel zu schicken. Alle Auslagen werden bezahlt.»

«Fragst du mich, ob ich mit dir in den Urlaub fliegen will?»

«Ich schätze, ja», sagte sie. «Aber ich kann mir auch irgendeinen anderen Engländer suchen, wenn du nicht willst.»

Rory ließ den Nacken knacken und lächelte verschmitzt.

ZUVOR

New York City, USA, und London, England
2015–2016

NEUN

Im Alter von zweiundzwanzig war Adelaide Williams eine Katastrophe.

Nicht auf den ersten Blick. Sie war durchaus gut gestylt. Geglättete Haare, Lidstrich, perfekt gebügelte Blusenkleider. Aber sah man genauer hin, entdeckte man die dunklen Augenringe, die mit Make-up verschmierten Kosmetiktücher in ihren Jackentaschen und das Xanax-Fläschchen in ihrer Handtasche. (Bevor sie sich im College Rezepte ausstellen ließ, stahl sie die Tabletten oft von ihrer Mutter oder Schwester. Ein Hoch auf Xanax!)

Sie saß im Schneidersitz auf dem Bürofußboden – der Laptop stand vor ihr auf dem Kaffeetisch – und sehnte einerseits den Feierabend herbei, während sie sich andererseits wünschte, die Zeit würde nicht so schnell vergehen. Ein ganz gewöhnlicher Donnerstagabend.

«Es gibt zwei Dinge, die du über E&S wissen musst», hatte Sam, die damals noch Account Director war, ein paar Monate zuvor gesagt, als Adelaide sich zum ersten Mal im Büro übergeben und anschließend geheult hatte. «Die Arbeit hört nie auf. Aber es gibt immer ein Morgen.»

Sie hatte recht. Doch zum ersten Mal seit Monaten wünschte sich Adelaide nicht mehr Stunden, um ihre To-do-Liste abzuarbeiten. Sie war einfach müde und schlecht gelaunt und überhaupt nicht in der Stimmung für das Date an diesem Abend. Es war ihr erstes echtes Date seit über sechs Jahren; ihr erstes richtiges Date seit Emory Evans. Und ganz ehrlich? Sie hatte eine verdammte Scheißangst.

Adelaide hatte es erstaunlich unbeschadet durchs College geschafft. Sie hatte allein mit einer flauschigen Pflegekatze namens Peaches zusammengewohnt und Männer, Sex und Alkohol um jeden Preis gemieden. (Ja okay, im Abschlussjahr hatte es diese eine Nacht gegeben, als sie bei der Verbindungsparty auf einer Trage abtransportiert wurde. Aber im Großen und Ganzen!) Anschließend studierte sie für ein Jahr in London, zog nach Frankreich und dann zurück nach Brooklyn. Und irgendwo auf dem Weg hatte sie ihre Kleine-Miss-Perfect-Mentalität abgelegt und sich mithilfe von Lederhosen und Zigaretten neu erfunden.

Abgesehen davon, dass sie gelegentlich wildfremden Schönlingen sagte, sie sähen aus wie Disneyprinzen, hatte Adelaide seit der Highschool nur selten Kontakt mit Männern gehabt – jeglichen Männern. Sie hatte immer noch höllische Angst vor ihnen, genau wie vor Sex. Aber seit Kurzem begann diese Angst, Neugier Platz zu machen.

«Ich überlege, mir eine Dating-App runterzuladen», sagte sie eines Abends zu Eloise. Das Bett war übersät mit Essenskartons.

«Adelaide Williams auf einer Dating-App», sagte Eloise und nahm einen Bissen Lo-Mein-Nudeln. «Hast du einen Schlaganfall?»

Hatte sie nicht.

«Es ist nur ... Ich sehe dich und Nico», sagte Adelaide. «Und ich sehe meine Kolleginnen, die sich freitagabends für ihre Dates zurechtmachen. Und keine Ahnung. Vielleicht kann ich das ja auch?»

Eloise legte den Kopf schief. Sie wohnte in der Nähe des Lincoln Center, ungefähr eine Stunde von Adelaides Einzimmerwohnung in Clinton Hill entfernt. Sie waren auf unterschiedliche Colleges gegangen – Eloise hatte sich bei der

University of Florida eingeschrieben, während Adelaide die Ostküste hoch gezogen war, um zur Boston University zu gehen –, aber sie waren immer in Kontakt geblieben, und ihre Freundschaft war nie abgerissen. Jetzt bereitete sich Eloise auf ihr erstes Jahr an der juristischen Fakultät in Fordham vor und führte seit sechs Jahren eine Beziehung mit ihrem Freund Nico.

Die beiden waren seit dem letzten Highschooljahr zusammen – fast genauso lange, wie Eloise und Adelaide befreundet waren. Nico kam ursprünglich aus Mykonos und war als Austauschschüler auf ihre Highschool gekommen; seine Gastfamilie in Georgia wohnte gleich neben Eloise. Zu seiner immerwährenden Sommerbräune trug er eine Schildpattbrille, und er konnte Kaffeesatz lesen, wozu Adelaide ihn jedes Mal zwang, wenn sie sich sahen. («Sei vorsichtig», hatte er das letzte Mal gesagt. «Die Männer werden dich in den kommenden Jahren in Schwierigkeiten bringen!») Nico war abergläubisch und glaubte fest an Liebe auf den ersten Blick – beim Prom hatte er Eloise eröffnet, dass er plante, sie irgendwann zu heiraten. Adelaide hatte nicht den geringsten Zweifel, dass er sein Wort halten würde.

Wie auch immer.

Adelaide lud sich noch am selben Abend eine Dating-App auf ihr Handy, swipte durch die potenziellen Liebhaber und begann eine Unterhaltung mit einem Typ namens Tyler. Er wohnte in Park Slope, arbeitete in der Werbebranche, und *Nein*, schrieb er, Mad Men *vermittelt ein völlig falsches Bild davon*. Er fragte Adelaide, ob sie am kommenden Donnerstag was trinken gehen wollte; sie willigte ein.

Jetzt war es 18:30 Uhr, in anderthalb Stunden wollten sie sich treffen.

Tust du mir einen Gefallen?, schrieb Adelaide an Eloise.
Immer, kam die sofortige Antwort.
Kommt ihr zwei heute Abend mit zu meinem Date?
Ernsthaft?
Absolut. Du und Nico könntet an einem Tisch in der Nähe sitzen, und wenn mein Date nach dreißig Minuten implodiert, was sowieso passieren wird, gehen wir drei zusammen was essen, ja?
Na gut, schrieb Eloise. *Abgemacht. Um acht im Lucky Strike, richtig?*
Um acht im Lucky Strike.

Adelaide machte Feierabend, trug eine frische Schicht Mascara auf und ging los.

Ihr Date, Tylor, war sehr groß, hatte blaue Augen, blondes Haar und einen Akzent, der verriet, dass er «Nicht von hier?» war. (Sie hatte recht.) Er war in Peachtree City aufgewachsen, unweit von Atlanta, unweit von Adelaide. Er zog ihr den Stuhl zurück und fragte, was sie trinken wolle – etwas an ihm fühlte sich zugleich vertraut und fremd an, wie auf dem Rollfeld einer neuen Stadt zu landen oder in einem piekfeinen modernen Restaurant einen Cobbler serviert zu bekommen, der schmeckte wie von Granny. Es war zugleich tröstlich und verstörend.

Er ist megasüß, schrieb Eloise. *Bitte lass das nicht in dreißig Minuten implodieren.* Adelaide lächelte.

Der Abend kam ihr vor wie eine romantische Spionagekomödie – sie spürte, dass sie beobachtet wurden. Nicht nur von Eloise und Nico, auch von dem Barkeeper, dem Kellner, dem Pärchen am Tisch rechts neben ihnen. Tyler umgab eine unwiderstehliche Energie, und er zog jeden um sie herum in seinen Bann.

Sie bestellten Pommes mit Mayo und eine zweite Runde

Getränke. Ein Freund von ihm arbeite in einer Kellerbar die Straße hoch, sagte er, und: «Er kann uns bestimmt ein paar Drinks spendieren, wenn du Lust hast?» Adelaide hatte Lust.

Beim Hinausgehen zwinkerte sie Eloise und Nico zu. Der Mond leuchtete hell, und der Abend fühlte sich an wie ein Traum.

«Du bist echt groß», sagte Adelaide. «Stößt du dir manchmal im Türrahmen den Kopf?»

«Du gehst wohl nicht oft aus, hm?»

Tylers Barkeeperfreund schenkte ihnen zwei Gläser Bourbon aufs Haus ein, einfach, weil er es konnte. Adelaide verschüttete die Hälfte ihres Shots auf ihr Kleid, einfach, weil sie Adelaide war. Aber irgendetwas daran schien Tyler anziehend zu finden. Er legte ihr die Hand auf den unteren Rücken, lachte, wie Leute es nach mehreren Drinks tun, und flüsterte ihr ins Ohr: «Ich kann es gar nicht erwarten, dir dieses Kleid später auszuziehen.»

«Langsam, langsam, Cowboy», flüsterte sie zurück. Ihre Haut fühlte sich heiß an; Tyler biss sich in die Faust.

«Darf ich dich küssen, Adelaide?», fragte er. Er durfte. Er schmeckte nach Honig und Bourbon, und seine Bartstoppeln kitzelten sie am Kinn. Wieder spürte sie Blicke auf sich, aber es war ihr egal – sie war völlig in seinen Bann gezogen. Tyler hielt inne, biss sanft ihre Unterlippe. «Soll ich uns ein Taxi rufen?»

«Nein, nein», sagte Adelaide. «Ich nehme einfach die U-Bahn nach Hause.»

«Bist du sicher, dass du die U-Bahn nach Hause nehmen musst?» Ja, sagte sie. (Adelaide war immer noch argwöhnisch, was Sex anging, aber vor allem wollte sie eine ordentliche Portion Schlaf und morgen früh in frischen Kleidern ins Büro gehen. Abgesehen davon trug sie wahnsinnig unattraktive Unterwäsche.)

«Kann ich dich morgen wiedersehen?», fragte er.

«Ich glaube, das lässt sich einrichten.»

Adelaide war ganz hibbelig, als sie erst Eloise noch am selben Abend per WhatsApp jedes Detail berichtete und dann am nächsten Nachmittag noch einmal Sam, während sie zu einem Kundenmeeting unterwegs waren. Sie sprachen darüber, wohin Tyler und sie an diesem Abend gehen wollten, was sie anziehen würde – und über den sirupsüßen Klang seiner Stimme.

Sie traf ihn um Punkt sieben im The Ship auf der Lafayette Street. Die Bar war dunkel und rappelvoll. Ihre Knie berührten sich unter dem Tisch, und Tyler lächelte auf eine Art, dass Adelaide ganz heiß wurde.

«Was lächelst du so?», fragte sie.

«Mir geht nur durch den Kopf», er nahm Adelaides Hand und küsste ihre Handinnenfläche, «was ich alles gerne mit dir anstellen würde.»

(Du meine Güte.)

Nach dem Ship fuhren sie durch SoHo und Alphabet City ins Mr. Purple für Cocktails, dann wieder zurück ins Katz's Delicatessen für Sandwiches. Sie winkten ein Taxi heran, aßen auf dem Rücksitz und leckten sich Russian Dressing von den Fingern, während sie die Manhattan Bridge überquerten.

«Zur Ecke Lefferts Place und Grand Avenue», sagte Adelaide. Zu ihrer Wohnung. Ihrer Haustür. Ihrem Bett.

Sex war anders, wenn man die Kontrolle hatte, dachte sie. Wenn man keine gepunktete Pyjamashorts tragende und von Scham und Angst überwältigte Siebzehnjährige war. Adelaide mochte das Gefühl von Tylers Händen auf ihrem Körper, in ihren Haaren. Sie mochte die Art, wie er fragte: «Ist das okay so?» Oder: «Fühlt sich das gut an?» Ja. Zum ersten Mal in ihrem Leben war die Antwort Ja.

Die darauffolgenden anderthalb Tage fühlten sich ebenfalls gut an. Sie aßen Bagels im Bett, schlenderten durch die Stadt, hielten auf dem U-Bahn-Steig Händchen. Er erzählte Adelaide, dass sein Lieblingsfilm *Indiana Jones* war, dass er die Gedichte von Audre Lorde liebte und dass er erst mit fünfzehn Fahrradfahren gelernt hatte. (Adelaide konnte es immer noch nicht.) Er mochte Frühlingszwiebelfrischkäse und spontane Karaokeabende – «Rocket Man» war sein Go-to-Song.

Adelaide wollte keinen festen Freund, und sie hatte auch gar keine Zeit für einen. Aber sie wollte *ihn*, wollte Aufmerksamkeit, wollte Tyler. An Regentagen und Sonntagen und überhaupt an allen Tagen. Und obwohl man mit solchen Aussagen vorsichtig sein sollte, war sie fast sicher, dass sie dabei war, sich in ihn zu verlieben.

Am Sonntagmittag fuhr er zurück zu seiner Wohnung in Park Slope.

«Sag Bescheid, wenn du gut zu Hause angekommen bist», sagte Adelaide.

«Natürlich», sagte er. (Und tat es nicht.)

Nach Tyler kam Samson, dann Davy, später Jess. Manchmal waren die Techtelmechtel nach einer Nacht vorbei, manchmal hielten sie eine Woche oder zwei. Maximal drei. Sie waren stets begrenzt und endeten immer mit Enttäuschung und Verschwinden. Mit tränenreichen Anrufen bei Eloise und den Worten: «Mit dir ist überhaupt nichts verkehrt, Süße. Zieh dir deine bequemste Jogginghose an. Ich bin in dreißig Minuten mit Taschentüchern, Wein und Eiscreme bei dir.»

Ihre Freundinnen und Kolleginnen bekamen Blumen, Heiratsanträge und Eheringe. Adelaide bekam Abfuhren.

Zuerst tat es weh, vor allem bei Tyler. Aber schon bald stumpfte der Schmerz ab, genau wie Adelaide. Sie hörte auf, Männern ihren Nachnamen oder ihren richtigen Vornamen zu verraten («Nenn mich einfach Andy»); hörte auf, ihnen Geschichten aus ihrer Kindheit oder von der Arbeit zu erzählen. Sie hörte auf, nach ihren Lieblingsfilmen zu fragen oder danach, wie sie ihre Bagels am liebsten aßen, und erkundigte sich auch nicht nach ihren Freunden. Adelaide lernte zu verschwinden, bevor sie verschwinden konnten, lernte, mitten in der Nacht unbemerkt aus Wohnungen zu schleichen. Sie lernte, ihnen einen Schritt voraus zu sein.

Sie stellte Regeln auf – kein Händchenhalten, kein Kuscheln, kein Bettgeflüster. Lediglich läppische Dates mit oberflächlichen Unterhaltungen und oberflächlichem Sex. Und es funktionierte. Bis.

Bis Adelaide zwei Jahre später den Disneyprinzen wiedertraf: Rory Hughes. (Und plötzlich hatte sie dieses Bedürfnis nach etwas Festem, unstillbar wie das Verlangen nach Schokolade.)

ZEHN

Auf der anderen Seite des Atlantiks stiegen Rory und Nathalie in Irland aus dem Flugzeug.

Seit fast fünf Jahren gingen sie nun schon Seite an Seite durchs Leben – durch die Unizeit und durch Juraprüfungen, durch ihren Umzug nach London, Bewerbungsgespräche und gemeinsame Urlaube an der Amalfiküste. Es gab Nächte, die sie sich bis fünf Uhr morgens auf Gartenpartys und Veranstaltungen wie dem Downing May Ball um die Ohren schlugen und in Schale geschmissen bis zum Sonnenaufgang in einem Boot den Fluss entlangfuhren. Tage, an denen sie einander mit Tesco Cava Brut übergossen, nachdem sie ihre Abschlussprüfungen hinter sich gebracht hatten. (Nathalie schloss ihr Studium mit Auszeichnung ab, Rory mit einer 2.1 – woran er zu knabbern hatte.) Es gab Herbstnachmittage, an denen sie am Südufer der Themse entlangschlenderten und sich der Geruch, die Handlinien sowie das Lächeln und die winzigen Augenfältchen im Gesicht des jeweils anderen in ihr Unterbewusstsein einbrannten. Sie schossen zusammen Polaroidfotos, sammelten Postkarten, tauschten Bücher aus.

Und jetzt nahm Rory Nathalie mit nach Galway.

Er stellte sie seinen Großeltern, Großtanten und Großonkels vor, und beide gaben sie seinen Brüdern eine feste Umarmung. Nathalie hatte Cookies und englischen Lavendel mitgebracht, und alle schlossen sie sofort ins Herz, nahmen sie in ihre zusammengewürfelte irisch-katholische Familie auf. «Ich liebe es hier», sagte sie zu Rory.

«Ich liebe es, dich hier zu erleben», erwiderte er. «Zusammen mit all den Menschen, die mir etwas bedeuten.»

Sie saßen auf einem Hügel im Gras und tranken abwechselnd aus einer Flasche Jameson. Sie blickten hinaus auf den Fluss und das mit Weinranken bewachsene Menlo Castle.

«Glaubst du, dass wir irgendwann heiraten?», fragte Nathalie. Der Whiskey wärmte sie von innen und vernebelte ihre Sinne.

«Ja, das glaube ich», sagte Rory. Er pflückte eine Margerite und wickelte den Stiel um ihren Ringfinger. «Genau dort», sagte er und deutete auf die Burg. «Genau dort werde ich dich eines Tages heiraten, Nat Alban. Versprochen.»

Sie küsste ihn und betrachtete dann die Blume an ihrem Finger. Sie stellte sich vor, wie sie am Arm ihres Vaters in einem weißen Spitzenkleid und mit einem Strauß aus Sonnenblumen und Margeriten zum Altar schritt, wo Rory stand. Vielleicht liefe dabei «Wild Horses» von den Rolling Stones. Vielleicht kämen ihm bei ihrem Anblick im Hochzeitskleid die Tränen. Vielleicht hätten sie irgendwann Kinder – zwei Mädchen und einen Jungen – und einen irischen Wolfshund namens Winston. Sie könnten ein erfülltes Leben haben, ein glückliches Zuhause.

Jahre später sollte es Rory all seine Kraft kosten, sich nicht ständig gedanklich in diesen Moment zurückzuversetzen, sich nicht auszumalen, was hätte sein können. Wenn. *Wenn, wenn, wenn ... Es ergibt keinen Sinn.*

Dann vergaß Rory Nathalies Geburtstag und schrie sie an, weil ihr Kollege Joseph ihr einen selbst gebackenen Kuchen schenkte. («Es ist sein Hobby», sagte Nathalie. «Backen ist sein Hobby. Und wenn du tatsächlich so eifersüchtig bist, hättest du mir vielleicht selbst einen Kuchen backen sollen!»)

Etwas später gab es diesen Abend, an dem sie ihn in seinem Urlaub in Lissabon anrief und es klang, als würde im Hintergrund ein Haufen Frauen herumkichern. Es gab die Tage, an denen er abtauchte und Nathalies Nachrichten ignorierte, einfach weil er zu tun hatte und Anwalt war und es eben konnte.

Nathalie hatte nach der Uni beinahe sofort ihren Traumjob bei der *Times* ergattert, und sie arbeitete sich schnell von einfacher Journalistin über Junior-Redakteurin zur Redakteurin hoch. Rory hingegen hatte eine Stelle in einer seelenfressenden Anwaltskanzlei in der Tottenham Court Road angenommen und fühlte sich oft festgefahren. Als träte er auf der Stelle. Er war furchtbar eifersüchtig auf Nathalie, weil sie ihren Job so sehr liebte und so schnell Karriere machte.

«Du weißt schon, dass du auch etwas machen kannst, wofür du brennst», sagte sie. «Wenn du es nur willst.» Er verdrehte die Augen.

Sie schlug ihm ein berufliches Beratungsgespräch vor, aber: «Verdammt, Nat, kannst du mir nicht mal eine Minute Zeit geben, um mir über meine Gefühle klarzuwerden, bevor du mir sagst, was ich zu tun habe?» Sie ermutigte ihn, Pro-bono-Fälle anzunehmen – nach Amerika zu gehen, zu reisen, eine Filmschule zu besuchen. Dann gab sie ihm widerwillig ihren Segen, als er beschloss, ein Jahr lang in Birmingham, Alabama, zu verbringen und zu tindern, und: «Vielleicht wäre es besser, wenn wir für eine Weile eine Pause einlegen? Nur während ich in Amerika bin.»

Sechs Monate nach ihrem Besuch in Galway flog er in die USA, sechs Monate nach seinem Versprechen, sie auf Menlo Castle zu heiraten. Nathalie vertraute darauf, dass er zurückkommen würde, zu ihr und ihrem Schlafzimmer, zu ihrem gemeinsamen gemütlichen Londoner Berufseinsteigerleben.

Schließlich waren sie wie Magneten. Sie zogen einander an und konnten gar nicht lange getrennt bleiben. (Oder?)

Rory kehrte im Jahr 2006 an einem trüben Juninachmittag zurück. Seine Koffer waren schwer, und er hatte einen Jetlag. Nathalie hatte angeboten, ihn am Heathrow Airport abzuholen, aber «Ist schon in Ordnung», hatte er erwidert. «Ich fahre lieber zu meinem Bruder, um zu duschen und mich ein bisschen auszuruhen, bevor wir uns sehen.» Er schrieb ihr, als er gelandet war, und antwortete ihr dann erst sechsunddreißig Stunden später wieder. *Tut mir leid, dass es so lange gedauert hat. Muss mich noch ans Klima und die Zeitverschiebung gewöhnen.*

Schon okay, schrieb sie. Alles war immer okay. *Willst du heute Nachmittag vorbeikommen? Ich habe mir kürzlich eine neue Cafetiere gekauft und koche dir gerne einen Kaffee.*

Vielleicht morgen, antwortete er.

Am nächsten Tag trafen sie sich; am übernächsten Tag verfielen sie geradewegs wieder in ihr altes Muster, das sie nun schon seit Jahren kannten. Rory erzählte Nathalie von seinem kleinen Lieblingsgrillrestaurant in Birmingham und wie er einmal von Straßenhunden aus dem Trailerpark gejagt worden war, woraufhin er sie sich in Stierkämpfermanier mit seiner Jeansjacke vom Leib gehalten hatte. Nathalie kochte Kaffee in ihrer neuen Cafetiere und zeigte Rory das Tattoo auf ihrem Unterarm, das sie sich in seiner Abwesenheit hatte stechen lassen: Magrittes Pfeife und darunter die Worte *Ceci n'est pas une pipe.*

«Wie surrealistisch», sagte er und zog eine Augenbraue hoch. Nathalie verdrehte die Augen und schlug ihm gegen den Ellenbogen. «Hör auf», sagte sie. «Es ist nur eine kleine Erinnerung. Wörter, Bilder, Menschen: Nichts ist so simpel, wie es erscheint.» Er nickte und nippte an seinem Kaffee.

Ungefähr eine Woche später hievte Rory seinen riesigen Reisekoffer in Nathalies Einzimmerwohnung – er zog vorübergehend ein und fühlte sich dabei durch und durch wie ein treibendes Wrack. Nathalie kochte Abendessen, zahlte die Miete. Manchmal bat sie ihn, den Abwasch zu machen oder den Müll runterzubringen. Was ihm das Gefühl gab, wie ein Kind herumkommandiert zu werden.

Schließlich fand er ein Zimmer in einer WG und einen neuen Job – bei einem kleinen Indie-Filmstudio, wo er endlich das tun konnte, was er liebte. Er hoffte, dadurch sein Problem zu beheben, diesen Schmerz in seiner Brust zu lindern. Aber es reichte nicht. «Es ist, als fehlte irgendetwas. Ich weiß auch nicht genau, was», sagte er zu seinen Brüdern und seinen Mitbewohnern, die nur die Schultern zuckten, weil sie nicht recht wussten, was sie ihm sagen sollten. Rory schien alles zu haben.

Auch Nathalie spürte, wie sich der Spalt zwischen ihnen vergrößerte, genau wie damals, als Rory nach Alabama gegangen war. Sie wollte das Gefühl aus der Unizeit zurück, das Gefühl der langen Nächte und frühen Morgenstunden, das gemeinsame Teetrinken in der Küche des Studentenwohnheims. Stattdessen machte sich zwischen ihnen diese Leere breit, diese Stille. Sie fühlten sich wohl miteinander – das würden sie immer –, aber es war anders als früher. Ihre Unterhaltungen wirkten gezwungen, ihre enge Verbindung gestelzt.

Rory beschlich der Gedanke, dass sie vielleicht einfach nicht mehr füreinander gemacht waren. Dass die Sterne ungünstig standen. Er fing an, Verabredungen abzusagen, Nachrichten zu ignorieren. Als Nathalie mit Tee und Scones und Leseexemplaren von Büchern, die sie bei der Arbeit abgestaubt hatte, vor seiner Tür stand, empfand er Verärgerung statt Dankbarkeit. «Kannst du mir nicht mal eine Woche Zeit für mich geben, Nat?», fragte er.

«Natürlich», erwiderte sie. «Natürlich. Es tut mir furchtbar leid, dass ich deine Einsamkeit gestört habe, Rory.»
«Sei nicht so.»
«Wie denn?», warf sie ihm entgegen. «So, als wüsstest du meine Bemühungen einen Scheißdreck zu schätzen?»
«Ich will mich nicht streiten.»
«Du scheinst in letzter Zeit überhaupt nichts zu wollen.»

Sie sprachen eine ganze Woche lang nicht miteinander, bevor sie zurück ins Leben und unter die Bettdecke des anderen schlüpften, genau wie zu Unizeiten. Es fühlte sich zunehmend normal an, ihr Geplänkel floss wieder frei dahin. Aber Roy wurde das Gefühl nicht los, dass etwas fehlte.

Er wollte sein Leben lieben, vor allem sein Leben mit Nat, aber irgendetwas fühlte sich nicht richtig an. Als würde irgendein mysteriöses Puzzleteil fehlen. Und als sie ihn fragte, ob sie, wenn ihr Mietvertrag im April auslief, nach einer gemeinsamen Zweizimmerwohnung in Waterloo suchen wollten – «Eine mit einem normal großen Kühlschrank und einer richtigen Schlafzimmertür und vielleicht mit Kamin!» –, na ja. Er sagte nicht wörtlich Nein. Aber er sagte auch nicht Ja. Rory nickte einfach, gab ein Geräusch von sich, das klang wie «Hmm», und wechselte das Thema, indem er fragte, ob sie einen Tee wolle.

«Einen Earl Grey, bitte», sagte Nathalie, und Rory setzte den Kessel auf.

Bei der Arbeit sei die Hölle los. «Wirklich», sagte er. «Es geht drunter und drüber.» Das sei der Grund, weshalb er ihr so wenig bei der Wohnungssuche unter die Arme griff, warum er nicht mit zur Besichtigung dieses Apartments in der Addington Street und der Maisonette auf der Chaplin Close gekommen war. Sie sah sich pflichtbewusst jede einzelne potenzielle Wohnung allein an, schickte ihm per WhatsApp Bilder und Videos und stellte nie Fragen, weshalb Rory sich von bodentiefen Fenstern oder der Aussicht auf eine eingebaute Waschmaschine *mit* Trockner (!) nicht zu begeistern lassen schien. Eines Abends unterbrach sie seine Feierabendbierrunde mit einem Anruf und eröffnete ihm, sie habe in der Marigold Alley «die perfekte Wohnung» gefunden.

«Mit Parkettboden und Blick auf den Fluss», sagte sie, und ihre Worte überschlugen sich fast. «Leider ohne Kamin. Dafür hat die Wohnung eingebaute Bücherregale, und sie ist komplett neu möbliert und einfach wunderschön. Und ein echtes Schnäppchen, Rory! Hast du dir das Video angesehen, dass ich dir geschickt habe?» (Hatte er nicht.) «Sieh es dir an, wenn du kurz Zeit hast, und gib mir Bescheid, ob wir uns auf die Wohnung bewerben sollen. Ich will nicht, dass sie uns vor der Nase weggeschnappt wird.»

Mit einer Hand am Bierglas sah Rory sich das Video an. Nathalie hatte recht (natürlich hatte sie recht): Die Wohnung war ein Traum, perfekt gelegen und – für 1600 Pfund Monatsmiete – ein solches Schnäppchen, dass es fast zu gut schien, um wahr zu sein. Doch statt Glück und Begeisterung spürte Rory, wie sich sein Magen zusammenzog. Statt Erfüllung empfand er Leere. Es war nicht so, dass er nicht Ja sagen wollte, nur ... Er wusste es selbst nicht. Das war doch genau das, was er tun sollte, oder? (Warum fühlte er sich dann nicht so, wie er sich fühlen sollte?)

Er trank einen Schluck Bier, dann noch einen. *Schick die Bewerbung los,* schrieb er. *Tun wir's.*

Hurra!, antwortete sie. *Ich lass dich wissen, was draus wird.*

Innerhalb von weniger als einer Stunde hatten sie die Zusage, und als Rory an diesem Abend zu Nathalie ging, empfing sie ihn mit einer Flasche Prosecco und fiel ihm jauchzend um den Hals.

«Auf ein neues Zuhause und ein neues Kapitel», sagte sie. Sie stießen an, und er rang sich ein Lächeln ab, sagte aber kein Wort.

«Wäre es möglich, die Wohnung monatsweise zu mieten?», fragte Rory. Es war der erste sonnige Tag seit Langem, und das Licht fiel durch die Fenster des Maklerbüros in Central London. Rory wurde ganz warm in der Sonne; er zupfte sich unbehaglich am Kragen herum.

«Nein, ich befürchte, nicht», sagte der Makler. «Die Mindestvertragslaufzeit ist ein Jahr. Ist das ein Problem für Sie?»

Nathalie sah Rory an – versuchte, seinen Gesichtsausdruck zu lesen und zu verstehen, warum er diese Frage überhaupt gestellt hatte. Dann drehte sie sich zurück zum Makler. «Ein Jahr geht in Ordnung», sagte sie. «Aber mir ist gerade etwas eingefallen. Nichts, weshalb Sie sich Sorgen machen müssten, aber hätten Sie etwas dagegen, wenn wir beide kurz draußen miteinander sprechen?»

«Überhaupt nicht», sagte der Makler. «Ich ziehe mich zurück, dann können Sie hier drinnen sprechen. Kann ich Ihnen in der Zwischenzeit etwas zu trinken bringen?» Nathalie sagte: «Nein, danke», während Rory gleichzeitig sagte: «Ein Wasser, bitte.» Der Makler schmunzelte und nickte, bevor er in den Flur trat und die Bürotür hinter sich schloss.

«Hast du es dir anders überlegt, Schatz?», fragte Nathalie. Sie versuchte, einfühlsam zu klingen, verständnisvoll. «Natürlich nicht», sagte er, ohne ihr in die Augen zu sehen. «Nur was, wenn ich einen neuen Job bekomme? Oder du? Was, wenn einem von uns ein wahnsinnig tolles Angebot in, keine Ahnung, Liverpool gemacht wird?»

«Überlegst du denn, nach Liverpool zu ziehen?»

«Nein», erwiderte er gereizt. «Das war nur so dahergesagt. Ich wollte einfach nachfragen. Schließlich war ich mal Anwalt, oder? Ich will einfach alle Optionen kennen und über die Schlupflöcher Bescheid wissen.»

«Richtig», sagte Nathalie. Richtig. (Aber warum suchte er überhaupt nach Schlupflöchern?)

Der Makler kam zurück und reichte Rory einen Pappbecher mit eiskaltem Wasser, das er in einem Zug hinunterstürzte; die Kälte pochte in seinem Kopf. «Also dann», sagte er und griff nach einem Kugelschreiber. «Wollen wir?»

Sie machten alle normalen, erschöpfenden Stadien eines Umzugs durch: Sie klauten im Tesco Pappkisten, wickelten Porzellan in alte Zeitungen, überlegten, ob es sich lohnte, die gesprungenen Gläser, die sie während der Uni aus dem Lord Butterfield Café hatten mitgehen lassen, zu behalten. (Ja, entschied Nathalie. «Auf jeden Fall.») Sie stopfte eine Flut gestreifter T-Shirts, Blumenkleider und zerschlissener Jeansjacken in eine Tasche nach der anderen; Rorys Habseligkeiten passten allesamt in seinen einzigen (wenn auch sehr großen) Koffer.

Der Umzug war für einen Samstag geplant, aber Nathalie musste zu einer kurzfristig anberaumten Buchveranstaltung. «Du kannst doch die Umzugshelfer in Empfang nehmen, oder, Schatz?» Rory nickte. «Natürlich», sagte er.

«Super. Dann treffen wir uns gegen eins in der neuen Wohnung.»

Nathalies Wecker klingelte um acht Uhr früh; um neun war sie aus der Tür. Rory drückte noch mal auf Snooze. Dann ein zweites und drittes Mal. Erst gegen zwölf – als die Umzugshelfer an der Tür klingelten – wechselte sein Gemütszustand von schläfrig zu panisch.

Er liebte Nat, aufrichtig. «Du bist die Beste», sagte er oft und meinte es auch. Aber sie waren schon so lange zusammen (so lange!). Sollte er da nicht inzwischen wissen, ob sie die Frau war, mit der er den Rest seines Lebens verbringen wollte? Mit der er ein Zuhause gründen wollte?

Rory ließ die Umzugshelfer herein und bot ihnen ein Glas Wasser an (das sie höflich ablehnten).

«Es gibt eine kleine Planänderung», sagte er und drückte einem der Umzugshelfer mit klopfendem Herzen seinen glänzenden neuen Wohnungsschlüssel in die Hand. «Ich habe einen Notfall bei der Arbeit. Aber bringt doch einfach alles schon mal zur neuen Wohnung. Meine Freundin Nathalie wird gegen eins da sein.»

Die Umzugshelfer nickten leicht verwirrt und begannen, den Sprinter zu beladen. Rory schleppte seinen riesigen Koffer die teppichbezogenen Stufen in Nathalies Treppenhaus hinab – «Den bringe ich selbst rüber», sagte er – und winkte das erstbeste Taxi herbei.

«Nach SW4 0AA in Clapham», sagte er dem Fahrer (die Postleitzahl seines Bruders). «Bitte.»

Bitte, bitte, bitte. Überallhin, nur nicht zur Marigold Alley; überallhin, nur nicht in Richtung Zukunft mit Nat.

Fürs Protokoll: Nathalie war nicht dumm. Sie spürte, dass Rory sich wieder abkapselte, nahm wahr, dass er bei Gesprächen über die Zukunft besonders still wurde. Er betrog sie nicht, bestimmt nicht – «Das würde Rory nie tun», sagten auch ihre Freundinnen –, aber irgendetwas lag im Argen, so viel war klar.

Doch was dann folgte, hätte sie nicht erwartet.

Sie hätte nicht erwartet, in der Wohnung anzukommen, die sie gemeinsam gemietet hatten – mit dem frisch gebohnerten

Boden, den sich in den Ecken stapelnden Umzugskisten und dem glitzernden Fluss draußen vor den Fenstern –, ohne Rory vorzufinden, der sie begrüßte. War er vielleicht kurz losgegangen, um etwas zu essen zu kaufen? Oder Toilettenpapier? Wollte er sie mit Blumen und einer Flasche Wein überraschen, um auf ihr neues gemeinsames Zuhause anzustoßen?

Nein, dachte sie. Ihr Bauchgefühl sagte ihr, dass etwas anderes dahintersteckte.

Die Umzugshelfer hatten schon fast alle Kisten ausgeladen; sie tippte einem von ihnen auf den Arm. «Entschuldigen Sie bitte, aber haben Sie meinen Freund gesehen, Rory? Ich weiß nicht, wo er hin ist.»

«Ein Notfall bei der Arbeit, hat er gesagt, glaube ich», murmelte der Helfer. «Hat er Ihnen nicht Bescheid gegeben?»

«Nein», sagte Nathalie. «Aber danke!»

Sie gab den Umzugshelfern ein Trinkgeld, dankte ihnen erneut und runzelte die Stirn. Ein Notfall bei der Arbeit? An einem Samstag? Bei einer Produktionsfirma, die gerade keinen Film drehte?

Nathalie rief ihn nur einmal an. Okay, zweimal. Beide Male ertönte das Freizeichen, bevor die Mailbox anging, die er eh nie abhörte. Sie hinterließ trotzdem eine Nachricht nach dem Piepton. «Hey, ich bin's. Ich bin jetzt in der neuen Wohnung, und unser ganzes Zeug ist auch hier. Wollte nur wissen, wo du bist?»

Die gleiche Nachricht schickte sie auch als Text und schob etwa eine Stunde später mehrere verzweifelte Fragezeichen hinterher. Keine Antwort. *Geht's ihm gut?*, fragte sie sich. *Ist irgendwas passiert?*

Um siebzehn Uhr rief sie seinen Bruder Daniel an, der – glücklicherweise – sofort dranging.

«Tut mir leid, dich zu stören, Daniel», sagte sie. «Aber ...

hast du Rory gesehen? Wir waren schon vor Stunden in der neuen Wohnung verabredet, nur habe ich bisher nichts von ihm gehört, und ich mache mir langsam Sorgen. Weißt du, wo er ist oder ...?»

«O hey, Nat», sagte Daniel betont lässig. «Wie geht's dir? Rory ist bei mir, ja. Sagt, er hätte eine schlimme Migräne. Tut mir leid, dass ich dir nicht früher Bescheid gesagt habe. Er schläft gerade, aber ich sage ihm, dass ...»

«Er mich anrufen soll, wenn er aufwacht», fuhr Nathalie ihm ins Wort. Ihre Brust brannte. «Super. Danke, Dan.»

Ein Notfall bei der Arbeit. Migräne. Kein Anruf, keine Nachricht, keine Entschuldigung. Was zur Hölle war los?

Nathalie lief durch die Wohnung, fuhr mit der Hand über die nagelneuen Ledersofas, die Marmorküchenplatte, die in Plastik eingehüllte neue Matratze. Sie setzte sich aufs Bett – das Plastik knisterte unter ihr –, legte den Kopf in die Hände und weinte.

So sollte es sich nicht anfühlen, oder?

Ein paar Tage später verabredeten sie sich in einem Pub in der Nähe vom Bahnhof King's Cross. Er sei buchstäblich vom Erdboden verschwunden, und er schulde ihr eine Erklärung, sagte sie. (Verlangte sie vielmehr.) *Fünf verfickte Jahre, Rory*, textete sie ihm. *Wir haben zusammen einen Mietvertrag unterschrieben. Du kannst mich nicht einfach ghosten wie irgendeine Tinderbekanntschaft.*

Nathalie war etwas zu früh im Pub und setzte sich in einer Ecke an einen hohen Tisch. Sie waren schon bestimmt ein Dutzend Mal hier gewesen. Als sie noch in Cambridge studierten, hatten sie jeden Trip nach London mit einem Besuch hier eingerahmt und sich vor oder nach der Zugfahrt eine Flasche Wein oder eine Karaffe Pimm's geteilt oder ein schaumiges

Pint getrunken. «Eines Tages», hatten sie verschwörerisch gesagt. «Eines Tages wohnen wir hier. In London. Zusammen.»

Sie bestellte ein Glas Rotwein und versuchte, diese Erinnerungen aus ihren Gedanken zu vertreiben. Sie war sauer. Sie war verwirrt. Sie war verletzt und enttäuscht und hatte ein bisschen Angst. Und das wollte sie nicht vergessen, wenn sie Rory gegenübersaß – Nathalie wollte ihm endlich einmal (endlich einmal!) zeigen, dass sein Verhalten Konsequenzen hatte. Dass seine Distanziertheit wehtat.

Fünfzehn Minuten später betrat Rory den Pub in Jeansjacke und mit Sonnenbrille und sah frustrierend gut aus. Nathalie biss sich auf die Lippe.

«Hi», sagte er.

«Hi», sagte Nathalie. In ihren Augen brannten ärgerlicherweise bereits Tränen.

Er hätte in diesem Augenblick alles rückgängig machen können. Er hätte die Arme um Nat schlingen, um Verzeihung bitten und versprechen können, ihr all das zu geben, was sie verdiente. Er hätte darum kämpfen können, ihr Vertrauen zurückzuerlangen – das wussten sie beide.

Doch stattdessen ließ er alles den Bach runtergehen.

Rory legte die Hand auf den Tisch. «Es tut mir leid, Nat», sagte er. «Aber ich ... ich glaube nicht, dass wir zusammenziehen sollten. Es fühlt sich nicht mehr richtig an. Das alles. Irgendwie ... fühlt sich nichts mehr richtig an.»

Ohne seine Worte wirklich aufzunehmen, brach Nathalie in Tränen aus.

«Du hast es mir versprochen», sagte sie, stand auf und legte die Hände auf seine Schultern – halb schüttelte sie ihn, halb klammerte sie sich an ihn. Ihre Tränen durchweichten sein T-Shirt; ihre Mascara ließ schwarze Flecken darauf zurück. «Das mit uns sollte für immer sein. Ich habe doch alles richtig gemacht, oder? Alles.» Sie dachte an ihren Besuch in Galway, die Margerite, die er ihr um den Ringfinger gebunden hatte. «Du hast es versprochen.»

«Ich habe mein Versprechen gebrochen», sagte er und versuchte, sie festzuhalten, während ihm selbst die Tränen kamen. «Alle Versprechen. Es tut mir so leid. Ich kann das einfach nicht. Ich kann nicht.»

SOMMER

London, England
2018

ELF

Der Wochenendurlaub war für die dritte Juliwoche gebucht.

Adelaide würde früh morgens nach Palma fliegen, Rory etwa neun Stunden später. Freitags arbeitete sie nicht für Alliance, und sie hatte vor, auf dem Balkon der Hotelsuite an ihrer Masterarbeit zu schreiben. Stattdessen öffnete sie eine Flasche Veuve Clicquot, die das Hotel gratis bereitstellte, machte es sich in dem Loungesessel bequem und verputzte im Alleingang eine Käseplatte für vier.

Gerade gelandet, schrieb Rory gegen 21 Uhr. *Bin am Verhungern. Hat der Room Service irgendwas Leckeres zu bieten?*

Wärst du entsetzt, wenn ich McDonald's mitbringe?

Gehe auf jeden Fall zum Flughafen-McDonald's. Schreib mir schnell, ob ich dir was mitbringen soll.

Okay, fahre jetzt zum Hotel. Hoffe, dass du da bist und nur nicht aufs Handy guckst?

Dreißig Minuten später wurde Rory auf ihr Zimmer geführt. Als er es betrat, lag Adelaide ausgestreckt im Bikini auf dem Loungesessel und schnarchte. Auf dem Tisch daneben stand eine leere Flasche Veuve, und aufgeschlagen auf ihrem Bauch lag eine zerlesene Ausgabe von *Ein Zimmer für sich allein*. Er musste leise lachen.

«Adelaide?», sagte er und wuschelte ihr sanft durch die Haare. «Adelaide, ich bin's, Rory. Wach auf.»

Seine Stimme war leise und sanft, aber Adelaide fuhr trotzdem vor Schreck zusammen und sprang auf. (So hatte sie sich die Begrüßung nicht vorgestellt, aber sie war ein wenig zu angeschwipst, als dass es ihr etwas ausgemacht hätte.)

«Hi, willkommen auf Mallorca!», sagte sie. «Hier gibt es so viel Sonne!»

«Das sehe ich.» Er schmunzelte und legte ihr die Hände auf die Hüften. «Du siehst ziemlich gebräunt und unfassbar gut aus. Und so, als hättest du den Champagner genossen?»

Hatte sie, ja. Adelaide öffnete mit einem Plopp eine zweite Flasche – der Korken flog durchs Zimmer – und schenkte Rory ein Glas ein. «Salud», sagte er.

Am nächsten Morgen wachte Adelaide um sechs Uhr auf und schlich sich ins Badezimmer, um sich die Zähne zu putzen und den säuerlichen Champagnergeschmack loszuwerden. Sie löste ihre beiden Zöpfe, zauberte mit dem Glätteisen leichte Wellen in die Haarspitzen und tupfte sich Concealer unter die Augen. Dann kletterte sie zurück ins Bett und kuschelte sich dichter an Rory. Er roch noch immer nach frischer Wäsche und Kiefern. Selbst hier – in diesem fremden, sonnenverwöhnten Land im späten Juli – fühlte sich seine Gegenwart für Adelaide an wie ein Weihnachtsmorgen.

«Deine Haare sind ganz lockig», sagte Rory ein paar Stunden später und fuhr mit den Fingern durch ihre Wellen.

«Hm», sagte sie. «Das ist mein luftfeuchtes Urlaubshaar.»

«Nimmst du das immer mit?», fragte er. «In einem kleinen Kulturbeutel oder so?»

Sie lachte und küsste seine Nasenspitze. Es war kein toller Witz, aber er brachte Adelaide zum Lächeln. Sie schrieb ihn in ihr Notizheft, gleich neben die Einträge über die Bettwäsche und das Shampoo in der Dusche.

Zum Frühstück gab es pochierte Eier mit Sauce hollandaise, Sóller-Orangen, Ensaïmada und schaumige Cappuccinos. (Rory nannte es «ein Königsmahl», woraufhin Adelaide ihre Serviette zu einer kleinen Papierkrone faltete und sie ihm auf den Kopf setzte. «Dem Anlass entsprechend», sagte sie.) Rory fragte den Kellner, welche Tagesaktivitäten er ihnen empfehlen könne; er schlug einen Spaziergang runter zum Bootsanleger vor, eine Fahrt mit dem Jetski oder einen Segeltörn bei Sonnenuntergang. Es gebe unzählige Skipper im Dorf, die mit ihnen rausfahren würden, sagte er. Auch das schrieb Adelaide in ihr Notizbuch.

Sie zog einen äußerst knappen, mit roten Blumen bedruckten Bikini an, dessen Oberteil so dick gepolstert war, dass es aussah, als hätte sie ein richtiges Dekolleté. (Hatte sie sich in der vergangenen Woche das erste Mal die Intimzone wachsen lassen? Ja. Hatte sie dabei schreiend das Patriarchat verflucht? Ebenso.)

Nachdem sie einige Formulare und Verzichtserklärungen unterschrieben hatten, brachte ein ausschließlich spanisch sprechender Mann sie zum Jetski-Anleger, der etwa achthundert Meter von der Küste entfernt war.

«Wenn ich hier draußen sterbe ...», setzte Adelaide an.

«Du wirst nicht auf einem Jetski sterben», sagte Rory.

«Richtig. Aber wenn doch, was würdest du tun? Als Erstes solltest du meine Schwester anrufen. Holly, nicht Izzy. Sie ist pragmatisch und kann meinen Eltern beibringen, was passiert ist. Holly, meine ich.»

«Vermerkt. Können wir jetzt aufhören, über deinen Tod zu sprechen?»

Sie nickte und kletterte auf den Jetski.

Adelaide war insofern eine merkwürdige Feministin, als sie sich vehement gegen stereotype Geschlechternormen aussprach, sich aber oft genug selbst an sie hielt. Eines Abends im Mai zum Beispiel hatte sie panisch Rory angerufen, als in der Dusche eine sehr große Spinne saß und Madison nicht zu Hause war, um sie hinauszusetzen. (Es sei völlig unsinnig, den ganzen Weg nach Highgate rauszufahren, um eine Spinne zu töten, sagte er. «Du sollst sie ja auch gar nicht töten», entgegnete sie. «Sondern sie nur raussetzen. Bitte. Als Dankeschön bekommst du ein Eis und einen Blowjob – viele Blowjobs!» Am Ende willigte er ein.) Was das Jetski-Fahren anging, war sie ähnlich zimperlich und zog es vor, hinter Rory zu sitzen und ihm das Steuern zu überlassen. Aber er bestand darauf, dass sie es versuchte – «Nur für ein paar Minuten», sagte er –, und feuerte sie an, als sie nach vorne kletterte und den Jetski in holperigen Achten über die Wellen lenkte. Was sie wiederum gleichermaßen charmant und bevormundend fand.

Schließlich fuhren sie zurück zum Anleger und sprangen ins Wasser. Es war klar, warm und hellblau wie ein in der Sonne schillernder Topas. Adelaide zog ihre Rettungsweste aus und ließ sich mit dem Bauch nach oben auf dem Wasser treiben. Rory behielt seine an – wie eine Hummer-Boje, die ihre unsichtbare Falle hinter sich herzog, hüpfte er grinsend auf den Wellen auf und ab.

«Ich liebe es hier», sagte er. Sie brummte zustimmend.

Den folgenden Abend genoss Adelaide ungemein.

Auf Djibrils Empfehlung hin gingen sie in eine Tapas-Bar mit hochlehnigen Stühlen, die mit Safran verfeinerte Cocktails servierte. Hier war alles nobel und kultiviert, wofür weder Rory noch Adelaide in der Stimmung waren. Sie bestellten viele kleine Gerichte, leckten sich Salsa brava von den Fingern, bestellten Aguardiente, mallorquinischen Grappa, für sich und die Kellner. (Die erste Runde ging auf Adelaide, die zweite aufs Haus.) Rory sprach mit falschem Südstaatenakzent, während sie ihre Desserts aßen – Schokoladenmousse, Churros und Crema catalana. Von alldem bekam Adelaide Bauchschmerzen – von dem Essen, dem Grappa, der Albernheit und dem Gelächter. Es war wunderbar.

Sie beglichen die Rechnung und beschlossen, eine Tanzparty in ihrem Hotelzimmer zu veranstalten, nur für sie beide. Adelaide schlug rhythmisch mit den Armen um sich und legte den Charleston hin; Rory schwang Hüfte und Arme in entgegengesetzte Richtungen. («Du tanzt den Floss!», rief sie begeistert.) Sie spielten die Spice Girls und sangen lauthals «Wannabe». Er nahm sie hoch und drehte sie im Kreis, und ihr schwarzes Kleid bauschte sich wie das einer Spieluhrballerina. Die Folge war, dass ihr leicht schwindelig wurde und sie nicht mehr wusste, wohin vor Verliebtheit. Sie drückte den Mund auf seinen, schob ihm die Zunge zwischen die Lippen und meinte, Schnaps und Schokolade und einen Hauch Salzwasser zu schmecken. Auch das schrieb sie in ihr Notizheft: wie er schmeckte. Bitter, süß, salzig; köstlich und beißend.

Gegen Mitternacht schälte sich Adelaide den Shimmy tanzend aus ihrem Kleid. Ihr vom Essen aufgeblähter Bauch war ihr etwas unangenehm. Sie zog eine Baumwollshorts und ein rotes Tanktop mit der Aufschrift DIE ZUKUNFT IST WEIBLICH an, auf das Rory zeigte, als sie ins Bett kletterte. «Viel Erfolg dabei», sagte er. «Wir haben ein ziemliches Chaos angerichtet.» Sie verdrehte die Augen und streckte ihm spaßhaft den Mittelfinger entgegen.

Auf ihrem Laptop schauten sie *RuPaul's Drag Race*, und den Kopf in die Kuhle zwischen Rorys Hals und Schulter gekuschelt, schlief Adelaide ein. In dieser Nacht träumte sie von ihm, während sie gleichzeitig in seinen sommersprossigen Armen lag.

Rory schlug vor, ein Kunstmuseum zu besuchen. «Für ein

bisschen Kultur», sagte er beim Frühstück. «Jeder von uns darf sich ein oder zwei Werke herauspicken. Das heißt, wir müssen klug wählen.» Adelaide kicherte; sie fand die Idee gut.

Sie entschieden sich für das Es Baluard, ein Museum für moderne Kunst unweit des Hotels. Die Ausstellungsräume waren vielseitig, enthielten beeindruckende Lichtinstallationen, Metallskulpturen und Gemälde von Miró und Braque. Rory deutete auf eine Keramikplatte, auf die in Schwarz und Grün ein Gesicht gemalt war. Ein Werk von Picasso.

«Ich glaube, das soll eins meiner Kunstwerke werden», sagte er.

«Um eine Taube zu malen», sagte Adelaide, «muss man ihr erst den Hals umdrehen.»

«Bitte was?», fragte er.

«Hat Picasso gesagt. Ziemlich abgefuckter Typ.»

Adelaide entdeckte ein paar Fotografien von Diana Coca, hauptsächlich Selbstporträts. Auf der Tafel unter den Schwarz-Weiß-Aufnahmen stand: *In narrativen Sequenzen sehen wir ihren halb nackten, fragmentierten Körper, der gleichzeitig Objekt und Subjekt ist, während sie sich selbst als Experimentierfeld für Innovation und Subversion benutzt, um die Faszination des Verborgenen zu transformieren ...*

«Die», sagte sie. «Die sollen meine Kunstwerke werden.»

Das Museum hatte eine Dachterrasse mit Bar, wo sie trübe Limonade tranken und auf das Mittelmeer sowie auf das Dach eines älteren Gebäudeteils mit kleinen Steintürmen wie bei einer Festung blickten. (Adelaide und Rory hatten Sex in einem der Türme, natürlich. Er kam auf ihre Zunge.) Nachdem Adelaide sich das Sommerkleid zurechtgezupft hatte, verließen sie das Museum.

«Können wir hier kurz reingehen?», fragte sie und zeigte

auf die Kathedrale La Seu. Sie war groß, gotisch – die Art Kathedrale, wie sie in ganz Europa zu finden ist – und dennoch irgendwie bemerkenswert. Einzigartig.

«Sicher, dass wir da reindürfen?», fragte Rory.

«Was? Mit Sperma im Mund, meinst du? Ich glaube, Gott schert sich viel weniger um Sex, als wir von ihr glauben. Aber falls ich in Flammen aufgehe, denk dran: als Erstes Holly anrufen.» Er nickte schmunzelnd.

Zwischen zwei Gottesdiensten schoben sie sich gemeinsam mit Fotos schießenden Touristen und einigen *abuelas*, die zum Nachmittagsgebet kamen, nach drinnen. Sie setzten sich in eine Bankreihe, und Adelaide schaute hoch zur Decke. Sie wurde von schmalen Säulen gestützt, die aussahen wie Melonenranken oder Spinnenbeine, und das Licht fiel in den verschiedensten Winkeln durch die Buntglasfenster und tauchte das Kirchenschiff in Regenbogenfarben. Adelaide war nicht religiös, fand aber, dass Gotteshäuser immer etwas Magisches an sich hatten.

«Sagt dir das ästhetische Argument etwas?», flüsterte Rory.

«Möglich», antwortete sie. «Plato?»

«Plato, ja. Und vor Kurzem hat auch ein englischer Philosoph namens Richard Swineburne darüber gesprochen. Ich war mal bei einem seiner Vorträge.»

Das ästhetische Argument sei die Vorstellung, dass Gott durch Schönheit spricht, erklärte Rory. Die Schönheit selbst, ob natürlich oder künstlich, sei der Beweis für eine höhere Macht, für eine transzendente Ebene jenseits unserer eigenen. Symphonien und Wasserfarben. Meereslandschaften und der Sternenhimmel. Die Gesetze der Physik. Kirchen. Moscheen. All das seien Beweise für etwas Größeres, Grandioses. Es war eine eigene Form von Religion.

«Genau das spricht mich an», sagte Adelaide, den Blick

immer noch zur Decke gerichtet. «Die Schönheit in allem ist es, was mir Zuversicht schenkt.» Sie glaubte an Schönheit, Anmut und Entzückung. An etwas Größeres als sie selbst. Sie blickte zu Rory – sah seine intelligenten Augen, sein ausdrucksstarkes Kinn, die Locke, die ihm in die Stirn hing –, wie er hier neben ihr saß, als sei es vorherbestimmt. Sie küsste ihn auf die Wange. (Er sei überzeugter Atheist, sagte Rory, aber ihr Ansatz gefiele ihm.)

Bevor sie die Kirche verließen, warf Adelaide ein paar Euromünzen in die Spendenbox und zündete eine Gebetskerze an.

«Darf ich fragen, für wen die ist?», wollte Rory wissen.

«Für niemanden im Speziellen», sagte sie. «Ich mag es einfach, in diesen großen Kirchen Kerzen anzuzünden. Als Dankeschön.»

Es war das letzte Mal, dass Rory eine Kirche betrat. Bis.

Sie saßen vor dem McDonald's und warteten, dass ihr Gate ausgerufen wurde. Adelaide hatte einen Big Mac bestellt – ohne Fleisch und Gurke. Sie legte Pommes zwischen die mit Burgersoße bestrichenen Brotscheiben. («Ich nenne es einen Pommesburger», sagte sie zu Rory. «In deinem Land würde man wohl Chip Butty sagen.» Er sah fasziniert und leicht angeekelt zu.)

«Bist du froh, dass du mitgekommen bist?», fragte Adelaide. Er dachte eine Sekunde lang nach, bevor er antwortete, und kurz rutschte ihr das Herz in die Hose.

«Ja, bin ich», sagte er. «Bist *du* froh, dass ich mitgekommen bin?»

«Sehr. Wobei ich ehrlich gesagt auch ohne dich geflogen wäre.» Sie wollte lässig wirken, aber laut ausgesprochen klangen ihre Worte harsch.

«Na, herzlichen Dank.»

«Nein, im Ernst», sagte sie. «Danke, dass du mitgekommen bist. Ich hatte eine wunderbare Zeit.» Sie drückte auf dem Tisch seine Hand.

Ihre Finger blieben ineinander verschränkt, während sie zum Gate gingen, ins Flugzeug stiegen und ihre Plätze in der letzten Reihe einnahmen. Während des Flugs hörten sie sich, weiterhin Händchen haltend, das Hörbuch von *Harry Potter und der Gefangene von Askaban* an. Erst am Flughafen London-Stansted trennten sie sich: Rory stellte sich in die Schlange für offizielle Briten, und Adelaide verbrachte mit allen anderen Nichtbriten eine Stunde beim Zoll.

Nehme jetzt den letzten Expresszug nach London, schrieb er ihr von der anderen Seite des Terminals. *Danke noch mal für den schönen Urlaub. Du bist was Besonderes. Xx*

Adelaide nahm den Bus zur Baker Street und von dort ein Taxi nach Hause. Sie war müde, sonnengebräunt und berauscht.

ZWÖLF

Zwei Pizzas, Knoblauchbrot, eine Flasche Sauvignon blanc und Apfelschnitzchen. Es war zum abendlichen Teil ihrer neuen Routine geworden.

Adelaide und Madison standen gegen acht Uhr auf. Celeste stieß ein, zwei Stunden später dazu, und gemeinsam saßen sie in ihrer Wohnung in Highgate am Küchentisch, das Haar zu unordentlichen Knoten gebunden, und tranken literweise Kaffee. Im Hintergrund lief laut Ariana Grande, während sie eifrig auf ihre Laptops eintippten wie drei koffeingepushte Mittzwanzigerinnen kurz vor einer Deadline. Was sie – mit zwei verbleibenden Wochen und insgesamt zehntausend zu schreibenden Wörtern für ihre Masterarbeiten – auch waren.

Gegen neunzehn Uhr bestellten sie Abendessen – «Das Übliche», sagte Celeste jedes Mal zu dem Pizzatypen. Anschließend blätterten sie bis ungefähr einundzwanzig Uhr mit fettigen Fingern weiter durch die Textbücher und klackerten mit glasigen Augen und nur noch halber Konzentration weiter auf die Tastaturen ein. Gegen einundzwanzig Uhr kam immer der Punkt, an dem sie nicht mehr klar denken konnten, Breakdance-Versuche auf dem Parkettboden hinlegten und Fanbriefe an Ms. Grande verfassten. («Kein Fanbrief», sagte Madison. «Nur ein Brief von einer, keine Ahnung, neuen Brieffreundin oder so.») So sah Adelaides Tagesablauf den kompletten August über aus, abgesehen von montags, mittwochs und donnerstags, wenn sie bei Alliance arbeitete, und dem gelegentlichen Sonntag, der für Freiberufliches draufging.

Zu Beginn des Monats hatten sie alle drei ihre Mietverträge verlängert. Sie planten, in England zu bleiben. Adelaide würde ab dem 10. September Vollzeit für Alliance arbeiten – ein Visum war bereits beantragt. Celeste würde ab dem kommenden Schuljahr die erste Klasse an einer Elitegrundschule in Notting Hill unterrichten, Madison eine dritte Klasse in Westminster. Ihre Masterarbeiten waren die letzte Hürde, die es auf ihrem Weg zu einer gemeinsamen Zukunft in London jetzt noch zu nehmen galt. Daher war das für zwölf Stunden am Tag das Einzige, worauf sie sich konzentrierten.

Adelaide schrieb ihre Masterarbeit über Kommunikationsstrategien von Jungunternehmerinnen und Influencerinnen, darüber, wie die sozialen Medien die Marketinglandschaft veränderten. Während die Bikiniabdrücke von ihrem Mallorca-Urlaub verblassten, vertiefte sie sich so sehr in die Unternehmungen von Caroline Calloway und der ehemaligen *Love-Island*-Teilnehmerin Emily Weiss, dass ihr zunächst gar nicht auffiel, dass sie schon seit einer Woche nichts mehr von Rory gehört hatte. Bis er ihr eines Abends um halb elf – ihre Grenze des klaren Denkens war überschritten – eine Nachricht schrieb.

Sorry, dass ich nichts von mir hab hören lassen. Wollte nicht, dass du dir Sorgen machst, aber ich bin schon seit ein paar Tagen im Krankenhaus. Ich hatte innere Blutungen wegen eines Magengeschwürs, aber es scheint alles in Ordnung zu sein.

Adelaide verschluckte sich fast an ihrem Apfelschnitz. «Ich glaube, Rory liegt im Sterben?», sagte sie.

«Was?», riefen Madison und Celeste. «O mein Gott, was ist los?»

«Okay, okay», schob Adelaide hinterher. «Nicht im Sterben. Aber er hatte innere Blutungen? Und ein Magengeschwür? Er ist im Krankenhaus? Und ich weiß nicht, warum ich das als Fragen formuliere, es sind nämlich keine. Das ist echt so passiert.»

Adelaide leckte sich Knoblauchsalz von den Fingern und fing an, eine Antwort zu tippen. Sie könne sofort ins Krankenhaus kommen und ihm Kuscheldecken, magenschonende Snacks und einen Uralt-Laptop mit DVD-Laufwerk mitbringen für den Fall, dass das Internet im Krankenhaus beschissen war und er Filme auf die Old-School-Art gucken wollte. Ob er sonst irgendetwas brauche? *Einen warmen Pulli, Yorkshire Tea?*

Sie war bereits dabei, eine Tasche zu packen, als seine Antwort eintraf. *Mach dir keine Umstände. Ich bin lieber allein, wenn ich krank bin. Aber danke, du bist süß.* Ernüchtert las sie die Nachricht laut vor.

«Sieh mal», sagte Madison. «Soweit wir wissen, kotzt er gerade Blut und hat Durchfall. Ich an seiner Stelle würde auch nicht wollen, dass mich meine Freundin, oder was auch immer du für ihn bist, so sieht.»

«Stimmt», sagte Adelaide. *Stimmt.*

Es mochte egoistisch von ihr sein, aber irgendwie fühlte sie sich trotzdem verletzt. Nicht unbedingt, weil er allein sein wollte – das konnte sie verstehen (vor allem, wenn er Blut kotzte). Nein. Sie fühlte sich vielmehr verletzt, weil er «schon seit ein paar Tagen» im Krankenhaus war und sie jetzt erst davon erfuhr.

Vor dieser Nachricht hatte sie gedacht, dass ihre Beziehung (ihre «Situationship», wie sie es nannte) eine neue Ebene erreicht hatte. Sie wusste, dass Rory ein bisschen empfindlich war, wenn es darum ging, sich festzulegen und dem, was zwischen ihnen war, einen Namen zu geben. Aber Adelaide hatte ihn weinen sehen. Sie hatte ihn betrunken tanzen sehen, sich auf einem Jetski an ihn geklammert und Dutzende Male in seinen Armen und auf seinem Fußboden geschlafen. Vielleicht hatte er *niemandem* erzählt, dass er im Krankenhaus war. Oder vielleicht, dachte sie ängstlich, nahm sie so wenig Platz in seinen Gedanken ein, dass er einfach vergessen hatte, ihr Bescheid zu sagen.

«Ich glaube, du steigerst dich da in was hinein, Adelaide», sagte Celeste. «Vielleicht ging es ihm so dreckig, dass er niemandem außer seiner Familie Bescheid gesagt hat, was los ist. Vielleicht fühlt er sich sogar in seiner Männlichkeit verletzt. Oder er wollte wirklich einfach nicht, dass du dir Sorgen machst. Wer weiß? Versuch dich lieber auf die Dinge zu konzentrieren, die du beeinflussen kannst, okay? Mehr liegt eh nicht in deiner Macht.»

«Du hast recht», sagte Adelaide. «Natürlich. Du hast recht.»

Sie umarmte Celeste zum Abschied und schärfte sich ein, dass es im Moment nur darauf ankam, sich um Rory, ihre Freundinnen und ihre Masterarbeit zu kümmern. Nicht um ihr verletztes Ego.

Am Donnerstag ging Adelaide nach der Arbeit in die Buchhandlung, zu Waitrose und ins Reformhaus, um für Rory Sachen einzukaufen, die er im Krankenhaus brauchen könnte.

Sie ließ einen plüschigen Kapuzenpulli von Alliance mitgehen (FinTech-Unternehmen hatten ihrer Erfahrung nach die gemütlichsten Merchandise-Klamotten) und steckte ihn zusammengerollt mit zu den probiotischen Snacks, Beruhigungstees und einer Ausgabe des *New Yorker* in eine Geschenktüte.

Lieber Rory, schrieb sie auf Zwergspitzbriefpapier (natürlich besaß sie Briefpapier mit Zwergspitzen darauf). *Ich hoffe, mit dieser kleinen Goodie-Sammlung geht es dir schnell besser.*

Falls du aufmunternde Worte brauchst oder mehr Ballaststoffe (oder beides!), ruf jederzeit an!

Adelaide setzte ein x unter ihren Namen, schob die Notiz mit in die Geschenktüte und ging von der Waterloo Station zum St.-Thomas-Hospital. Sie hatte vor, die Tüte an der Rezeption abzugeben – um sein Alleinsein nicht zu stören.

Dieser Plan führte jedoch dazu, dass das Krankenhauspersonal glaubte, sie hätte eine Bombe dabei.

«Nein, nein», sagte Adelaide. «Das ist für einen Patienten namens Rory Hughes. Ich kann ihn anrufen, sobald ich aus der Tür bin, damit er es sofort abholt.»

«Warum können Sie ihm die Tüte nicht selbst geben, Madam?», fragte die Rezeptionistin.

«Exzellente Frage», sagte Adelaide. «Sehen Sie, wir daten uns noch nicht sehr lang, und offenbar ist er ziemlich krank, und ich will ihn nicht stören. Ich habe wirklich nur gehofft ...»

Die Rezeptionistin hob einen Finger. Während Adelaides Geplapper hatte sie in Rorys Zimmer angerufen. Mist.

Adelaide ging in der Lobby auf und ab, fühlte sich bloßgestellt, egoistisch und absolut fehl am Platz, als sich mit einem Ping die Aufzugtüren öffneten und Rory heraustrat. Er sah etwas blass und verstrubbelt aus, seine Locken waren platt gedrückt – aber seine Augen leuchteten noch immer wie die eines Zeichentrickprinzen. Sie bekam weiche Knie.

«Adelaide», sagte er. «Das ist eine Überraschung.»

«Tut mir echt leid», sagte sie. «Eigentlich wollte ich das hier nur abgeben, aber ich glaube, die Rezeptionistin hatte Angst, ich würde dich umbringen wollen oder so. Wie auch immer, ich habe dir ein kleines Carepaket zusammengestellt. Hier. Ich lass dich jetzt damit allein, okay?»

«Warte», sagte Rory.

Er griff nach ihrer Hand. Einen Sekundenbruchteil lang

dachte Adelaide, er würde sie hoch in sein Zimmer einladen. Wo sie sich neben seinem Bett auf einen Stuhl setzen konnte – ihm über den Kopf streicheln, seine Schläfe küssen und ihm die Hand halten, wenn er Schmerzen hatte. Stattdessen fragte er sie, ob sie sich kurz in die Lobby setzen wollten.

«Es wäre doch unhöflich, dich gleich wieder wegzuschicken», sagte er (in einem Ton, der klang, als hätte er genau das gerne getan). «Also, erzähl. Was hast du die Woche über so gemacht?»

«Oh», sagte Adelaide. «Eigentlich habe ich nur an meiner Masterarbeit geschrieben. Fast geschafft. Fehlt nur noch ein bisschen. Aber viel wichtiger, wie geht's dir?» Er fühle sich etwas besser, sagte er. Wahrscheinlich würde er spätestens Sonntag entlassen werden.

«Das sind gute Neuigkeiten», sagte Adelaide. «Das freut mich echt. Dann will ich dir nicht länger die Energie rauben, die du für deine Genesung brauchst. Wir sehen uns hoffentlich bald?»

Sie umarmte ihn vorsichtig und ging. Auf dem Weg nach draußen kam ihr Bubs entgegen. Sie nickten einander zu, und irgendwo in ihrem Kopf sagte eine leise Stimme: *Von wegen Alleinsein.* Sie wischte den Gedanken beiseite.

Dreizehn Tage, neuntausend Wörter und Dutzende Tassen Kaffee später hatte Adelaide ihre Masterarbeit fertig. Schwitzend und mit nur fünfzehn Minuten Puffer gab sie am 30. August die ausgedruckte Version ab. Madison musste ihre Masterarbeit am darauffolgenden Morgen einreichen, weshalb Adelaide schnell wieder nach Hause fuhr, um bis Mitternacht Korrektorin zu spielen. Anschließend kam Celeste per Taxi zu ihnen gefahren, und die drei drehten «Successful» von Ariana Grande (wem sonst?) auf volle Lautstärke und öffneten die

Champagnerflasche, die Eloise ihnen per Kurier geschickt hatte. Geschafft! Sie hatten ihren Master so gut wie offiziell in der Tasche.

Rory war seit etwas über einer Woche wieder zu Hause, aber Adelaide hatte ihn seit dem Besuch im Krankenhaus nicht gesehen. (Sie hatte zu viele Wörter schreiben und zu viel Freiraum geben müssen.) In der kommenden Woche wollten sie alle gemeinsam das Ende des Semesters feiern – Adelaide, Madison und Celeste zusammen mit Rory und Anurak (einem Typen aus Madisons Studiengang, mit dem sie sich angefreundet, an dem sie darüber hinaus aber angeblich kein Interesse hatte – «Hört auf zu fragen, Leute!»). Rory würde endlich Adelaides Freundinnen kennenlernen, denn jedes Mal, wenn er zu Besuch gekommen war, hatte Madison geschlafen oder war verreist gewesen. Zwischen ihm und Adelaide gab es den Running Gag, dass Madison gar keine echte Person und Adelaide insgeheim – o Schande! – eine reiche Erbin war, die nur vorgab, in einer WG wohnen zu müssen, um ihren peinlichen Wohlstand und ihren Status zu kaschieren. («Du hast mich durchschaut», sagte sie Rory. «Ich will einfach nur normal sein.»)

Heute Nacht jedoch begossen die drei unter sich das Ende eines Jahres voller Prüfungen und Buchrezensionen – stießen an auf den Beginn eines neuen Kapitels in London. Und verdammt, fühlte sich das gut an! Sie saßen auf dem Fußboden und tranken reihum aus der Champagnerflasche.

«Ich weiß, es ist kitschig», sagte Adelaide. «Aber wo, glaubt ihr, werdet ihr in fünf Jahren sein? Und mit wem?»

«Ich glaube nicht, dass ich in fünf Jahren mit irgendjemandem zusammen sein will», sagte Madison. «Ich will reisen und mehr von der Welt sehen, mein eigenes Ding machen. Vielleicht unterrichte ich in Südamerika oder Asien. Ich will nicht an irgendjemanden oder irgendetwas gebunden sein.»

«Ich würde auch gern herumreisen», sagte Celeste. «Aber ich finde, das geht auch mit Partner. Das eine schließt das andere doch nicht aus. Mit jemandem zusammen zu sein, bedeutet schließlich nicht zwingend, gebunden zu sein.»

Die Frauen nickten und tranken noch ein paar Schlucke Champagner. «Was ist mit dir, Adelaide?»

«Ich habe wirklich keine Ahnung», sagte sie mit Blick zur Decke.

In fünf Jahren wäre Adelaide dreißig, und sie war immer davon ausgegangen, dass sie dann verheiratet sein würde und Adoptivkinder, ein Haus und einen Cavalier King Charles Spaniel namens Fitz oder Willoughby oder so ähnlich hätte. Doch seit einiger Zeit erschien Adelaide ihre Zukunft verschwommen. Ungewiss. Sie konnte sich vorstellen, in England zu leben oder in Paris oder vielleicht doch in einem Stadthaus in Clinton Hill (ihrem alten Viertel in Brooklyn). Sie konnte sich vorstellen, in der Technikbranche, im Verlagswesen oder sogar für einen Politiker zu arbeiten und ihre Tage mit dem Verfassen von Pressemitteilungen und der Korrektur von Texten für Alliance, Autoren oder Präsidentschaftskandidaten zu verbringen. Sie war sich nicht sicher, ob sie ihre langen Haare behalten oder sie zu einem schicken federnden Bob schneiden wollte. (Zugegeben zweifelte ein kleiner Teil von ihr sogar daran, dass sie die dreißig überhaupt erreichen würde.)

Das Einzige, was sie klar und deutlich vor Augen hatte, war Rory Hughes. Ja, er ließ sie nicht komplett an ihn heran und wollte sich nicht festlegen, aber etwas in Adelaide sagte ihr, dass er der Eine war. Der Anfang und das Ende, das Alpha und das Omega, ihr Seelenverwandter – hundertprozentig. Er war die Person, mit der ihr ein gemeinsames Leben vorherbestimmt war, egal, wie kurz dieses Leben oder ihre Haare auch wären.

Sie hatte vor sich hin geträumt und kam zurück in die Realität, als Celeste die Buchveranstaltung erwähnte, zu der sie morgen gehen wollten. Im Untergeschoss des Waterstones fand ein Gespräch mit Wetherly May-Lewis statt, einer von Adelaides Lieblingsautorinnen. Sie hatte ein Memoir-Slash-Geschäftsbuch über ihre Arbeit bei Barack Obamas Wahlkampftour und die Macht von Social Media geschrieben; darüber, wie Handelsmarken und politische Figuren die sozialen Netzwerke kontinuierlich benutzen, um auf Stimmenfang zu gehen. Sie alle drei hatten das Buch für ihren Pseudobuchklub gelesen. Es war eine wichtige Quelle für Adelaides Masterarbeit gewesen, und May-Lewis' Lesereise durch Europa bildete so zufälligerweise den krönenden Abschluss für ihr Studium.

«Also, Ladys», sagte Adelaide. «Es ist zwei Uhr morgens, und ich brauche meinen Schönheitsschlaf, bevor ich morgen der lieben Wetherly gegenübertrete, aber ich hab euch trotzdem lieb. Und ich hoffe, dass wir in fünf Jahren immer noch die Nächte durchmachen, auf dem Fußboden Champagner trinken und gemeinsam über die Zukunft reden.»

«Darauf prost», sagten Madison und Celeste. «Gute Nacht.»

Adelaide Williams hatte eine Theorie. Okay, sie hatte viele Theorien, aber die führende war, dass Personen dann in unser Leben treten, wenn wir sie am meisten brauchen. Zumindest galt das für die wichtigen Personen. Celeste und Madison, Sam und Eloise.

Das Gleiche ließ sich ihrer Meinung nach auf Bücher übertragen. Orwell, Plath und Louisa May Alcott hatten genau dann auf dem Semesterplan gestanden, als sie sie am dringendsten gebraucht hatte, davon war sie überzeugt. Und Holly hatte Adelaide *Ein modernes Imperium* von Wetherly May-Lewis – das kirschrote Buch, das sie an diesem Abend signieren lassen wollte – zweifellos zur perfekten Zeit empfohlen. Es hatte sie zum Thema ihrer Masterarbeit inspiriert und ihre Leidenschaft für Kommunikationswissenschaft neu entfacht.

Während der Frage-Antwort-Runde meldete sich Adelaide – wobei sie peinlicherweise ihr Buch fallen ließ –, um zu fragen, welchen Rat May-Lewis jungen Frauen geben könne, die Schwierigkeiten hatten, ihre Bestimmung und ihre Stimme zu finden.

«Tut das, was euer Herz zum Glühen bringt», sagte May-Lewis. «Für mich war es das Schreiben. Ich bin jahrelang jeden Morgen um vier Uhr aufgestanden, um zu schreiben. Und dieses Buch ist das Produkt dieser Stunden, dieser Hingabe. Das Schreiben hat mein Herz entflammt, und jetzt ist es mein Vollzeitjob.» Adelaide lächelte und nickte dankbar. Sie machte sich eine gedankliche Notiz, diese Worte später in ihr Tagebuch zu schreiben.

Als sie sich in der Schlange nach vorne schob, um ihre Ausgabe von *Ein modernes Imperium* signieren zu lassen – Adelaide trug Kirschrot, passend zum Cover –, stieß sie mit einer Frau zusammen und ließ erneut das Buch fallen.

«Himmel, das tut mir leid», sagte die Frau und bückte sich, um das Buch aufzuheben. Adelaide starrte sie nur an.

Als sie klein war, hatte sie eine Geschichte über ein Mädchen auf dem englischen Land gelesen. Sie konnte sich weder an ihren Namen noch an den Namen der Geschichte erinnern, wohl aber an die Beschreibung des Mädchens. Sie hatte *eine Stupsnase, rosige Wangen und tiefe Grübchen,* außerdem *rabenschwarze Locken* und *ein paar vereinzelte Sommersprossen unter ihren hellblauen Augen, die leuchteten wie zwei Aquamarine.* Seither war sie völlig vernarrt in diese Beschreibung, diese Farbe. Sie wollte genauso aussehen wie dieses Mädchen.

Adelaide ließ sich am ehesten als süß beschreiben. An einem

guten Tag vielleicht auch als hübsch. Sie war klein und zierlich, hatte kaum Kurven, und die Farbe ihres langen Haares schwankte irgendwo zwischen Dunkelblond und Honigbraun, je nach Jahreszeit. Ihre Augen waren kugelrund – manchmal reflektierten kleine grüne Flecken darin, aber meistens waren sie einfach hellbraun. Nicht mit Edelsteinen zu vergleichen. Ihre Nase war ein bisschen zu groß, um als Stupsnase durchzugehen, und sie hatte volle, undefinierte Pausbacken. Manchmal bildete sich beim Lächeln links ein Grübchen in ihrem Gesicht (aber nie rechts).

Beim Anblick der Frau, die gerade ihr Buch aufgehoben hatte, sah Adelaide alles, was sie sich gewünscht hätte: eine richtige Stupsnase, rosige Wangen, tiefe Grübchen auf beiden Gesichtsseiten. Rabenschwarze Locken und ein paar vereinzelte Sommersprossen unter den hellblauen Augen, die leuchteten wie zwei Aquamarine. Die Frau trug ein gestreiftes Top, dazu einen Minirock mit Blumenmuster und Doc Martens. Auf dem Unterarm hatte sie ein Tattoo – *Ceci n'est pas une pipe*. Sie war unvergleichlich schön; gleichzeitig cool, sexy und süß. Adelaide hasste und vergötterte sie sofort.

«Oje», sagte Adelaide. «Nein, mir tut es leid. Das war komplett meine Schuld.»

«Überhaupt nicht», sagte die Frau und berührte Adelaides Arm. «Übrigens, ich liebe dein Kleid. Sorry noch mal für den Zusammenstoß und einen schönen Abend!»

Die schöne Unbekannte ging davon und ließ Adelaide mit dem Gefühl von Neugier zurück. Sie blickte zu Boden. Der Frau war bei dem Zusammenstoß offenbar eine Visitenkarte aus der Tasche gefallen; Adelaide hob sie auf und drehte sie um. Das Logo der *Times* war seitlich darauf gedruckt; daneben standen eine E-Mail-Adresse und eine Telefonnummer unter den Wörtern *Nathalie Alban, Leitende Redakteurin, Literatur*.

DREIZEHN

Als Adelaide in ihrem ersten Jahr an der Highschool ihre Englischklasse betreten hatte, war sie gleich fasziniert von einem Mädchen mit kurzen Locken und einem Haarband mit Blumenmuster gewesen. «Ich bin Adelaide», hatte sie gesagt und ihren Rucksack unter einen Stuhl in der Reihe vor ihr geschoben. Das Mädchen hatte grüßend die Hand gehoben. «Eloise.» So hatte Adelaide ihre beste Freundin kennengelernt – durch kosmische Anziehungskraft. Ein stiller Befehl des Universums.

Als sie Waterstones mit der Visitenkarte einer Redakteurin und der signierten Ausgabe von *Ein modernes Imperium* verließ («Schicken Sie mir Ihre Masterarbeit!», hatte May-Lewis gesagt und ihre E-Mail-Adresse aufgeschrieben), fühlte Adelaide, dass hier eine ähnliche kosmische Kraft am Werk war. Sowohl May-Lewis als auch Nathalie Alban hatten etwas an sich, das in Adelaide ein Gefühl von tiefer Verbundenheit weckte. «Verrückt», sagte sie zu Madison und Celeste. «Aber ich habe das Gefühl, als wäre das eben alles vorherbestimmt gewesen.»

«Das Treffen mit May-Lewis?», fragte Madison.

«Ja. Und das mit dieser *Times*-Redakteurin. Wer weiß, vielleicht arbeiten wir eines Tages alle zusammen am selben Projekt? Keine Ahnung. Vielleicht spricht da auch Größenwahn aus mir, aber ich habe dieses seltsame Gefühl. Als wäre es Schicksal gewesen, dass wir zusammengestoßen sind. Dass ich überhaupt May-Lewis' Buch gelesen habe.»

Adelaide glaubte zwar nicht, dass die zwei Frauen ihre

neuen besten Freundinnen würden wie damals Eloise. Aber sie sah förmlich vor sich, wie sie May-Lewis E-Mails schrieb und mit Nathalie Alban Kaffee trinken ging. Sie konnte sich vorstellen, sie nach Tipps zu fragen, wie sie es am ehesten in die Medien- und Verlagsbranche oder in die Politik schaffen konnte. Vielleicht würde Nathalie eines Tages ein Buch rezensieren, das Adelaide geschrieben hatte; vielleicht würde May-Lewis das Vorwort beisteuern. Während sie zur U-Bahn gingen, formulierte Adelaide im Kopf bereits E-Mails: *Hi! Ich weiß, Ihr Posteingang quillt wahrscheinlich über, aber ...*

Am nächsten Morgen konnte sich Adelaide kaum konzentrieren. Sie wippte mit dem Bein, kaute an ihren Gelnägeln. Alle paar Minuten drückte sie erwartungsvoll in ihrem Posteingang auf *Neu laden* und platzte fast vor Anspannung. Vor Neugier.

Die Nacht zuvor hatte sie sämtliche *Times*-Artikel von Nathalie Alban gelesen, hatte das Netz auf jede von ihr verfasste Story und Rezension durchforstet. Adelaide bewunderte die Präzision und Wortgewandtheit ihrer Texte, den Großmut und den Bedacht, der ihren Kritiken innewohnte. Wie kam es, dass Adelaide nicht schon früher auf sie aufmerksam geworden war? Wie hatte sie seit über einem Jahr Bücher rezensieren können, ohne auch nur einmal die Besprechungen der *Times* zu lesen? Wusste der Himmel. Jetzt aber hatte sie sie gelesen, und sie war völlig begeistert.

Hallo Nathalie!, hatte sie geschrieben. *Mein Name ist Adelaide Williams, wir sind gestern bei der Veranstaltung von Wetherly May-Lewis zusammengestoßen (wortwörtlich). Jedenfalls haben Sie Ihre Visitenkarte fallen lassen, und ich würde Sie gern etwas fragen ...* Adelaide schrieb, dass sie freiberuflich Texte verfasste und auch oft Bücher rezensierte und: *Bestimmt ist*

Ihr Terminkalender voll, aber dürfte ich Sie trotzdem in den nächsten Wochen irgendwann auf einen Kaffee oder einen Cocktail einladen und mir ein paar Anregungen von Ihnen holen?

Hat sie schon geantwortet?, schrieb Eloise gegen siebzehn Uhr Londoner Zeit.

Noch nicht, antwortete Adelaide. *Aaahhh.*

Sie ging zum Spinning, fuhr mit der U-Bahn nach Hause und hüpfte unter die Dusche. Sie war bereits im Pyjama und stand gerade kopfüber da, um ihr zerzaustes nasses Haar mit einem Handtuch zu trocknen, als ihr Handy endlich einen Ton von sich gab. Eine neue E-Mail.

«Heilige Scheiße!», rief sie.

«Was ist?!», fragte Madison. «Was sagt sie?»

«Hi Adelaide», las sie laut vor, ihre Stimme etwa eine Oktave höher als sonst. «Danke für deine E-Mail! (Sie duzt mich!) Es ist immer schön, von gleich gesinnten Büchernärrinnen zu hören. Zufällig erwischst du mich zu einer günstigen Zeit.» Adelaide atmete ein paarmal flach ein und aus. «Für morgen wurden ein paar meiner Termine abgesagt, falls wir uns also irgendwo in Holborn für einen Kaffee treffen wollen? Gegen 18 Uhr? Entschuldige, dass es so kurzfristig ist, aber normalerweise habe ich unter der Woche selten freie Slots. Gib mir Bescheid!»

«O mein Gott!», sagte Madison. «Ich hab Gänsehaut!»

«Ich auch, ich auch!»

Adelaide warf das Handtuch auf ihr Bett und nahm das Handy in beide Hände. *Danke, dass du dich so schnell meldest*, tippte sie, löschte dann die Worte und fing noch mal neu an. *Danke für deine Antwort, Nathalie (und so schnell)! Ich würde dich sehr gern morgen auf einen Kaffee treffen. Wie wäre es im Hoxton? Ich freue mich schon sehr darauf, mich mit dir auszutauschen! Danke noch mal!*

Sie unterschrieb, drückte auf Senden und ließ sich auf das feuchte Handtuch auf ihrem Bett fallen. «Heilige Scheiße», sagte sie noch mal. Hatte Rory sich gemeldet, oder hatte sie einen produktiven Arbeitstag gehabt? Nein, nicht im Geringsten. Aber sie würde sich morgen Abend mit einer umwerfenden Spitzenredakteurin von der *Times* treffen. Und irgendetwas daran fühlte sich mehr denn je an wie Schicksal.

Um fünf vor sechs saß Adelaide im Hoxton – wieder wippte ihr Bein, und ihre Maniküre war angenagt. Sie sagte dem Kellner, dass sie noch auf jemanden warte, bevor sie bestellen wolle. «Sie müsste gleich hier sein.»

Nathalie kam um kurz nach sechs. Sie trug ein schwarzes Kittelkleid mit einer schwarzen Strumpfhose und denselben Doc Martens wie am vorigen Abend, und ihre Locken hatte sie mit einem Kimono-Clip halb zurückgesteckt. «Adelaide?», fragte sie, als sie an den Tisch trat.

Adelaide stand auf und streckte die Hand aus. «Ja, hallo! Wie schön, dich kennenzulernen. Richtig, diesmal.»

«Lassen wir doch das alberne Händeschütteln», sagte Nathalie und gab Adelaide stattdessen einen Kuss rechts und links auf die Wange. «Es ist mir eine Freude, meine Liebe!» Ihr Akzent war luftig leicht, ein Mix aus vornehmem London und englischer Provinz.

Sie setzten sich; Adelaide bestellte einen Eiskaffee und Nathalie einen dampfenden Americano. Sie sprachen über Autoren und das Schreiben, und: «Du mochtest Rooneys *Gespräche mit Freunden*? Warte erst, bis du *Normale Menschen* in die Finger kriegst. Ich habe es in einem Rutsch weggelesen.» Es war so einfach, sich mit Nathalie zu unterhalten. So einfach, Ideen auszutauschen, sie nach ihrer Meinung zu fragen. Nathalie hatte einen unglaublich liebenswerten Charakter und war völlig offen – warmherzig, ausgeglichen und eine brennende Feministin. Sie war radikal gegen den Brexit und sagte, sie lese maximal zwei Bücher von heterosexuellen weißen Männern pro Jahr. (Obwohl sie Orwell liebte. – «Wie kann man ihn nicht lieben?»)

Wäre die Unterhaltung nicht so nahtlos, so mühelos dahingeflossen, hätte Adelaide die Schweigepausen vielleicht mit allgemeineren Fragen gefüllt. Vielleicht hätte sie gefragt, wo Nathalie aufgewachsen und zur Uni gegangen war. Wäre da nicht so viel anderes zu diskutieren gewesen, hätte Adelaide vielleicht erfahren, dass Nathalie aufs Downing College in Cambridge gegangen war, und geantwortet: «Oh, der Typ, den ich date, war auf demselben College. In welchem Jahr hast du deinen Abschluss gemacht? Kanntest du Rory Hughes?»

Aber diesen Punkt erreichte die Unterhaltung nie. Keine der beiden wusste, wie tief ihre Verbindung wirklich ging. Noch nicht.

Sie saßen dort bis zwanzig Uhr, und der Himmel färbte sich bereits pfirsich-saphirblau. «Ich muss noch bis morgen um neun eine Rezension zu Ende schreiben», sagte Nathalie. «Ich schätze, ich sollte los.» Sie übernahm die Rechnung – entgegen Adelaides Protest – und gab ihr zum Abschied eine Umarmung und einen Kuss auf beide Wangen.

«Schick mir jederzeit eine E-Mail», sagte sie. «Es war schön, mit dir zu plaudern, Adelaide.»

«Fand ich auch. Und danke. Es war mir eine Riesenfreude, wirklich.»

Eine Riesenfreude. Wirklich.

Am nächsten Morgen meldete sich Rory bei Adelaide mit einer Entschuldigung, weil er mal wieder abgetaucht war. «Hab mich nicht so gut gefühlt», sagte er. «Aber ich freue mich schon auf morgen Abend.» Er würde Celeste und Madison kennenlernen. «Wird ja auch langsam Zeit!», hatte Madison gesagt. «Dann können wir uns endlich ein eigenes Bild von diesem Mr. Geheimnisvoll machen!» Sie hatten einen Tisch im Kingsland reserviert, einem Pub in Dalston.

«Ich weiß immer noch nicht, ob ich ihn leiden kann oder nicht», sagte Celeste, als sie mit dem Bus nach Dalston fuhren.

«Geht mir genauso», pflichtete Madison ihr bei.

«Schätze, wir werden es heute Abend rausfinden, hm?», sagte Adelaide. «Aber hey, seid nett, okay?» Ihre Freundinnen nickten.

Sowohl Madison als auch Celeste wussten, dass Adelaide einen Hang zur Dramatik hatte, könnte man sagen. Sie neigte zu Extremen und steigerte sich schnell in Dinge hinein. Zum Beispiel war sie einmal überzeugt gewesen, dass sie eine Prüfung versaut hatte, woraufhin sie eine ganze Woche lang nicht schlief, nur um am darauffolgenden Montag herauszufinden, dass sie mit Bravour bestanden hatte. Es war schwer einzuschätzen, ob Rory wirklich so traumprinzenhaft oder so unnahbar war, wie sie es darstellte.

Aber sie wussten auch, dass Adelaide ein Goldschatz war. Eine Person, die man einfach gernhaben musste. Und sie hatten ihre Zweifel, ob Rory Hughes sie mit der Liebe und Aufmerksamkeit überschüttete, die sie verdiente. Er ließ oft tagelang nichts von sich hören und hatte sie noch immer nicht gefragt, ob sie fest mit ihm zusammen sein wollte. («Oder wie auch immer man heutzutage sagt», um Celeste zu zitieren.)

Von diesem Abend hing also viel ab. Für alle Beteiligten.

Rory war bereits da, als sie im Kingsland eintrafen. Er hob Adelaide sofort hoch und küsste sie. «Glückwunsch zur Masterarbeit», sagte er. «Ich bin sicher, sie ist exzellent geschrieben und mit klugen Zitaten gespickt, und die Prüfer werden hin und weg sein.» Sie strahlte.

«Rory», sagte sie. «Das sind Madison und Celeste. Echte Personen! Kannst du es glauben?»

Er umarmte die zwei Frauen. «Schön, euch kennenzulernen», sagte er. «Adelaide hat so viel von euch erzählt.»

«Von dir auch», sagten sie.

«Wollt ihr was trinken?», fragte Rory. Sie entschieden sich für Gin Tonic, und Adelaide folgte Rory zur Bar. Sobald er ihnen den Rücken zugekehrt hatte, reckten Madison und Celeste beide den Daumen in die Höhe, wedelten sich Luft zu und formten still die Worte: «So süüüüß!» Adelaide konnte nicht aufhören zu lächeln.

«Wie fühlst du dich?», fragte sie Rory.

«Ganz okay», sagte er. «Aber ich trinke heute Abend nur Cola. Hoffe, das ist kein Problem?»

«Überhaupt nicht. Ich bin froh, dass du dich gut genug fühlst, um hier zu sein.»

Rory fragte, wie die Buchveranstaltung gewesen sei. Super, sagte Adelaide, und dass May-Lewis ihr angeboten habe, ihre Masterarbeit zu lesen. Sie wolle sie ihr schicken, sobald sie ihre Benotung bekommen hatte.

«Außerdem bin ich mit einer Redakteurin von der *Times* zusammengestoßen», sagte Adelaide. «Buchstäblich. Und ich habe beschlossen, sie zu meiner neuen besten Freundin zu machen. Wir waren diese Woche Kaffee trinken, und jetzt bin ich völlig vernarrt in sie.»

«Eine Redakteurin?», fragte Rory und griff nach zwei der Drinks. «Von der *Times*?»

«Ja», sagte sie. «Im Resort Literatur. Nathalie Alban.»

Rory ließ beide Gläser fallen.

«Alles in Ordnung, Kumpel?», fragte Adelaide. Sie gab dem Barkeeper ein Handzeichen, griff sich eine Handvoll Servietten und versuchte, damit den verschütteten Gin aufzuwischen und die Glasscherben einzusammeln. Adelaide benutzte das Wort «Kumpel» nicht oft (eigentlich nie), aber was sonst hätte sie sagen sollen?

«Hast du mich gerade Kumpel genannt?», fragte Rory.

«Hast du gerade zwei Gläser fallen lassen?», entgegnete sie. «Was ist los?»

Ein Barmitarbeiter fegte die Scherben auf eine Kehrschaufel. Adelaide murmelte eine Entschuldigung, bedankte sich und versprach ihm ein gutes Trinkgeld.

«Nathalie Alban», sagte Rory, «ist meine Ex-Freundin.»

«Oh», sagte Adelaide. *Scheiße.* «Die Ex-Freundin, mit der du über fünf Jahre zusammen warst?»

«Genau», sagte er. «Genau.»

«Verstehe.»

Adelaide zahlte und trug vorsichtig zwei Gin Tonic zu ihrem Tisch. Rory wartete an der Bar auf die zwei übrigen Drinks.

«Dreht jetzt nicht durch», sagte Adelaide, als sie die Gläser abstellte. «Aber die Redakteurin, mit der ich mich getroffen habe? Anscheinend ist sie Rorys Ex-Freundin. Und ich muss das sofort und ausgiebig mit euch besprechen, sobald wir hier raus sind. Bitte!» Madison und Celeste nickten und verlagerten unbehaglich das Gewicht auf ihren Stühlen.

«Adelaide», sagte Madison. «Das ist Anurak.»

Sie hatte gar nicht wahrgenommen, dass er am Tisch saß. Ihre Unhöflichkeit war ihr sofort peinlich.

«Ach du meine Güte», sagte sie und beugte sich vor, um ihn zu umarmen. «Tut mir leid! Freut mich, dich kennenzulernen, hi! Kann ich dir einen Drink besorgen?» Anurak lachte und klopfte Adelaide gut gemeint auf den Arm.

«Ich wollte mir gerade eine Rum Cola holen», sagte er.

«Rum Cola? Kommt sofort. Bleib sitzen. Echt schön, dich kennenzulernen, wirklich. Ich kann es gar nicht abwarten, alles über dein Leben zu erfahren. Bin gleich wieder da.»

«Danke», sagte er, immer noch lachend. Im Gehen hörte sie, wie Madison ihm zumurmelte: «Das ist Adelaide. Sie ist etwas Besonderes.» Sie war sich nicht sicher, ob das als Kompliment gemeint war.

Gemeinsam mit Rory und den restlichen Getränken kehrte sie an den Tisch zurück. («Wollen wir?», sagte Rory – er war nach der Erwähnung von Nathalies Namen sichtlich durch den Wind, versuchte aber, sich nichts anmerken zu lassen.) Sie sprachen über ihre Masterarbeiten, ihre neuen Jobs, die Filme, an deren Produktion Rory beteiligt war, und über seine anstehende Reise nach L.A. Anurak erzählte, dass er im vergangenen Jahr aus Bangkok nach London gezogen war, um genau wie Madison seinen Master in Bildungspolitik und International Development zu machen. Vor Kurzem hatte er eine Stelle in einem EdTech-Unternehmen angenommen – er würde für ein Jahr plus/minus als Berater arbeiten und anschließend nach Thailand zurückgehen.

Adelaide, Madison und Celeste erzählten von ihrer Reise nach Menton in diesem Sommer: von dem Segelboot, auf dem sie gewohnt, den Shots, die sie mit dem Skipper getrunken, und dem Feuerwerk, das sie vom Hafen in Monaco aus gesehen hatten. Anurak und Rory steuerten ihrerseits Segelgeschichten bei und sprachen über ihre Lieblingsinseln in der Andamanensee, wie die Sterne dort nachts ins Meer zu tropfen schienen und das Wasser im weißen Mondlicht glitzerte. (Adelaide fiel auf, dass Anurak dabei seine Hand unter dem Tisch auf Madisons Knie legte, und zwinkerte ihr zu, als er gerade nicht hinsah.)

Sie lachten, stießen an und rissen Witze mit den Barkeepern, und für den Rest des Abends blieb Nathalie Alban unerwähnt. Zumindest, bis die Frauen unter sich waren.

«Ach-du-meine-liebe-Güte-ich-kann-nicht-glauben-dass-die-Frau-Rorys-Ex-ist.»

Diesen Wortschwall stieß Celeste aus, ohne Luft zu holen, sobald Rory die Tür des Taxis zugeworfen hatte. Rory ging allein nach Hause. Er sei immer noch nicht ganz auf dem Damm, sagte er. Madison ging mit Anurak, dem Mann, an dem sie angeblich «keinerlei Interesse» hatte. Celeste hingegen fuhr mit Adelaide zurück nach Highgate, weil es, wie sie sagte, noch zu viel zu besprechen gab. (Die Gute!)

«Und-nebenbei-er-ist-so-süß-und-Anurak-ist-einfach-wow.» Ein weiterer Wortschwall ohne Luftholen.

«Ich weiß», sagte Adelaide. «Ich weiß. Meine Gedanken drehen sich schon den ganzen Abend im Kreis.»

«Ich meine», sagte Celeste. «Du bist natürlich hübscher als sie. Und eine Boss Bitch. Aber wow.»

«Also, erstens glaube ich nicht, dass ich mich auch nur ansatzweise eine Boss Bitch nennen darf. Und zweitens ist sie wunderschön, das wissen wir beide. Aber darum geht es gar nicht, schließlich ist es kein Wettbewerb zwischen uns. Es ist einfach ... verrückt. Und kosmisch. Und ich verstehe es nicht.»

Nichts davon. Wenn Adelaide jemand anderes gewesen wäre – jemand, der an Zufälle glaubte und daran, dass Dinge einfach so passierten, ohne dass ein höherer Plan dahintersteckte –, vielleicht hätte sie dann mit den Schultern zucken und weitermachen können. Aber so war Adelaide nicht. Sie glaubte an Vorherbestimmung, und aus den Ereignissen der vergangenen Abende wurde sie einfach nicht schlau. Noch nicht.

Warum hatte sie sich dieser Frau sofort verbunden gefühlt? Warum waren sie zusammengestoßen, warum hatten sie sich auf einen Kaffee getroffen und sich auf Anhieb so gut verstanden? Warum musste dieses erfolgreiche schöne Wesen Rorys Ex-Freundin sein? Die Frau, die allem Anschein nach – wenn auch ohne Selbstverschulden – der Grund war, weshalb Rory sich nicht genauso Hals über Kopf in Adelaide verliebt hatte wie sie sich in ihn?

Noch stundenlang versuchte Adelaide in dieser Nacht, alles nur Mögliche über Nathalie herauszufinden. Gemeinsam mit Celeste scrollte sie durch ihre Social-Media-Accounts – sah sich alte Fotos an, las Bildunterschriften und Kommentare und schickte Eloise Screenshots. Sie fanden Fotos von Nathalie und Rory, wie sie betrunken in der U-Bahn saßen, sich vor einem Kamin in Cornwall zusammenkuschelten oder einen Welpen namens Jem streichelten. (Hatten sie ihn gemeinsam adoptiert? Besuchte Rory diesen Hund manchmal?) Adelaide erkannte ein Foto von seinem Dating-App-Profil wieder – ein Gruppenfoto –, er, Nathalie und eine Handvoll Freunde hielten Erdbeerschalen mit Schlagsahne und Pitcher voll Pimm's hoch.

(Das erinnerte Adelaide an den Tag, als sie Rory beim Boat Race angesprochen hatte. Sie fragte sich, ob er Nathalie die Geschichte von der Frau erzählt hatte, die ihn barfuß angebaggert und ihn einen Disneyprinzen genannt hatte, bevor sie wieder davongestolpert war. Oder ob Nathalie, was noch peinlicher wäre, das Ganze mitangesehen hatte. Hatten sie anschließend darüber gelacht? Hatten sie sich wochenlang über sie lustig gemacht?)

«Völlig irre», sagte Madison, als sie am nächsten Morgen nach Hause kam. (Adelaide stieß einen Pfiff aus, als sie mit einem T-Shirt von Anurak bekleidet die Wohnungstür öffnete.)

«Konzentrieren wir uns mal nicht auf mein Outfit, sondern auf die Tatsache, dass Rory Hughes ohne Frage auf einen bestimmten Typ Frau steht.»

Vielleicht sei das der Grund, warum er sich nicht binden wolle, überlegte Madison. Vielleicht sah er zu viel von Nathalie in Adelaide. «Streite es ab, so viel du willst, aber du bist auch schön, ehrgeizig und belesen.» Vielleicht sei es gar nicht so, dass er immer noch an Nathalie hing, sondern dass er befürchtete, Adelaide könne nicht nur die gleichen Stärken, sondern auch die gleichen Schwächen haben wie sie. Und das machte ihm Angst.

«Vielleicht», sagte Adelaide. Vielleicht.

Am folgenden Montag trat Adelaide ihren Vollzeitjob bei Alliance an. Zur Feier trug sie grellpinke Schuhe, doch der Tag unterschied sich in keiner Weise von ihren bisherigen Arbeitstagen im Büro. Sie machte sich in der Küche einen Caffè Latte, beantwortete E-Mails und begann, eine Stellungnahme für ihren CEO aufzusetzen. Gegen Mittag schrieb sie Sam eine Nachricht und fragte, ob sie vor ihrem gemeinsamen Meeting am Nachmittag ein paar Minuten Zeit habe. Sie müsse ihr eine verrückte Geschichte vom Wochenende erzählen.

Für dich habe ich immer ein paar Minuten, schrieb Sam zurück. *Bin gespannt auf deine Geschichte.*

Per Handy, das sie auf Lautsprecher geschaltet hatte, gab Adelaide ihr, im Konferenzzimmer sitzend, eine Zusammenfassung der letzten Woche. Die Buchveranstaltung, der Zusammenstoß, das Kaffeetreffen. Und dann: die dramatische Offenbarung, dass Nathalie Alban Rorys Ex-Freundin war. «Glaub es oder nicht.»

«Nicht. Dein. Ernst», sagte Sam und machte dabei eine Pause zwischen jedem Wort.

«Ich versuche schon die ganze Zeit herauszufinden, was das zu bedeuten hat», sagte Adelaide.

«Was es zu bedeuten hat?»

«Ja, warum es passiert ist. Ich habe das Gefühl, es müsste eine größere Bedeutung dahinterstecken.»

«Vielleicht ist es einfach der nächste Beweis, dass zwischen dir und diesem Zeichentrickprinzen von einem Mann eine Verbindung besteht. Eine schicksalhafte oder göttliche oder wie auch immer.»

Adelaide legte den Kopf leicht schief. Sie mochte diese Erklärung.

(Monate später wird Sam Adelaide an dieses Telefonat erinnern. «Was, wenn das der Grund ist?», wird sie, die Hände auf Adelaides Schultern gelegt, fragen. «Was, wenn du sie treffen und kennenlernen musstest, damit du es verstehst?» Und Adelaide wird mit verheulten Augen nicken und denken: Was, wenn, was, wenn, was, wenn?)

Rory flog für drei Wochen nach L.A. Er fragte Adelaide, ob er ihr irgendetwas aus den USA mitbringen sollte. «Mac and Cheese? Graham Crackers? Diese Zumutung von einem Schokoriegel, den ihr Hershey's nennt?» Sie brauche nichts. «Danke», erwiderte sie. «Da wäre aber was anderes. Versprichst du mir, dass du keiner anderen Amerikanerin an die Wäsche gehst, während du dort bist?»

«Es gibt nur eine Amerikanerin, der ich an die Wäsche will», sagte er. «Ich glaube, das wissen wir beide.» Er beugte sich zu ihr, knabberte an ihrem Ohrläppchen und flüsterte: «Natürlich hätte ich nichts dagegen, ein paar sexy Fotos von dir zu bekommen, während ich weg bin.»

Darauf antwortete Adelaide nicht. Sie küsste ihn nur und biss ihm sanft in die Unterlippe.

«Denk drüber nach», beharrte er. «Für mich?»

«Ich denk drüber nach», sagte sie.

Adelaide hatte Männern noch nie Fotos von sich geschickt, weder nackt noch sonst wie. Es fühlte sich an, als gäbe sie ihnen damit zu viel von sich preis, zu viel Kontrolle über ihren Körper. Aber Adelaide wusste auch, dass sie für Rory Hughes buchstäblich alles tun würde. «*Für mich?*» Für ihn würde sie Ozeane überqueren, Berge erklimmen oder durch die Hölle gehen. Unter ihm bog sich ihr Wille wie ein Löffel unter der Hand eines Zauberers.

Okay, schrieb sie ihm am nächsten Tag. Sie wusste, dass er gerade am Flughafen war – beim Security-Check in der Schlange stand oder am Gate saß. *Hier sind die Grundregeln: Diese Fotos sind nur für deine Augen bestimmt. Und mein Gesicht wird kunstvoll rausretuschiert sein für den Fall, dass ich mich irgendwann als Politikerin zur Wahl stellen lasse! Deal?*

Deal, schrieb er zurück. Adelaide schickte ihm vier Fotos. Zwei davon in schwarzer Spitzenunterwäsche, zwei völlig nackt. Es war der Beginn einer neuen Phase in ihrer Beziehung. In ihrer Situationship, besser gesagt.

Bald tauschten sie zu jeder Tages- und Nachtzeit anzügliche Nachrichten aus. Plötzlich schaffte es Rory, ohne Verzögerung zu antworten. Adelaide war hin und weg von der intensiveren Verbindung zwischen ihnen, der Aufmerksamkeit, der neue Spannung. Obwohl irgendwo in ihrem Kopf die Frage pochte, ob er solche Nachrichten auch mit Nathalie ausgetauscht hatte. Ob er Adelaides Körper mit ihrem verglich. Ob er ihre Nacktfotos noch immer auf dem Handy gespeichert hatte – vielleicht sah er sie sich an, wenn er von Adelaide gelangweilt war.

Noch mehr Fragen, auf die sie nie Antworten erhalten sollte.

WINTER

London, England
2018–2019

VIERZEHN

Madison, Celeste und Adelaide warteten immer noch auf ihre Fachkraft-Visa und durften deshalb das Land nicht verlassen. Am Weihnachtsabend saßen sie in ihrem Lieblingspub – dem in Bethnal Green, wo es immer nach Trüffelöl und verschüttetem Guinness roch –, hielten sich an den Händen und versprachen, sich in wenigen Wochen wieder zu treffen, «dann mit Arbeitsvisa», um auf ihren neuen Einwanderungsstatus anzustoßen. (Sie sollten ihr Visum alle am 3. Januar bekommen, wie sie bald herausfinden würden.)

«Es fühlt sich an, als würden wir einen Blutpakt schließen», sagte Madison.

«Das könnten wir später tatsächlich tun», sagte Celeste.

Zurück in Adelaides und Madisons Wohnung, kuschelten sich die drei auf die Sessel und sahen sich *Tatsächlich Liebe* an. (Adelaide bestand darauf.) Sie tranken heiße Schokolade und aßen die unförmigen Plätzchen, die sie gebacken hatten. In der Ecke des Wohnzimmers stand ein kleiner, mit goldener Deko beladener Weihnachtsbaum, an dessen Spitze ein Stern steckte, auf den Adelaide ein Bild von Beyoncé geklebt hatte. («Ich nenne sie *Treeyoncé*», sagte sie). Ja, es war das erste Weihnachten, das Adelaide nicht zu Hause verbrachte, aber als sie zu Celeste und Madison hinübersah – eingemummelt in Strickdecken –, tröstete sie sich mit dem Gedanken, dass sie die Feiertage trotzdem im Kreis ihrer Familie verbrachte.

Am nächsten Morgen packten sie im Schlafanzug Geschenke aus, sahen sich ein paar weitere Weihnachtsfilme an und tischten ein Festmahl für zehn auf. Adelaide rief per FaceTime ihre Eltern und Schwestern an, ihren süßen kleinen Neffen und Puff, ihren Zwergspitz. Ihr Mutter hatte Knallbonbons geschickt, die die drei öffneten, während sie Cider tranken. Sie lasen laut die schlechten Witze aus ihren Knallbonbons vor – «Was lernen die Elfen in der Weihnachtsschule? Das Elfabet!» – und schlemmten, bis sie platzten. Die vielen Reste wurden in Alufolie eingewickelt.

Zwei Tage später kam Rory aus Galway zurück. Adelaide traf sich mit ihm in seiner WG und brachte die Reste ihres Festmahls und tütenweise Geschenke mit. Sie wusste, dass er ein Fan von Charles Dickens' *Weihnachtsgeschichte* war, daher hatte sie ihm Geschenke vom Geist der vergangenen, der gegenwärtigen und der zukünftigen Weihnacht mitgebracht. Das war viel zu tragen.

Vor Monaten schon hatte sie ihn unverfänglich gefragt: «Was war als Kind dein Lieblingsweihnachtsgeschenk?» Daraufhin erzählte er ihr, dass seine Eltern ihm am letzten Weihnachten, das sie zusammen verbringen sollten, Roald Dahls *Sophiechen und der Riese* zusammen mit einer VHS-Kassette der Verfilmung geschenkt hatten. Sie hatten ihm das Buch früher vorgelesen und waren der Meinung, es wäre Zeit, dass er seine eigene Ausgabe bekäme. Er hatte beides, das Buch und die Videokassette, im Internat verloren und sagte, er habe tagelang geweint und sich gleichermaßen über seine Schusseligkeit und seine Tränen geärgert.

Adelaide rechnete nach. Er war zehn gewesen, als seine Eltern starben, und jetzt war er achtundzwanzig. Sie suchte auf eBay nach einer im Jahr 2000 gedruckten Ausgabe von *Sophiechen und der Riese* und nach einer VHS-Kassette des Zeichentrickfilms aus demselben Jahr. Sie wickelte beides in rot-weiß gestreiftes Geschenkpapier, band eine Schleife darum und befestigte ein Kärtchen mit der Aufschrift: *Vom Geist der vergangenen Weihnacht.*

Vom Geist der gegenwärtigen Weihnacht bekam er einen grünen Strickpullover und *My Beautiful Dark Twisted Fantasy* auf Schallplatte (paradoxerweise war Rory ein Fan von Kanye West; *His presence is the present*, schrieb Adelaide in Abwandlung einer Songzeile auf dieses Kärtchen). Vom Geist der zukünftigen Weihnacht: Karten für eine Ausstellung von Pierre Bonnard – *The Colour of Memory* – im kommenden März in der Tate Modern.

(Adelaide hatte wenige Eigenschaften, auf die sie stolz war. Ihr Talent für gute Geschenkideen gehörte dazu.)

Rory packte die Geschenke in umgekehrter Reihenfolge aus: Er begann mit der Zukunft und arbeitete sich zur Vergangenheit vor. Als er *Sophiechen und der Riese* auswickelte, bekam er feuchte Augen; er konnte nicht glauben, dass sie das gefunden hatte, dass sie sich überhaupt erinnerte. Adelaide wischte ihm eine Träne von der Wange und biss sich auf die Lippe (ein Teil von ihr konnte sich ein Lächeln nicht verkneifen). Er hatte ebenfalls mehrere Geschenke für sie – einen Plüschzwergspitz («Damit du was zum Kuscheln hast, wenn Puff zu weit weg ist»), eine Biografie von Ruth Bader Ginsburg und einen Gutschein für einen Nachmittagstee zu zweit im Wolseley.

Sie hatten Sex – kuscheligen Weihnachtssex –, bis. Bis Rory in Adelaides Mund kam und dabei ihren Pferdeschwanz packte, während er ihren Kopf nach unten drückte.

Mit einem Schlag war sie wieder siebzehn. Sie war in ihrem Teeniezimmer und wurde von Emory herumgeworfen. «Ich würde alles tun, damit du dich gut fühlst», hörte sie ihn sagen. «Warum tust du nicht dasselbe für mich? Warum wehrst du dich?»

Adelaide schluckte, wischte sich den Mund ab und fing an zu weinen.

«Tut mir leid», brachte sie zwischen zwei Schluchzern hervor. «Tut mir so leid, das ist mir echt peinlich.» Rory beruhigte sie, nahm sie behutsam in die Arme.

«Ist schon okay», sagte er. «Ich bin da, ist schon okay.»

Ein paar Minuten später fragte er, was los gewesen sei. Hatte er etwas falsch gemacht? «Nein», sagte Adelaide. *Na ja, irgendwie schon.* «Ich war mal mit einem Typ zusammen», erklärte sie und wollte anfangen, von Emory Evans zu erzählen. Doch sie war noch nicht bereit, alles auf den Tisch zu legen.

«In der Highschool», sagte sie daher nur. «Er war mein erster fester Freund, und irgendwie hat er mich missbraucht. Emotional, manchmal auch sexuell. Als du meinen Kopf runtergedrückt hast, ist einfach ... alles wieder hochgekommen.»

«Wie furchtbar», sagte Rory. «Tut mir leid, das muss ein echter Trigger gewesen sein.»

Sie nickte mit zusammengepressten Lippen.

Er zog sie auf seinen Schoß. «Es tut mir so leid, dass du das durchmachen musstest.»

Einen Herzschlag lang schwieg er, bevor er hinterherschob: «Es mag lächerlich klingen, aber darf ich dir ein Gedicht vorlesen?»

Adelaide schmunzelte und wischte sich über die Augen. «Klar», sagte sie, woraufhin er ein Buch aus dem Regal nahm – *The Poetry Pharmacy, Die Gedichtapotheke*. Er schlug eine mit einem Eselsohr versehene Seite auf. (Später fragte Adelaide sich, ob das Buch ein Geschenk von Nathalie gewesen war und ob sie darin für ihn ihre Lieblingsgedichte gekennzeichnet hatte. Aber in diesem Augenblick kam ihr der Gedanke noch nicht.)

Sie legte ihren Kopf an seine Halsbeuge.

«‹Everything is Going to be All Right›», las Rory laut vor. *Alles wird gut werden.* «Von Derek Mahon.»

Es war Silvester, ganz London glitzerte, und Adelaide Williams war die einzige Person auf der Tanzfläche.

Sie hatte Celeste und Rory einen ruhigen Abend zu Hause versprochen – «Oder nur mal ganz kurz im Pub um die Ecke vorbeischauen», hatte sie gesagt. «Nichts Verrücktes.» Aber dann waren da ein DJ, ein altes Lied von Robbie Williams, ein paar Shots billiger Whiskey.

Adelaide trug ein rosa Kleid und glitzernde High Heels, die sie sich sofort von den Füßen schüttelte. Sie schlitterte auf ihrer Strumpfhose über den Boden und gab den Sprinkler und den Charleston zum Besten, während Celeste und Rory lachend von einem Tisch in der Nähe aus zuschauten. Adelaide warf eine imaginäre Angel nach ihnen aus, ein Versuch, sie auf die Tanzfläche zu ziehen.

«Das gilt dir», sagte Celeste zu Rory. «Glaubst du, es ist zu spät, auf die Party von Madison und Anuraks Freunden zu fliehen?»

«O nein», sagte Rory. «Du kannst jetzt nicht gehen! Du bist es, nach der sie angelt.» Adelaide «fing» eine Frau an einem anderen Tisch. «Sie hat eh nur fünf Tanzmoves drauf», sagte Rory. «Und drei davon hat sie schon hingelegt. Lange hält sie bestimmt nicht mehr durch.»

Da lag er falsch. Bei den ersten Takten von «Wannabe» zog Adelaide Rory auf die Tanzfläche, wirbelte ihn im Kreis herum und sang, beide Hände an sein Gesicht gelegt, lauthals mit. Er stimmte ein, lächelte. Sie gab eine zweite Runde Whiskeyshots aus, dann eine dritte und vierte. Um fünf vor zwölf warf Rory sie sich über die Schulter und trug sie zum Waterlow Park, wo sie gemeinsam «Frohes neues Jahr!» riefen, als das Feuerwerk den Nachthimmel erleuchtete und London in einen lilafarbenen Dunst legte.

«Frohes neues Jahr, du», sagte Adelaide zu Rory.

«Frohes neues Jahr, du», sagte er und küsste sie, während Celeste sich das Feuerwerk ansah.

Adelaide rief ihre Familie in Massachusetts an, um auch ihnen ein frohes neues Jahr zu wünschen, und gab sich Mühe, nüchtern zu klingen. Ihr zweijähriger Neffe sagte, er sei ein Löwe, und brüllte. Rory knurrte zurück.

«Ist das der ungreifbare Rory Hughes, der da knurrt?», fragte ihre Mutter.

«In der Tat», sagte Adelaide lachend.

Um zwei Uhr morgens trug Rory sie ins Bett und küsste ihre Stirn.

«Bist du jetzt mein fester Freund?», fragte Adelaide.

«Ich ...», sagte er. «Sieh mal, dieses Jahr war echt furchtbar, mit meinem Magen und allem. Aber du, liebste Adelaide, warst ein heller Fleck. Du bringst wirklich ein bisschen Sonnenschein in mein Leben.»

«Du hast meine Frage nicht beantwortet», sagte sie.

«Ich habe immer noch ein ungutes Gefühl, was Beziehungen angeht» sagte er. «Ich weiß nicht mal, ob ich noch zu einer fähig bin. Ist schon eine Weile her, verstehst du? Aber ich will versuchen, auch für dich ein heller Fleck zu sein.»

Er deckte Adelaide zu und löschte das Licht.

«Haben wir heute keinen Sex, heller Fleck?», fragte sie. Seit seinem Krankenhausaufenthalt im August hatte Rory nur selten eine Nacht mit Adelaide verbracht. Manchmal bat er sie um ein oder zwei Uhr morgens, nach Hause zu gehen, damit er «eine gute Runde Schlaf» abbekam. Sie hatte gehofft, dass es diese Nacht anders wäre, dass der Whiskey und die Silvesterfreude ihn dazu verleiten würden, sich zu ihr zu legen. Wieder küsste Rory ihre Stirn.

«Nicht heute Nacht», sagte er. «Schlaf gut, Adelaide. Ein frohes Jahr 2019.»

(Wenn er nur gewusst hätte.)

Um fünf Uhr morgens klingelte Adelaides Handy – es klang wie ein alter Telefonapparat. Beim vierten Klingeln nahm sie ab.

«Hallo?», krächzte sie.

«ADELAIDE!», rief eine Stimme. «Mach dein FaceTime an, sofort.»

Adelaide setzte sich auf und schaltete das Licht an. Sekunden später erschien Eloises Gesicht auf dem Handydisplay. Sie hielt die linke Hand in die Kamera. Das Bild war dunkel und verpixelt, aber Adelaide konnte erkennen, dass ein weißer Diamant an ihrem Ringfinger funkelte. *Heilige Scheiße.*

«Du bist verlobt!», rief sie, hellwach jetzt. «Glückwunsch, ach du meine Güte! Wie fühlst du dich? Wie fühlt sich Nico? Wie ist es dazu gekommen? Erzähl mir alles!»

Eloise erzählte ihr die komplette Geschichte: wie sie, gekühlten Champagner im Gepäck und in Mäntel und Schals gewickelt, zur Brooklyn Bridge gegangen waren; wie das Feuerwerk über der Skyline losging; wie Nico sich wenige Sekunden nach zwölf hingekniet und sie gefragt hatte, ob sie ihn heiraten wolle.

«Was für eine Welt», sagte Adelaide.

Als sie auflegten, ging in London bereits die Sonne auf. Ein komplett neuer Morgen, ein komplett neues Jahr. Adelaide brach in Tränen aus. Verkaterte Tränen der Freude und der Trauer, der Erschöpfung und der Überwältigung.

Sie freute sich, natürlich freute sie sich. Ihre beste Freundin heiratete die Liebe ihres Lebens – einen Mann, der sie seit fast einem Jahrzehnt kannte und liebte. Jemand, der miterlebt hatte, wie sie sich von einem schüchternen, altklugen Teenager zu einer leidenschaftlichen, ehrgeizigen Frau entwickelte, und der sie in jeder Phase dazwischen vergöttert hatte. Dessen Liebe Ozeane und Meere überspannte. Adelaide kannte kaum ein Paar, das so gut zusammenpasste wie Eloise und Nico – was sowohl Esprit als auch Abenteuerlust und ihre geteilte Liebe für *Jeopardy!* anging. (Nico behauptete oft, dass er von Alex Trebek Englisch gelernt hatte.) Aber obwohl Adelaides Herz vor Freude platzte, tat es auch weh.

Sie hatte Angst. Angst davor, dass sich ihre Freundschaft mit Eloise verändern und sich zwischen ihnen ein Spalt auftun würde, sobald Eloise *eine Ehefrau* war. Insgeheim hegte sie auch die egoistische Angst, dass sie selbst womöglich nie eine solche Liebe finden würde. Dass niemand – auch nicht Rory – auf der Brooklyn Bridge vor ihr niederknien und sie fragen würde, ob sie bis in alle Ewigkeit mit ihm zusammen sein wollte. (Warum auch?)

Adelaide schob den Gedanken beiseite. Sie ließ einen anstößig großen Blumenstrauß und eine Flasche von Nicos Lieblingsouzo zu Eloises Apartment liefern. Sie hatte darum gebeten, Vergissmeinnicht in den Strauß mit einzuflechten, nur für den Fall.

Ein paar Tage später stand auch vor Adelaides Tür ein Blumenstrauß – bestehend aus Papierblumen, die aus den Buchseiten von *Little Woman* gefaltet waren.

Für meine persönliche Jo March, stand auf der Karte. *Die Frau, die mich in der Highschool wie eine Schwester geliebt hat und immer für mich da gewesen ist, und die einzige Person, der ich zutraue, eine Eins-a-Rede zu schreiben. Willst du meine*

*Trauzeugin sein? (Darauf gibt es übrigens nur eine Antwort.)
Mit all meiner Liebe, Eloise*

*PS: Wir heiraten im August in New York * und * Mykonos – man soll die Feste feiern, wie sie fallen, sagt man!*

Eloise hatte recht. Es gab nur eine Antwort.

FÜNFZEHN

Adelaide und Rory waren drei Jahre und sieben Tage nacheinander geboren worden. Sein neunundzwanzigster Geburtstag war am 27. Januar; sie wurde am 3. Februar sechsundzwanzig.

(Bald sollte sie erfahren, dass Wilhelm II. ebenfalls am 27. Januar geboren war – Rory teilte seinen Geburtstag mit einem Mann, der die Welt in einen Krieg geführt hatte, ins Chaos. Sie teilte ihren mit Josephine Humphreys, der Autorin von *Rich in Love, Reichlich verliebt*. Was für ein Zufall.)

In der Nacht vor Rorys Geburtstag stand Adelaide um ein Uhr morgens in der Küche, von oben bis unten vollgeschmiert mit Mehl und Zitronensaft – Rory hatte gesagt, dass Lemon Drizzle sein Lieblingskuchen war. Sie hatte noch nie einen Zitronenkuchen gebacken, und ihr erster und zweiter Versuch gelangen nicht wie erwartet. Sie waren zu bitter, zu süß, nicht fluffig genug. Inzwischen lagen in der gesamten Küche Zitronenblätter und abgeriebene Zitronenschalen herum – es sah aus, als blühten auf der Arbeitsplatte lauter kleine gelbe Blumen. Adelaides weißes T-Shirt hatte Flecken, und sowohl sie als auch die Küche waren ein einziges Chaos; doch sowohl sie als auch die Küche hatten sich in den Kopf gesetzt, einen Kuchen zu produzieren, den Rory lieben würde.

Bei ihrem dritten Versuch beschloss Adelaide, Cupcakes zu machen: zwölf strikt nach Rezept und zwölf mit einer leichten Abwandlung (sie wollte Zitronenpudding hinzugeben). Die Cupcakes mit Pudding hatten die Nase vorn. In sechs von ihnen stach sie mit einer Gabel Löcher und beträufelte sie anschließend mit Sirup. Die anderen sechs würde sie am Morgen mit gelbem Zuckerguss bestreichen und Geburtstagskerzen daraufstecken. Sie wollte Rory die Cupcakes und ihre Geschenke gegen Mittag vorbeibringen, hatte also noch massig Zeit, um alles zu perfektionieren. Fuck sei Dank, murmelte sie leise.

Adelaide Williams liebte Geburtstage. Alle Geburtstage. Klar, zum Teil war das dem Kapitalismus geschuldet, aber noch mehr als Geschenke und Motiv-Luftballons liebte sie den Grundgedanken, den Tag zu feiern, an dem eine Person das Licht der Welt erblickt hatte. Sie fand es wunderbar, einmal pro Jahr ihre Liebsten anzusehen und zu sagen: «Ich bin so froh, dass es dich gibt. Dass du auf der Welt bist. Hier und jetzt.»

Für Adelaide waren Geburtstage ein Anlass zum Feiern und zur Reflexion, ein Anlass, das Netteste über das Geburtstagskind zu sagen, das einem einfiel. Und heute, am 27. Januar, würde Adelaide Rory sagen, dass sie in ihn verliebt war.

Also. Irgendwie.

Das mit Adelaide und Rory lief jetzt schon seit neun Monaten. Noch immer hatte sie seine Brüder nicht kennengelernt, noch immer nannten sie es nicht Beziehung. Doch das sollte sich heute ändern, beschloss sie. Seine Brüder waren in Manchester, aber abends in einem Pub würde sie seine Freunde kennenlernen, und sie war überzeugt, dass er sich, wenn sie ihm den perfekten neunundzwanzigsten Geburtstag bescherte, zu ihr umdrehen und sagen würde: «Du bist es, Adelaide. Du bist die Eine.»

Sie hatte vor, ihm ihre Ausgabe von *Call Me by Your Name* zu schenken – er kannte nur den Film, nicht das Buch. Es enthielt all ihre Anmerkungen, all die Kringel und unterstrichenen Sätze, die verrieten, welche Stellen sie besonders mochte. Diese Ausgabe bedeutete ihr mindestens so viel, wie Rory ihr bedeutete. Auf die Rückseite von Seite 165 schrieb sie ihm eine Notiz:

Rory,
wer weiß, ob oder wann du über diese Seite stolperst, aber es scheint mir der richtige Ort zu sein, um dir zu sagen, was du mir bedeutest – für den Fall, dass mir der Mut fehlt, es dir persönlich zu sagen. Zusammengefasst: Ich habe mich auf den ersten Blick in dich verliebt, Rory Hughes. (Ernsthaft, lies meine Tagebucheinträge von Mai und April 2018 – sie sind ... Übelkeit erregend.) Und in diesem Augenblick, im Januar 2019, bin ich anomal glücklich und Hals über Kopf in dich verliebt. Richard-Curtis-Film-verliebt.
Ich bin verliebt in die Form deines Kinns und in die Locke, die dir immer in die Stirn hängt. In die Art, wie deine Augen aufblitzen, du mit den Schultern wackelst und deine Stimme sich überschlägt (nur ein bisschen!), wenn du von etwas besonders begeistert bist. In die Freude, den Trost und die Sehnsucht, die in all deinen Geschichten durchschimmern, die du aus deiner Vergangenheit erzählst.
Ich bin verliebt in deinen trockenen Humor und deine Klugheit. Deine unverbesserliche Begeisterungsfähigkeit. Dein Mitgefühl. Deine Zärtlichkeit. In die Notizen, mit denen du deine Bücher versiehst, und in das Gefühl deiner Finger, wenn du mir durchs Haar streichst.
Wie gesagt, ich weiß nicht, ob oder wann du das hier liest. Aber ich wollte, dass du – mit Eintritt in dein dreißigstes Lebensjahr auf diesem Planeten – weißt, welche Wirkung

deine Existenz hier hat und welch magische Art von Bewunderung du in anderen hervorrufen kannst. (Denn ich bin sicher, dass ich kleine Amerikanerin keine Ausnahme bin.)
Also, danke, dass du geboren wurdest, und danke, dass ich mich in dich verlieben durfte. Du bist ein solches Geschenk. Alles Gute zum Geburtstag und auf alles, was noch kommt.

In Liebe (ganz ernst gemeint), Adelaide

Außerdem schenkte sie Rory eine frühe Ausgabe von *Les Misérables* – eines seiner Lieblingsbücher. Sie hatte es (nach unzähligen Stunden des Suchens) bei einem der Bouquinisten auf der Île de la Cité gefunden, als sie mit Celeste über ein Wochenende nach Paris gefahren war. Es war eine wunderschöne in Leder gebundene französische Originalausgabe. Adelaide legte eine Geburtstagskarte bei, in der sie ihm eine Reise nach Paris oder Norditalien versprach – die Schauplätze der beiden Romane, er durfte entscheiden.

Sie war fest entschlossen, sein Herz zu gewinnen. (Wie könnte er ihr nach alldem auch *nicht* sein Herz schenken?)

Es klingelte an der Tür. Adelaide machte auf und sah sich einem riesigen Strauß Pfingstrosen gegenüber, hinter dem ein Mann stand. Wahrscheinlich waren sie von ihrer Familie oder von Eloise – ein frühes Geburtstagsgeschenk.

Für Mads, stand auf der Karte. *Ich liebe dich!!! So sehr!!! Anurak x*

Entgegen Madisons Versicherungen, dass sie «nur Freunde» seien, waren Anurak und sie seit ihrem Abschluss im vergangenen August so gut wie unzertrennlich. Und jetzt auch ineinander verliebt. Öffentlich, ehrlich, so verliebt, wie ein Pfingstrosenstrauß es nur herausschreien kann.

Adelaide stellte die Blumen ab, steckte die Karte zurück in den kleinen Umschlag – *Für jemand Besonderen*, stand darauf – und ging ins Badezimmer. Sie kniete sich auf den Fliesenboden, beugte sich über die Toilettenschüssel und übergab sich mehrere Minuten lang. Es fühlte sich an wie Stunden; als würde ihr gesamtes Inneres nach außen gestülpt. Sie fing an zu schluchzen, würgte, versuchte zu atmen.

Genau das, sagte ihr Verstand. *Genau das könntest du auch haben, wenn du nicht so verdammt gebrochen wärst. Genau das würde Rory für dich empfinden. Wenn du nur jemand anderes, jemand Besseres wärst. Jemand wie Madison oder Nathalie oder sonst wer, Hauptsache nicht du.*

Adelaides Problem war, dass sie alles fühlte. Wirklich alles. Sie weinte bei Dokumentarfilmen, wenn sie Bücher las, wenn im Königshaus ein Kind geboren wurde. Sie weinte, wenn sie glücklich und wenn sie traurig war und wenn es sich anfühlte, als wäre die Welt einfach zu viel für sie, als brenne ihr Gesicht und die einzige mögliche Abkühlung wäre weinen, weinen, weinen, weinen, weinen. Oft fühlte es sich egozentrisch an, irrational. Sie wusste, dass sie sich glücklich schätzen sollte, privilegiert war. Dass es keinen Grund für ihre Tränen gab. Doch egal, sie weinte trotzdem.

Adelaide dachte an das Chaos in der Küche, an ihre Notiz in *Call Me by Your Name*. Sie dachte daran, wie verzweifelt und pathetisch, wie leidenschaftlich sie um Rorys Liebe kämpfte – zweifelsfrei, weil sie in der Vergangenheit gelernt hatte, dass Liebe Opfer- und Kampfbereitschaft verlangte. (Es würde etliche Jahre dauern, bis sie verstand, was es bedeutete, für die gute Art von Liebe zu kämpfen. Für echte Liebe.) Sie wollte sich ihr klopfendes Herz aus der Brust reißen, es auf den Badezimmerboden schmeißen und ihr Blut spritzen sehen wie nasse Farbe.

Stattdessen nahm sie eine Xanax. Wusch sich das Gesicht. Rief ihre Mutter an. Sagte sich, dass es keine Zeit und keinen Raum für einen Zusammenbruch gab. Sie packte Rorys Bücher ein, band eine weiße Schleife darum und wickelte die Cupcakes in Frischhaltefolie. Sie übergoss auch die beiden Zitronenkuchen mit Zuckerguss und packte sie in alte Essenskartons – für den Mann, der oft vor der U-Bahn-Station saß.

«Zitronenkuchen», sagte sie, als sie ihm den Karton in die Hand drückte. «Er ist alles andere als perfekt, aber ich hoffe, er schmeckt trotzdem.» Der Mann lächelte. Zufällig sei heute sein Geburtstag, sagte er.

«Ach herrje», sagte Adelaide. «Dann sollte ich Ihnen etwas schenken. Kann ich Ihnen irgendwas vom Kiosk um die Ecke kaufen?»

«Ein Lottoschein wäre toll», sagte er. «Ich habe das Gefühl, heute ist mein Glückstag.»

Sie kaufte einen Lottoschein, ein paar Rubbellose und eine Flasche Wasser und gab ihm noch eine Pfundmünze dazu. (Adelaide sollte ihn nie wiedersehen und daher auch nie erfahren, dass er an diesem Tag zweitausend Pfund gewann. Dass er sie für einen leibhaftigen Engel hielt.)

Sie nahm die U-Bahn nach London Bridge, ging zu Rorys Wohnung und klopfte an die Tür.

«Happy Birthday!», sagte sie, als er überrascht öffnete. Er hatte noch immer seinen Schlafanzug an. «Wir sehen uns heute Abend, aber das hier wollte ich dir jetzt schon vorbeibringen. Ich wünsche dir den schönsten Geburtstag, den du dir vorstellen kannst!»

«Danke, du», sagte er und kniff ihr liebevoll in die Hüfte. Halb hoffte sie, er würde sie hereinbitten; tat er aber nicht.

Du bist wirklich eine Liebe, schrieb er ihr, nachdem sie gegangen war. *Tausend Dank für die Geschenke und die Cupcakes. Scheint, als müssten wir bald eine Reise nach Italien planen, was? Bis heute Abend. xxx*

Sie lächelte.

Als Adelaide aufwachte, hatte sie keine Hose an, das Licht brannte, und ihre Hand steckte in einer Tüte Salt-and-Vinegar-Chips. Es war drei Uhr morgens. Der Tag war die reinste Achterbahn gewesen; an den Abend erinnerte sie sich nur verschwommen.

Gegen zwanzig Uhr war sie zu Rory in den Pub gefahren, wo er sie seinen Freunden vorstellte. «Das sind James, Sarah und Jeff», hatte er gesagt. «Wir kennen uns noch von der Uni. Ihr drei, das ist mein Mädchen – das ist Adelaide. Nicht von der Uni.»

(Diesen Augenblick spielte Adelaide den ganzen Abend über in ihrem Kopf ab. Diese Beinahe-Bekundung, dass sie ... nicht wörtlich seine *Freundin* war, aber sein *Mädchen*.)

Sie bestellte ein Pint Black Velvet, einen Cocktail aus Guinness und Schaumwein, und dazu einen Shot Bourbon. Adelaide hatte diesen Cocktail noch nie mit Schuss getrunken, aber sie brauchte etwas Starkes. Zwar mochte sie den Geschmack nicht sonderlich, aber durch den Drink fühlte sie sich wie in Watte gepackt. Auf eine gute Art. Einmal nannte jemand Adelaide aus Versehen Nathalie, woraufhin sie noch zwei Pints bestellte.

Ungefähr eine Stunde später trafen Rorys Mitbewohner ein. Bei Bubs' Anblick durchflutete Adelaide Erleichterung – jemand, der sich hoffentlich an ihren Namen erinnerte. Er gab Rory die Hand und klopfte ihm auf den Rücken, bevor er sich neben sie setzte.

«Adelaide», sagte er. (Gott sei Dank.) «Was trinkst du da?»

«Black Velvet», sagte sie. Den Shot Bourbon erwähnte sie nicht.

«Weißt du», sagte er, «mein Großvater in Dublin nennt das ein ‹Girly Guinness›.»

«Was für ein patriarchaler Bullshit», platzte es aus ihr heraus. Sie hielt inne. «Tut mir leid. Das war unhöflich.»

«Nein, gar nicht.» Bubs' rechter Mundwinkel zuckte nach oben, und er lächelte leicht. «Ich geb eine Runde aus.»

Er kam mit einer Runde purem Guinness für Rory und die anderen und mit einem Black Velvet für Adelaide zurück, das sie in einem Zug leerte. Dann lief plötzlich «Footloose».

«Wow-ich-liebe-diesen-Song-meine-Schwester-hat-in-der-Highschool-Ariel-gespielt.» Niemand verstand, was sie sagte.

Adelaide ließ ihre Schuhe am Tisch stehen, rannte auf die Tanzfläche und begann, wie Kevin Bacon mit den Füßen zu kicken. Nach etwa einer Minute gesellte Rory sich zu ihr. (Später wurde ihr klar, dass er sie davor bewahren wollte, sich lächerlich zu machen, indem sie zu lange allein tanzte.) Sie wirbelte ihn herum und berührte sein Gesicht, genau wie sie es an Silvester getan hatte. Sie konnte die urteilenden Blicke seiner Freunde auf sich spüren; es kümmerte sie nicht weiter. Rory spielte mit.

«Es ist dein Geburtstag», sagte sie. «Und wir tanzen und sind am Leben, und ist das nicht magisch?» Sie war wirklich sehr betrunken.

«Du bist wirklich sehr betrunken», sagte Rory.

«Kaum», sagte sie. Der Song ging zu Ende; Last Call wurde ausgerufen. «Ist es schon so spät? Gehen wir jetzt nach Hause und haben Geburtstagssex?»

«Nicht heute Nacht, Adelaide», sagte er.

Rorys Freunde umringten ihn und sangen «For He's a Jolly Good Fellow», was Adelaide lustig fand. Sie sagte Gute Nacht und gab jedem von ihnen zum Abschied einen Kuss.

«Soll ich dir ein Taxi rufen?», fragte Rory.

Adelaide lehnte ab, sie würde die U-Bahn nehmen. Keiner von ihnen war nüchtern genug, um zu realisieren, dass es Sonntag war und die U-Bahn um diese Uhrzeit nicht mehr fuhr. Das wurde ihr klar, als sie vor der U-Bahn-Station stand, woraufhin sie sich ein Taxi rufen wollte – doch ihr Handyakku war leer.

Im selben Augenblick merkte Adelaide, dass sie vier Pints getrunken hatte und den gesamten Abend über kein einziges Mal zur Toilette gegangen war.

Sie stolperte durch Covent Garden, presste die Beine zusammen und hielt Ausschau nach einem Taxi. Die Pubs waren zu, die Straßen leer. Irgendwo zwischen Seven Dials und Tottenham Court Road verließ sie, immer noch nach einem Taxi Ausschau haltend, der Wille. Adelaide Williams pinkelte sich in die Hose. (In! Die! Hose!) Mitten auf der Straße. Mitten in London. Wie ein kleines Kind. Sechs Tage vor ihrem sechsundzwanzigsten Geburtstag.

Als endlich ein Taxi neben ihr hielt, sagte sie dem Fahrer, sie sei in eine Pfütze gefallen. Es hatte nicht geregnet.

Adelaides Geburtstag fiel auf einen Sonntag. Gleich nach Rorys Feier hatte sie für das Wochenende eine gemütliche reetgedeckte Hütte in Somerset gemietet. Celeste und Madison waren dabei. Madison brachte Anurak als Begleitung mit, Adelaide Rory. (Die Nacht zuvor war er mit Arbeitskollegen etwas trinken gewesen, und fast hätte er den Zug verpasst. Sekunden vor der Abfahrt schaffte er es zum Bahnhof Paddington.)

Die Gruppe spielte Trinkspiele und *Cards Against Humanity* und ließ eine Flasche beißenden Jose Cuervo herumgehen. Sie bestellten Pizza, die sie auf dem Boden aßen, und redeten über alles Mögliche – von der Frage, wer von ihnen am ehesten wegen Sex in der Öffentlichkeit verhaftet werden würde (ein Kopf-an-Kopf-Rennen zwischen Celeste und Adelaide), bis hin zu den sozialen Auswirkungen des Spätkapitalismus. Sie sangen «Happy Birthday» und schnitten den riesigen Regenbogenkuchen an, den Adelaides Schwester ihnen zur Hütte hatte schicken lassen. Adelaide aß ihr Stück auf Rorys Schoß, während er die Arme um sie geschlungen hatte.

(Die Betten waren alt und knarzten. Alle hörten, wie Adelaide und Rory in dieser Nacht und dann noch mal am nächsten Morgen Sex hatten. Anurak dachte zuerst, dass jemand Wasser aus einem Brunnen pumpte. Darüber rissen sie noch jahrelang Witze.)

Seit Tagen schon hatte Rory Adelaide auf die Folter gespannt. Er hatte gefragt, ob sie an dem Wochenende nach ihrem Geburtstag schon etwas vorhabe und was ihr Lieblingsduft sei und ob sie irgendwelche Allergien habe, über die er Bescheid wissen sollte? (Penicillin, fürs Protokoll.) Er sagte, er plane einen Überraschungsausflug – nur sie beide. «An einen besonderen Ort.»

«Glaubt ihr, er plant eine Reise nach Frankreich?», hatte sie Madison und Celeste gefragt. «Vielleicht nach Grasse? Oder nach Budapest? Irgendwohin, wo es reihenweise Parfümerien gibt?»

«Keine Ahnung, Adelaide», hatten sie entgegnet. «Würde ihm aber ehrlich gesagt nicht ähnlich sehen», schob Madison schulterzuckend hinterher und schenkte Adelaide ein mitfühlendes Lächeln.

Adelaides Eltern hatten ihr aus den USA Geschenke geschickt, von Eloise hatte sie eine riesige Geburtstagskarte bekommen, und Celeste und Madison hatten mit Seidenpapier ausgebeulte Geschenktüten mit zur Hütte gebracht. Doch am gespanntesten war Adelaide darauf, was Rory bereithielt. Was um alles in der Welt plante dieser bezaubernde Mann? (Und würde er sie womöglich endlich fragen, ob sie seine Freundin sein wollte?)

«Psst», sagte er, als sie an ihrem Geburtstag aufwachte. «Mach die Augen wieder zu.»

Kurz darauf forderte er sie auf, die Augen wieder zu öffnen. Er gab ihr einen silbernen Umschlag, auf dem in frischer blauer Tinte *Adelaide* stand. Darin steckte ein Gutschein für eine Nacht in einem Londoner Wellnesshotel, auf den die Worte *Happy Birthday! Lassen wir uns massieren! Von Rory xx* gekritzelt waren.

Okay, klar. Es war keine Reise nach Grasse oder Budapest. Auch keine Liebes- oder Beziehungserklärung. Aber es war nett und aufmerksam und versprach genussvoll zu werden. *Ein Wellnessausflug mit einem traumhaften Engländer?*, dachte Adelaide. *Was für ein Glück ich doch habe!*

Am Vormittag machten sie alle zusammen einen Spaziergang durch die Natur und aßen mittags in einem Pub. Auf der Zugfahrt nach Hause schlief Adelaide an Rorys Schulter gelehnt ein. Er hielt ihre Hand und strich mit der anderen sanft durch ihr Haar. Es war der beste Geburtstag, den sie je gehabt hatte. *Sechsundzwanzig*, dachte sie. *Das wird ein gutes Jahr.*

Wie wenig sie doch wusste.

Sie saßen in bauschigen Hotelbademänteln in ihrer Suite und bestellten Room Service.

Leider hatte Rory vergessen, vorab die Massagebehandlungen zu buchen. «Oh», sagte Adelaide und versuchte, ihre Enttäuschung zu überspielen. «Schon okay, macht doch nichts.» (*Wie kann man denn vergessen, in einem Wellnesshotel die Wellnessbehandlungen zu buchen?*, fragte sie sich. *Wie kann jemand so konsequent alles vermasseln?*)

Stattdessen hatte er ihr selbst eine kleine Rückenmassage gegeben und dazu das winzige bisschen Bodylotion aus dem Hotelbadezimmer über ihre Schultern gerieben. Jetzt fühlte sich alles ein bisschen leichter an.

«Erzähl mir eine Geschichte», sagte sie und schob sich eine Pommes in den Mund.

«Was für eine Geschichte?», fragte Rory.

«Irgendeine. Zum Beispiel mehr von deiner Zeit in Alabama.»

Rory erzählte ihr, dass er damals auf einer Dating-App eine Frau namens Harper kennengelernt hatte und ihr dann zufällig im echten Leben über den Weg gelaufen war. Das war nicht die Art Geschichte, die Adelaide im Sinn gehabt hatte.

«Quasi das Gegenteil davon, wie wir uns kennengelernt haben», sagte Rory. «Obwohl Harper und ich nie ein Date hatten. Ich glaube, mein Akzent hat sie abgeschreckt.»

«Unmöglich», sagte Adelaide und schob sich eine weitere Pommes in den Mund. «Nichts auf der Welt ist sexyer als dein Akzent.»

«Das findest nur du», sagte er mit einem Augenzwinkern. «Und jede Drive-in-Mitarbeiterin in Alabama.»

Adelaide kicherte, aber irgendwas passte nicht. War er nicht vor vier Jahren nach Alabama gegangen? Sei er damals überhaupt Single gewesen?, fragte sie ihn.

«Ja», sagte Rory. «Nat und ich haben Schluss gemacht und sind später wieder zusammengekommen.»

Interessant, dachte sie. Seit Adelaide Nathalie kennengelernt hatte – Nat, wie Rory sie immer nannte –, kam sie beinahe wöchentlich zur Sprache. Es war, als hätte Adelaide per Willenskraft ihre Präsenz in ihrer Beziehung mit Rory manifestiert. Wie eine wunderschöne und charmante Version des Babadook, nur dass sie keine Verkörperung von Trauer war, sondern von Adelaides sämtlichen Ängsten, was Beziehungen anging.

«Du erwähnst Nathalie ziemlich oft», sagte sie. «Aber ich weiß immer noch nicht, was zwischen euch eigentlich vorgefallen ist.»

Sonderlich kompliziert sei es nicht, sagte Rory. Ihre Beziehung ging über Jahre, obwohl sie sich zwischendurch immer mal wieder trennten, und als es Zeit für den nächsten Schritt war – «Zeit, sich Gedanken übers Zusammenziehen zu machen und über alles, was danach kommt» –, war er einfach nicht bereit gewesen. «Es hat sich nicht richtig angefühlt. Wenn man erst mal die Tür zur Jugend hinter sich zuschlägt, kann man sie nicht wieder öffnen, verstehst du? Ich weiß nicht, ob ich es überhaupt irgendwann möchte, aber damals wollte ich es auf keinen Fall.»

«Was genau?», fragte Adelaide.

«Du weißt schon.»

Nein, dachte Adelaide. *Sprich es aus.*

«Weiß ich nicht», sagte sie.

«Ähm, heiraten. Ich weiß nicht, ob ich das je will.»

Adelaide aß noch ein paar Pommes und trank einen großen Schluck Wasser, ohne mehr dazu zu sagen.

«Sollen wir einen Film gucken?», fragte Rory. Sie zuckte die Schultern, wartete einen Herzschlag lang.

«Wir passen überhaupt nicht zusammen», sagte sie dann.

Rory legte die Fernbedienung zurück und drehte den Kopf zu ihr. «Wie meinst du das?»

«Ich meine, dass du hier neben mir sitzt und sagst, dass du nicht weißt, ob du jemals heiraten willst. Ich hingegen bin bis über beide Ohren in dich verliebt, Rory, und du scheinst es nicht mal zu bemerken, weil du noch so an der letzten Frau hängst, mit der du zusammen warst, aber offenbar nicht zusammenbleiben wolltest.»

Er schwieg, aber sein Blick war weich geworden. Er stieß die Luft aus. «Adelaide», setzte er an. (Was zur Hölle hatte sie gerade getan?)

«Tut mir leid», sagte sie. «Keine Ahnung, wo das herkam.»

«Adelaide», wiederholte Rory. «Du bist etwas so Besonderes.»

«Nicht besonders genug», sagte sie gereizt.

«Doch. Es liegt an mir, nicht an dir. Aber ich kann dir versichern, dass ich nicht noch an irgendjemandem oder irgendetwas hänge, weit gefehlt. Ich betrachte dich schon seit Monaten als meine Freundin.» *Seit Monaten?*

Er zog sie auf die Füße und zupfte am Gürtel ihres Morgenmantels. «Seit Monaten?», fragte sie. «Was zur Hölle? Du kannst mir nicht plötzlich sagen, dass ich deine Freundin bin, und mich so um den Finger wickeln.» Aber er konnte. Sie verstummte, und er küsste ihre Augenlider, ihre Schultern, ihre Brüste, strich mit den Fingerspitzen über ihre Oberschenkel.

Der Sex war langsam, zärtlich, bedacht; es war angenehm und tröstlich. Aber Adelaide fühlte sich verunsichert.

Rory war ihr Freund – endlich. (Endlich!) Und wahrscheinlich sollte sie glücklich sein, was sie in gewisser Hinsicht – in vielerlei Hinsicht – auch war. Adelaide lag neben dem Mann ihrer Träume in einem der schönsten Hotels Londons, eingewickelt in Laken aus ägyptischer Baumwolle.

Aber die ganze Sache hatte auch etwas Zermürbendes, oder? Die Tatsache, dass ihre emotionale Sicherheit für ihn nebensächlich zu sein schien. Wie er plötzlich die Bedeutung von fester Bindung herunterspielte. Und dass er nicht sagen konnte oder wollte, er liebe sie auch.

Das Schwierigste daran, sich das erste Mal bis über beide Ohren zu verlieben – abgesehen von dem hormongesteuerten Verliebtsein eines Teenagers –, ist die Erkenntnis, dass man mit seinen Gefühlen allein dasteht. Dass man an einem atemberaubenden Ort gelandet ist und niemand die Aussicht mit einem teilt.

Rory war schon mal an diesem Ort gewesen; er hatte wahre Liebe als Erwachsener erlebt. Er kannte dieses Land, diesen Garten Eden, den Adelaide betreten hatte. Und er war weitergegangen auf der Suche nach grünerem Gras.

Adelaide erschauderte. Sie hatte alles, was sie wollte; warum fühlte es sich dann nicht so an?

SECHZEHN

Es war Mitte Februar. Madison war mit Anurak in Schottland, Celeste war in den USA, und Rory Hughes war schon eine halbe Stunde zu spät zum Abendessen.

Etwa einmal pro Jahr kochte Adelaide ein amerikanisches Südstaatenfestmahl. Dann holte sie Großmutters Kochbuch aus dem Regal – eine Sammlung von Kopien handgeschriebener Rezepte, die buchstäblich einen georgischen Akzent ausatmeten –, kaufte frische grüne Bohnen vom Gemischtwarenhändler und palettenweise Crisco-Bratfett und Ritz-Cracker im amerikanischen Supermarkt. Sie ließ die Bohnen in selbst gemachter Barbecuesoße über Stunden vor sich hin schmoren und tränkte Makkaroni in einer Auflaufform mit käsiger Béchamelsoße (darüber streute sie zerbröselte Cracker und schob das Ganze bei 170 Grad in den Ofen). Sie hob saure Sahne unter Schokoladenkuchenteig und vermengte zartbittere Schokochips mit Buttercreme, während der Kuchen im Ofen aufging. Sie kochte süßen Tee und kaufte Eis am Stiel in den Geschmacksrichtungen Orange und Traube. Es sollte sich nach einem warmen Südstaatensommer anfühlen, selbst im tiefsten Londoner Winter.

Im Mund war es die reinste Geschmacksexplosion und in der Küche eine Explosion von Fett, Mehl und Bohnenabfällen. Doch Adelaide hatte die Wohnung an diesem Abend für sich allein, und sie konnte es kaum abwarten, all dies – ihr Essen, ihre Wurzeln, ihre ausgesprochen unenglische Art des Teekochens – mit Rory zu teilen. (Extra für ihn hatte sie sogar mit Puffreis ummantelte Hähnchenteile frittiert.)

Er hätte um sieben da sein sollen; jetzt war es halb acht. Adelaide stellte Teller auf den Tisch, legte Silberbesteck daneben und faltete Papierservietten zu missglückten kleinen Kranichen. Dann schob sie das Mac and Cheese und die Hähnchenteile zurück in den Ofen, um alles bis zu Rorys Ankunft warm zu halten.

Tut mir echt leid, schrieb er ihr gegen acht. *Aber ich fühle mich heute Abend nicht so gut. Können wir das Abendessen verschieben?*

Eigentlich kein großes Drama. Wenn er wenigstens vorher schon irgendetwas angedeutet hätte. Wenn es das erste Mal gewesen wäre, dass er eine Verabredung absagte, weit nachdem er längst hätte da sein sollen. Wenn er ihr nicht vor zwei Stunden erst geschrieben hätte: *Mache mich langsam fertig und komme bald.* Adelaide saß da mit einem Berg von Geschirr, das gespült werden wollte, und Hähnchen, das sie nicht aß.

Tut mir leid zu hören, dass es dir nicht gut geht, schrieb sie zurück. *Ich könnte das Essen einpacken und es dir vorbeibringen, wenn du willst? Und wir essen einfach bei dir im Bett?*

Nein, lieber nicht, antwortete er. Ihm sei «nicht nach Gesellschaft zumute». Aber sie könne es morgen Abend vor dem Fußballspiel vorbeibringen. Und sich vielleicht sogar das Spiel mit ihm anschauen?, schob er zum Zeichen des guten Willens hinterher. (Weder Rory noch Adelaide genossen es, gemeinsam Fußball zu gucken.)

Sie habe morgen Abend bis neun Uhr zu tun, schrieb sie.

Hinterher?, fragte er.

Reagierte sie über, oder verhielt er sich – wieder einmal – überaus rücksichtslos? Gleichgültig sogar? «*Danke fürs Kochen, Schatz. Du kannst mir das Essen morgen nach der Arbeit vorbeibringen und zusehen, wie ich Fußball gucke.*» War sie etwa June Cleaver? Sollte sie ihn bekochen, über seine Unfähigkeit, Abmachungen einzuhalten, hinwegsehen und ihn mit dem Löffel füttern, während er auf dem Sofa Sport guckte?

«Tief ein- und ausatmen», sagte sie laut und zählte ihre Atemzüge. Ein. Und aus. Ein. Und aus.

Adelaide machte die Küche sauber, kratzte Fett und Mehl von der Holzarbeitsplatte. Sie füllte das Essen in Tupperdosen und stellte es in den Kühlschrank, duschte, schaltete eine romantische Komödie ein und fing fast in derselben Sekunde an zu weinen.

So war der Abend nicht geplant gewesen – ehrlich gesagt, war gar nichts so geplant gewesen.

Drei Jahre, neun Monate und zweihundert Minuten früher, als Adelaide Rory Hughes zum ersten Mal erblickte (wenn auch flüchtig), sah sie in ihm einen Prinzen. *Ihren* Prinzen. Etwas an ihm sprach den Teil in ihr an, der als Kind Disneyfilme verschlungen hatte, der jedes Lied aus *Cinderella* auswendig kannte (zum Leidwesen ihrer Familie).

Zwei Jahre, zwölf Tage und dreihundert Minuten danach, als sich ihre Wege zum zweiten Mal kreuzten – als dieses Knistern in der Luft lag und über ihnen Lichterketten und Erwartungen hingen –, konnte sie es regelrecht singen hören: «*Das ist das Glück / Es schlägt mein Herz.*» *Das ist das Glück*, dachte sie. *Das ist Liebe.* Sie war sich sicher.

Aber sie irrte sich. Liebe stellte einen vor Herausforderungen, sie war komplex und unerbittlich, ja. Aber Liebe sollte sich auch leicht und behaglich anfühlen. Nicht so, wie Adelaide sich fühlte – als würde ihr Herz langsam abgehobelt werden. Jedes Mal, wenn Rory Verabredungen sausen ließ oder nicht sagen wollte, dass er sie liebte, dass sie seine Freundin oder sein Lieblingsmensch war, setzte es ihr eine neue Wunde zu.

Adelaide wusste, dass sie unvollkommen war. Sie war stur

und peinlich, schnell betrunken und manchmal manisch. Sie war eigensinnig und streitlustig und zu emotional, was aktuelle Ereignisse aus den Nachrichten und alte Filme anging. Sie musste zwanghaft jeden Morgen das Bett machen. Aber in Bezug auf Rory war sie überwältigend freundlich, geduldig und fürsorglich. Trotzdem hatte sie nach wie vor das Gefühl, nicht genug zu sein, als würde sie nie genug sein, um sich die Liebe und den Respekt dieses Prinzen zu verdienen.

Aber vielleicht war er gar kein Prinz, dachte sie. Vielleicht war er nur ein weiterer Drache, den es zu überwältigen galt, eine weitere Hürde auf ihrer Reise zur Selbstverwirklichung. Oder zur Liebe. Oder was auch immer. Vielleicht konnte sie nur herausfinden, was ihre Beziehung bedeutete, wenn sie sie beendete.

Zum ersten Mal in neun Monaten, vier Tagen und einhundert Minuten dachte Adelaide also darüber nach, sich von diesem Chaos von einer Fantasie zu verabschieden.

Am nächsten Abend brachte Adelaide Rory nach der Arbeit das Essen vorbei und ging sofort wieder.

Ist irgendwas?, schrieb er ihr.

Ja, schon, schrieb sie zurück. *Aber ich ertrinke gerade in Arbeit. Wollen wir in ein paar Tagen darüber sprechen?*

Klar, antwortete er. *Danke für das Essen, sieht lecker aus.*

(In ein paar Tagen würde er ihr sagen, dass das Essen ein wenig zu fettig für seinen sensiblen Magen gewesen und ihm davon schlecht geworden sei. Aber in ein paar Tagen würde auch die Welt aufhören, sich zu drehen, von daher war es egal, was er von ihren Kochkünsten hielt, oder?)

Es war Dienstag, der 26. Februar. Ein grauer, regnerischer Tag. Adelaide glättete sich die Haare und trug Eyeliner auf, während sie sich einen Nachrichtenpodcast anhörte. Es ging um Politik, trotzdem bekam sie einen Kloß im Hals.

Fast, als hätte sie es gewusst.

In der U-Bahn las sie *Das Jahr des magischen Denkens* von Joan Didion, und wieder hatte sie einen Kloß im Hals. Sie brachte ein paar morgendliche Meetings hinter sich und trank noch vor Mittag drei Tassen Kaffee. In weniger als einer Woche würde das Team der Geschäftsleitung aus New York einfliegen, um zwei Events mit seiner Anwesenheit zu beehren – die ersten, die Alliance in Europa auf die Beine stellte –, und Adelaide war dafür verantwortlich, dass «alles läuft wie am Schnürchen!» (ein Ausdruck, den Sam und Djibril in letzter Zeit etwas offensiv benutzten). Das erste Event fand am Montag in London statt, das zweite zwei Tage später in Paris. Sam war vor einem Tag eingetroffen, um bei der Vorbereitung zu helfen.

Adelaide saß mit Djibril, Sam und ihrer vierten Tasse Kaffee im Konferenzzimmer – dem «Kriegszimmer», wie sie es nannten. Sie trug einen Pulli, auf dessen Ärmel das Alliance-Logo gedruckt war, und hatte das Haar zu einem Pferdeschwanz zusammengebunden. Sie besprachen gerade die letzten Einzelheiten für die Events, als ihr Handy auf dem Tisch vibrierte. «Das ist Rory», sagte Adelaide verwirrt. «Entschuldigt mich kurz.»

Mit wild klopfendem Herzen trat sie ins Treppenhaus und berührte das grüne Telefon-Ikon auf dem Display. Noch bevor er ein Wort sprechen konnte, wusste sie unerklärlicherweise, was er sagen würde.

«Adelaide?» Seine Stimme klang angestrengt. Beinahe verletzt. Sie fragte ihn, ob alles in Ordnung sei (obwohl sie wusste, dass die Antwort Nein war).

«Ist nicht ganz einfach, es auszusprechen», sagte er. «Aber. Ähm. Aber Nathalie ist gestern gestorben.»

Es gibt eine andere Version dieser Geschichte. Eine, in der Nathalie nicht stirbt und die Welt sich weiterdreht. Vielleicht würden sie und Rory darin irgendwann zueinander zurückfinden. Vielleicht würden sie sich auch nur ein paar Jahre später zum Mittagessen treffen – beide verheiratet –, verlegen an ihren Eheringen herumspielen und sich gegenseitig fragen, was sie die ganze Zeit so getrieben hatten. «Wie läuft's bei der Arbeit? Hast du Kinder? Wie geht's deiner Mutter?» Vielleicht würden sich Adelaide und Nathalie in dieser Geschichte noch einmal auf einen Kaffee treffen und sich wieder über ihre Lieblingsbücher unterhalten und über die kosmische Verbindung ihrer Vergangenheit.

Aber tragischerweise spielt diese Geschichte in einem Universum, in dem Nathalie Alban stirbt. Und alles – absolut alles – auseinanderfällt. Weil junge vielversprechende Frauen mit Ambitionen und einer riesigen Schar Familienmitglieder und Freunde, die sie lieben, nicht plötzlich mit siebenundzwanzig sterben sollten. Sie sollten leben. Nichts ergibt Sinn in einer Welt, in der sie sterben.

«O mein Gott», sagte Adelaide. «Liebling, es tut mir so leid. Du musst nicht antworten, aber darf ich fragen, was passiert ist?»

«Sie hatte einen Unfall», sagte Rory.

«Es tut mir so leid», wiederholte sie und musste sofort an seine Eltern denken. «Wo bist du jetzt? Kann ich vorbeikommen, oder willst du lieber allein sein?»

Rory sei zu Hause, sagte er. Sein Bruder sei bei ihm. Aber es wäre schön, wenn Adelaide später vorbeikäme. «Natürlich», sagte sie. «Ich kann im Handumdrehen da sein. Sag mir einfach, wann.»

«Danke.»

Adelaide legte auf und setzte sich auf die Treppenstufen.

In einem sehr finsteren Winkel ihrer Gedanken fragte eine Stimme, wie viele Leute er wohl vor ihr angerufen – bei wie vielen Leuten er bereits Trost gesucht hatte. Sie wischte die Stimme beiseite. Es ging jetzt nicht um Nebensächlichkeiten, sondern darum, für Rory da zu sein. Warum zur Hölle kam ihr diese Frage überhaupt in den Sinn? *Sei stark,* sagte sie sich. *Sei stark, sei stark, sei stark.*

Es gelang ihr nicht. Als Sam sie wenige Minuten später fand, waren ihre Ärmel tränendurchweicht.

«Nathalie», sagte Adelaide. «Rorys Ex. Sie ... sie ist gestorben.» Es fühlte sich verkehrt an, diese Worte auszusprechen, als hätte Adelaide kein Recht, ihren Namen in den Mund zu nehmen. Sam zog sie hoch, ging mit ihr zur Toilette und wischte ihr mit Toilettenpapier die verschmierte Mascara von den Wangen.

«Schon okay», sagte sie. «Schon okay.»

«Nichts ist okay», sagte Adelaide. Ihr liefen immer noch die Tränen übers Gesicht. «Ich weiß nicht, was ich jetzt tun soll. Ich weiß nicht, wie ich es wiedergutmachen kann.»

Später wunderten sich alle, dass Adelaide die Sache derartig schwernahm, dass der Tod dieser ihr eigentlich unbekannten Frau eine solche Wirkung auf sie hatte. «Warum nimmt dich das so mit?», fragten sie. Adelaide sollte darauf nie eine präzise Antwort haben.

Die Wahrheit ist, dass Nathalies Tod ihr das Herz brach. Sie hatte sich mit dieser Frau verbunden gefühlt, als wäre sie ein Blutsverwandte gewesen. Hatte in ihr etwas von sich selbst gesehen. Eine Gemeinsamkeit – als wären sie in diesem Universum mit einem Seil um die Hüften aneinandergebunden. Manchmal fragte sich Adelaide, ob diese ganze Sache – ihre Liebesgeschichte mit Rory – eine Landkarte gewesen war. Die nicht zu einem Prinzen führte, sondern zu Nathalie. Sie fragte sich, ob ihnen eine Freundschaft vorbestimmt gewesen war, ob sie bei Cocktails und Kaffee über ihre Ex-Freunde tratschen und Taschenbücher und Blumenkleider hätten austauschen sollen.

Oder war diese Verbindung zwischen ihnen nur ein Produkt von Adelaides Fantasie? Sie würde es wohl nie erfahren. Sie würde nie erfahren, was diese Frau so besonders für sie machte: Das Licht namens Nathalie Alban war erloschen. Und ja, es brach Adelaide das Herz.

Stell dir nur vor, du hättest sie besser gekannt, dachte sie. *Hättest sie öfter als zweimal getroffen und sie wirklich kennengelernt. Überleg nur, ihre Freunde, ihre Schwestern, ihre Eltern. Die Leute, die ihr Gutenachtküsse gegeben haben, sie zur Uni gefahren oder ihr nach betrunkenen Nächten das Haar aus dem Gesicht gehalten haben, sie bei Jahrgangstreffen umarmt oder ihr vor Bewerbungsgesprächen am Telefon Mut zugesprochen haben* – sie alle hatten ihre Nathalie verloren. Die Welt hatte ihre Nathalie verloren. Und die Tatsache, dass Leute wie sie einfach aus dem Universum verschwanden – einfach aufhörten zu existieren –, war zu grausam, zu kalt. Adelaide wusste nicht, wie sie damit umgehen sollte.

Sie erzählte Djibril, was passiert war, verließ das Büro und arbeitete stattdessen von einem Café in der Nähe von Rorys Wohnung aus. (*Wie am Schnürchen,* erinnerte sie sich selbst, doch es fiel ihr schwer, muntere E-Mails zu schreiben.) Sie ließ eine Pizza zu Rorys Wohnung liefern und wartete darauf, dass er sich meldete.

Mein Bruder ist gerade gegangen, schrieb er gegen fünf. *Falls du vorbeikommen kannst?*

Bin in 10 Min. da, antwortete Adelaide.

Der Ausdruck auf Rorys Gesicht, als er ihr die Tür aufmachte, brannte sich für immer in Adelaides Gedächtnis ein. Genauso wie das Gefühl ihrer Umarmung, als sie sich auf die Zehenspitzen stellte und ihn einen Moment lang an sich zog. Wenn man jemanden in einer solchen Situation umarmt, die zitternden Schultern spürt und das tränenfeuchte Gesicht an der eigenen Wange – dann möchte man nie wieder loslassen. Buchstäblich und metaphorisch. Man will die Person so lange festhalten, wie es das Leben erlaubt, will sie von jeglichem Schmerz dieser Welt abschirmen und so tun, als würde man nie ihren Verlust betrauern müssen.

Denn wenn wir wüssten, wahrhaft wüssten, dass der Preis für Liebe Trauer ist, würden wir uns niemals auf sie einlassen. Aber sobald wir es doch tun – uns wider besseres Wissen in etwas oder jemanden verlieben –, wollen wir nie mehr loslassen. Die abgesagten Abendessen, die unbeantworteten Nachrichten – nichts davon spielt eine Rolle. Und nichts davon spielte in diesem Moment eine Rolle. Adelaide würde niemals loslassen.

SIEBZEHN

« E s ergibt keinen Sinn.»
Rory sagte es immer wieder. Fast wie eine Beschwörung. Wenn er sie nur oft genug wiederholte, würde er den Bann brechen, und Nathalie würde in diese Welt zurückkehren. *Es ergibt keinen Sinn ... also bring sie wieder zurück in dieses Universum. Es ergibt keinen Sinn ... also lass sie leben. Bitte.*

Adelaide machte in der Küche zwei Tassen Tee. Dampf stieg in zarten Kringeln auf. «Es ergibt keinen Sinn», sprach sie ihm nach, nahm die Teebeutel aus den Tassen und fügte einen Schuss Milch hinzu. Nichts an dieser ganzen Sache ergab Sinn.

Sie fragte Rory, ob er sich *Die Braut des Prinzen* ansehen wolle. Für einen Sekundenbruchteil hellte sich sein Gesicht auf. «Woher wusstest du das?», fragte er.

Adelaide wusste es, weil sie aufmerksam gewesen war. Weil sie ihn – den verführerischen, zeichentrickhaft gut aussehenden und jetzt völlig am Boden zerstörten Rory – zu gut kannte, um nicht zu wissen, dass er sich am liebsten *Die Braut des Prinzen* ansah, wenn er krank war. Oder vielmehr, wenn er sich besser fühlen wollte. Und sie wollte, dass er sich besser fühlte. Unbedingt. Sie wollte dafür sorgen.

Mit dem Tee in den Händen saßen sie auf Rorys Bett. Beiden schien das Atmen schwerer zu fallen als sonst. Sie schauten sich zuerst *Die Braut des Prinzen,* dann *König der Löwen* und dann *Singin' in the Rain* an. Adelaide streichelte Rorys Kopf, hielt seine Hand. «Ich bin da», flüsterte sie, als er anfing zu weinen. «Es tut mir so leid. Du weißt, dass ich da bin.» Manchmal nuschelte sie die Worte, sodass es klang wie «Es tut mir leid, dass ich da bin». *Es tut mir leid, dass es Nathalie getroffen hat, nicht mich,* dachte sie dann.

Rorys Handy lief heiß und vibrierte pausenlos, weil ununterbrochen Nachrichten von Freunden und seiner Familie eintrafen. Manchmal verließ er das Zimmer, um einen Anruf anzunehmen, und kam mit verheulten Augen zurück – nicht weniger elend wegen Nathalies Tod, aber dankbar, dass ihre Cousins, ihre Freunde und ihre Kollegen daran gedacht hatten, ihn anzurufen. Mit jedem Telefonat wurde sein Atem schwerer, gepresster. («Würde dir ein bisschen Xanax helfen?», fragte Adelaide. «Himmel, nein», sagte er. «Ich bin kein Amerikaner. Ich betäube mich nicht einfach mit Tabletten.»)

Während des dritten Films bekam er eine Nachricht von Nathalies Mutter. Ihre Worte waren für Rory bestimmt, nicht für Adelaide, aber er las sie trotzdem laut vor. *Es bricht uns das Herz, dass wir unser Mädchen verloren haben,* schrieb sie. Wieder fühlte Adelaide sich hundeelend. Sie schluckte die Tränen herunter, hatte das Gefühl, in einen Raum eingedrungen zu sein, in den sie nicht gehörte.

Gegen einundzwanzig Uhr, als die Sonne komplett untergegangen war (warum war sie an diesem Tag überhaupt aufgegangen?), fielen Rory die Augen zu, während sie mit den Fingern durch sein Haar strich. Sie hatte ihm angeboten, über Nacht zu bleiben, aber sie wussten beide, dass er alleine besser schlief. Also gab sie ihm einen Kuss auf die Stirn, zog ihm die Bettdecke über die Schultern und schob ihm einen Zettel unters Kopfkissen, auf den sie im Café eine Notiz geschrieben hatte.

Rory, die Sache mit Nathalie geht mir wirklich nahe. Ich fühle mit dir und allen, die sie geliebt haben – allen, die sie je kennengelernt haben. Ich habe keinen Zweifel, dass ihr alle ihr Licht und ihre Energie weiter in die Welt tragen werdet, aber du sollst wissen, dass ich für dich da bin, jetzt und überhaupt immer, solltest du selbst ein wenig Licht brauchen.

In Liebe, Adelaide

Sie nahm die Teetassen von Rorys Nachttisch und wusch sie in der Küche ab.

«Hey», sagte Bubs.

«Hey», sagte Adelaide.

«Ist garantiert nicht einfach für dich», meinte er. «Aber ich bin wirklich froh, dass du jetzt für Rory da bist.»

«Natürlich», sagte sie. «Nur ... Irgendwie ist es nicht richtig fassbar. Ich meine, sie haben sie einfach so verloren.»

Bubs nickte, und sie stellte die Tassen auf das Trockengestell.

«Kann ich irgendetwas für dich tun?», fragte sie und trocknete sich die Hände am Geschirrtuch. «Brauchst du eine Pizza oder ein kaltes Bier oder Kuchen? Für dich ist es bestimmt auch nicht leicht.»

Er lächelte schwach. «Ich komm schon zurecht», sagte er. «Danke, Adelaide.»

«Klar doch. Hab einen schönen Abend.»

Sie verließ die Wohnung, lief die Treppe hinunter und hinaus in die Nacht, wo sie in Tränen ausbrach.

«Schon okay», sagte Madison, als Adelaide nach Hause kam.

«Nichts ist okay», entgegnete sie. Dann klappte sie auf der Türschwelle zusammen. Ihre Tränen flossen warm. Es würde nie okay sein.

Adelaide hatte eine unbezwingbare Menge an Arbeit zu erledigen. Sie putzte sich die Nase und machte sich gegen dreiundzwanzig Uhr eine weitere Kanne Kaffee. Dann klappte sie den Laptop auf und versuchte, alles andere auszublenden.

Es gelang ihr nicht.

Irgendwann nach vier Uhr morgens ging sie schlafen und wachte drei Stunden später wieder auf. Sie Sonne schien durchs Fenster, und kurz vergaß Adelaide, was passiert war; dass sie jetzt in einer anderen Welt lebte. Als es ihr wieder einfiel, fühlte es sich an, als hätte sie ein Gewehr in die falsche Richtung abgefeuert, und nichts wünschte sie sich sehnlicher, als die Kugel auffangen zu können.

Adelaide schickte Djibril und Sam die Präsentation, die sie in der vergangenen Nacht überarbeitet hatte. Sie wolle wieder vom Café aus arbeiten, bis Rory aufwachte, dann ein paar Stunden mit ihm verbringen und bis spätestens fünfzehn Uhr für die geplanten Probepräsentationen im Büro sein. *Wäre das in Ordnung?*

Natürlich, antwortete Djibril. *Wir sehen uns später. Sag Bescheid, falls ich für dich einspringen soll.*

Der Gute, dachte Adelaide. Sie wollte ihn nicht hängenlassen.

«Alles okay bei dir?», fragte der Barista, als er am Nebentisch ein paar Krümel zusammenwischte. Adelaide weinte. Keine zurückhaltenden Tränen, sondern echte, markerschütternde Schluchzer. Sie hatte nicht bemerkt, wie laut sie war, bis der Barista sie ansprach. Neue Schuldgefühle überkamen sie.

Verdammt, Adelaide, schalt sie sich im Stillen. *Was fällt dir ein, wegen dieser Frau zu weinen, die du kaum kanntest! Was fällt dir ein, mit deinen Tränen das Mitleid und die Gutherzigkeit anderer Leute zu verschwenden.*

«Alles in Ordnung», sagte sie schniefend. «Danke.»

Gegen zehn Uhr rief sie ihr Schwester Holly an. Sie brauchte Trost und weise Worte – irgendeine Versicherung, dass alles wieder gut werden würde. (Holly war eine junge Mutter – bestimmt war sie in Massachusetts um diese Uhrzeit wach. Und bestimmt hatte sie Antworten parat. Während Izzys Episoden hatte sie Adelaide auch immer zu beruhigen gewusst.) Mit jedem Freizeichen wurden Adelaides Schuldgefühle größer. Nie wieder würden Nathalies jüngere Schwestern sie anrufen können, um nach Rat zu fragen. Das Universum erschien ihr so ungerecht.

Nach dem dritten Freizeichen nahm Holly ab. «Hi, Süße», sagte sie mit rauer Stimme. Es war wirklich noch sehr früh dort drüben.

Adelaide brachte kaum ein Wort heraus. Sie versuchte ein «Hi», doch es klang wie der Schrei eines verletzten Tieres.

«Oh, Adelaide», sagte Holly.

«Ich weiß nicht, was ich tun soll», stieß Adelaide schließlich hervor. «Ich weiß nicht, wie ich weitermachen oder das wieder in Ordnung bringen kann.»

Holly erklärte ihr, dass Trauer ein Resonanzraum sei, dass Adelaide gerade am äußeren Rand stehe und jeden Kummerstoß spüre. «Je weiter du ins Zentrum vordringst», sagte sie, «desto stärker musst du sein. Weine jetzt, aber versuch auch, eine Stütze für Rory zu sein. Halt ihn aufrecht.»

Adelaide nickte mit dem Handy am Ohr, während ihr feuchte heiße Tränen die Wangen hinabliefen. *Sei eine Stütze,* dachte sie. *Halt ihn aufrecht.*

Sie biss sich auf die Lippe, um den nächsten Schluchzer

zu unterdrücken, schluckte und wischte sich die Augen mit recycelten Papierservietten ab. Dann verschickte sie noch ein paar Slack-Nachrichten und E-Mails, während sie versuchte, tief und langsam zu atmen, und dabei ihre Atemzüge zählte. *Ein. Und aus. Ein. Und aus.*

Rory schrieb ihr gegen halb elf. Er sei wach. *Soll ich irgendwas mitbringen?*, fragte sie.

Ein Saft wäre toll, schrieb er.

Adelaide kaufte jede Sorte Saft, die sie im Café hatten – Karotte, Ingwer, Apfel, Gurke, Spinat, schwarze Johannisbeere. Farblich aufgereiht stellte sie die Flaschen vor die Kasse.

«Ziemlich viel Saft», bemerkte der Barista. «Wie ein kleiner Regenbogen.» Unerklärlicherweise brachte Adelaide das erneut zum Weinen. «Sicher, dass es dir gut geht?», fragte der Barista.

«Ja», sagte Adelaide. «Tut mir leid, ich habe nur einen miserablen Morgen. Aber danke, dass du fragst.»

Das war gelogen.

Als Rory die Tür öffnete, stand Adelaide mit tränenverschmierten Wangen und sechs Flaschen Saft in den Armen da.

Sie stellte die Flaschen auf die Küchenarbeitsfläche, bevor sie sich umdrehte, um ihn zu umarmen. «Ich habe jede Sorte gekauft, die sie hatten», sagte sie. «Ich hoffe, sie schmecken.»

«Danke», sagte er.

An diesem Vormittag erfuhren sie, dass Nathalie am Tag vor ihrem Tod zur stellvertretenden Chefredakteurin befördert worden war. Mit siebenundzwanzig war sie die jüngste stellvertretende Chefredakteurin, die die *Times* je gehabt hatte. Rory wischte sich mit dem Handrücken über die Augen.

«Sie war bemerkenswert», sagte er. «In jeder Hinsicht und egal, wen man fragt. Sie war einfach so gut. Ich will nicht in einer Welt ohne sie leben.»

«Ich weiß», sagte Adelaide. «Es tut mir so leid. Ich wünschte, du müsstest es nicht.»

«Wahrscheinlich muss ich mich einfach glücklich schätzen, sie gekannt zu haben», sagte er. «Ich meine, sie hat mein Leben unwiderruflich besser gemacht. All die Bücher, die ich dank ihr gelesen habe. Wusstest du, dass sie mir meine erste Ausgabe von den *Orwell-Tagebüchern* zu Weihnachten geschenkt hat, als wir noch zur Uni gingen? Sie ist der Grund für alles. Ich ... ich weiß nicht mal, wie ich es beschreiben soll.»

Da wurde Adelaide klar, wie komplex Rorys Trauer war, wie vielschichtig. Von Beginn an hatte sie gewusst, dass sie bei Rory die zweite Geige spielte – zuerst wegen einer gesichtslosen, namenlosen Ex und dann wegen Nathalie Alban. *Der* Nathalie Alban. Einer Frau, die nicht nur irgendwie erfolgreich, liebenswert und schön war, sondern anscheinend der Inbegriff von Erfolg, Liebenswürdigkeit und Schönheit. Obwohl er das Gegenteil behauptete, wusste Adelaide, dass Rory Nathalie nach wie vor liebte, dass ihr ein Teil seines Herzens gehörte, in den Adelaide nie vordringen würde.

Und jetzt war Nathalie nicht mehr. Und noch einmal musste Rory um die Liebe seines Lebens trauern, um eine Person, die er verloren hatte, lange bevor sie endgültig von ihnen ging. Sie war nicht mehr seine Partnerin, nicht mal mehr eine Freundin gewesen. Sie war – nun, er wusste es selbst nicht genau. Genauso wenig wie Adelaide. Es war unmöglich, präzise zu formulieren, was er verloren hatte – eine komplizierte Art von Trauer.

Denn wie trauert man um eine Person, mit der man seit über zwei Jahren nicht gesprochen hat? Eine Person, die einem die Stirn geküsst hatte, wenn man krank gewesen war, die einem Geburtstagskuchen gebacken hatte und die, mit Unterbrechungen, fünf Jahre lang neben einem eingeschlafen war? Wie betrauert man eine Person, deren Atem man einst spät in der Nacht übers Telefon gelauscht hatte, wenn man einander bereits alles erzählt hatte und sich dem anderen trotzdem noch einen Moment länger nahe fühlen wollte? Wie war es möglich zu verstehen, dass dieser Atem für immer versiegt war; dass die Person nicht länger am anderen Ende der Leitung, am anderen Ende der Stadt oder der Erdkugel lebte?

Wie konnte einem die Erkenntnis nicht den Boden unter den Füßen wegziehen, dass die Welt um eine Person – eine geniale, überschäumende, unglaublich freundliche und liebevolle Person – ärmer ist? Unmöglich. Daher greift man nach dem Nächstbesten, nach der Person, die am nächsten ist, in der Hoffnung, dass sie einen auf dieser Seite der Existenz ankert.

Für Rory war dieser Anker Adelaide. Er umklammerte ihr Haar, atmete ihr Parfüm ein – blumig und schwer, Orangenblüten und Bergamotte. Er wischte sich die Tränen an ihrem Pulli ab – demselben, den sie auch gestern getragen hatte, mit dem Alliance-Logo auf dem Ärmel –, dankbar, dass sie den Halt nicht verlor, wenn seine Knie unter ihm nachzugeben drohten. Dankbar, eine Stütze zu haben.

Adelaide spürte Rorys Gewicht auf ihren Schultern, sowohl buchstäblich als auch bildlich. Sie streichelte ihm den Rücken, küsste seine nassen Wangen. Er weinte weiter. Adelaide wusste nicht, wie sie ihn beruhigen sollte, wie sie das Nathalie-große Loch in seinem Herzen stopfen und die Welt wieder in einen warmen Ort verwandeln konnte. Aber irgendwie musste sie es schaffen, sagte sie sich. *Du musst etwas tun, damit es ihm besser geht.*

Sie löste sich von ihm, ließ die Hände aber auf seinen Schultern liegen und sah ihm in die wässrigen Augen. «Ich weiß, dass wir eine unterschiedliche Perspektive auf den Glauben haben. Und ich weiß auch, dass ich Nathalie gar nicht richtig kannte. Wir waren einmal Kaffee trinken. Mehr nicht. Aber selbst ich konnte sehen, dass sie etwas Magisches an sich hatte, sie umgab diese Art ... Energie. Und diese Energie verschwindet nicht einfach von der Erde. Sie ist immer noch da, versprochen.»

«Ich weiß», sagte er. «Aber es fühlt sich hier so kalt an ohne sie.»

«Es ist hart», sagte Adelaide und zog ihn wieder in ihre Arme. «Dass Trauer und Liebe zwangsläufig zusammengehören. Es ist einfach so unfair.»

Sie sahen sich alte Disneyfilme und Dokumentationen über den Mond an und gingen mittags Pasta essen. Adelaide hasste sich dafür, dass sie sofort gehen musste, nachdem sie gezahlt hatten. Sie sprintete zur U-Bahn, um nicht zu spät zu den Nachmittagsmeetings zu kommen.

Als sie sich in der Bahn hinsetzte, war es, als wäre irgendein Ventil geöffnet worden, und der ganze Schmerz und die Tränen, die sie die letzten Stunden über unterdrückt hatte, brachen aus ihr heraus. Über ihre Kopfhörer spielte sie in voller Lautstärke Maggie Rogers' «Give a Little» und versuchte, ihre Emotionen in dem Lied zu ertränken. (Als Kind hatte ihr Musik immer eine Fluchtmöglichkeit aus dem Tumult ihres Zuhauses geboten.)

Im Büro angekommen, wusch sie sich im Bad schnell das Gesicht und trug hektisch frischen Eyeliner auf. «Sieht man, dass ich geweint habe?», fragte sie Sam, als sie ins Konferenzzimmer gingen.

«Überhaupt nicht», sagte Sam. «Aber wenn du mal kurz rausmusst, zupf dir einfach zweimal am Ohrläppchen, und ich bitte dich, eine Runde Tee für alle zu holen.» Adelaide schenkte ihr ein Lächeln.

«Guter Plan. Danke.»

Um Punkt sechs verließ Adelaide das Büro, um sich noch einmal mit Rory zu treffen. Sie gingen ins Kino, wo sie sich einen Film mit einer Schauspielerin ansahen, die Adelaides Meinung nach Nathalie ziemlich ähnlich sah. Hatte sie Halluzinationen? War Rory die Ähnlichkeit ebenfalls aufgefallen?

Hinterher gingen sie zu ihm. Adelaide bot an, kurz im Supermarkt einzukaufen und etwas zu essen zu kochen. «Mac and Cheese? Fried Chicken? Vielleicht finde ich sogar grüne Tomaten, die ich anbraten kann.»

Schon in Ordnung, sagte Rory. Er sei nicht hungrig, und das alles klinge ihm ohnehin zu mächtig. Als sie ihm kürzlich ihr Essen vorbeigebracht hatte, sei ihm davon ein bisschen übel geworden. Adelaide biss sich auf die Lippe. «Oh.» Also machte sie ihm stattdessen einen Erdbeersmoothie, strich ihm im Bett mit den Fingern durchs Haar und spülte den Standmixer ab, als er eingeschlafen war.

«Danke noch mal, Adelaide», sagte Bubs, als er in die Küche kam.

«Klar doch», sagte sie.

«Übrigens, ich habe letzte Woche ein paar von Rorys Essensresten geklaut. Dein Mac and Cheese war zum Reinsetzen.»

Sie lächelte schwach und ging nach Hause. Weinte. Arbeitete die halbe Nacht durch. Schlief ein paar Stunden. Wachte auf, erinnerte sich an alles und wünschte sich erneut, die Zeit zurückdrehen zu können. Und alles von vorn.

Die zwei Tage darauf folgten dem gleichen Muster. Adelaide verbrachte den Vormittag mit Rory und den Nachmittag im Büro. Abends sah sie sich mit Rory Filme an und streichelte ihm den Kopf, bis er einschlief. «Tut mir so leid. Du weißt, dass ich da bin.» Anschließend arbeitete sie bis vier Uhr morgens und stand um sieben auf. Sie aß wenig und hielt sich nur durch Adrenalin und eine gefährliche Menge Koffein auf den Beinen.

Am Freitagmorgen hatte Rory einen Arzttermin – eine kurze Kontrolle, ob sich wieder ein Magengeschwür gebildet hatte (hatte es; ihm wurden neue Tabletten verschrieben) –, daher arbeitete sie den kompletten Tag im Büro. Das erste Event stand in drei Tagen bevor. Die Geschäftsleitung flog an diesem Nachmittag ein, und am Wochenende sollte am Veranstaltungsort der Ablauf geprobt werden. Adelaide hakte nach und nach ihre To-do-Liste ab, während sie beständig die Tränen unterdrückte. Sie wollte eine Stütze sein, nicht nur für Rory, sondern auch für Alliance.

Sie war gerade in einer Telefonkonferenz mit dem Pariser Büro – und tat, als verstünde sie mehr als nur die Hälfte des französischen Redeschwalls –, als auf ihrem Handy eine Nachricht von Rory einging.

Der Nachmittag nimmt eine interessante Wendung. Ich erklär's dir später, fahre zu ihren Eltern. Dürfte heute Abend irgendwann zurück sein.

«Entschuldige mich kurz», gab Adelaide Djibril lautlos zu verstehen. Sie klinkte sich aus dem Konferenzgespräch aus, verließ den Raum und wäre beinahe auf der Toilette zusammengeklappt. Sie erbrach Galle und legte den Kopf auf den kalten Linoleumboden.

Reiß dich verdammt noch mal zusammen, sagte sie sich, kämpfte sich in eine sitzende Position hoch und wartete, dass die Welt vor ihren Augen aufhörte, sich zu drehen. Doch vergebens; nichts hörte auf. Adelaide konnte gegen nichts von alldem etwas tun.

Sie fürchtete, Nathalies Eltern wollten Rory mitteilen, dass Nathalie ihn noch immer geliebt hatte. Natürlich hatte sie ihn die ganze Zeit geliebt. Sie hatte jede Geburtstagskarte von ihm behalten und jede getrocknete Rose, die er ihr zum Valentinstag geschenkt hatte. Und ihre Familie und Freunde konnten sie nicht zur letzten Ruhe betten, ohne es ihm zu sagen; konnten sie nicht mit unausgesprochenen Geheimnissen beisetzen.

Die Wahrheit war das nicht. (Und wenn doch, so erfuhr Adelaide es nie.) In Wahrheit hatte Nathalies Mutter Rory angerufen, weil sie ihn gernhatte. Ja, er hatte ihrer Tochter das Herz gebrochen, aber er hatte auch fünf Jahre an ihrer Seite verbracht – während Abschlussfeiern, der Taufe von kleinen Cousins, dem Begräbnis ihrer Großeltern. Ihre Mutter wollte Rory einfach gern sehen, wollte sich erkundigen, wie es ihm ging, seine Hand halten und sagen: «Ich kann nicht glauben, was passiert ist, aber ich bin froh, dass du hier bist.»

Nathalies beste Freundin hatte ihm andere, schmerzhaftere Neuigkeiten überbracht – Nathalie und ihr Freund Peter, der den Unfall überlebt hatte, hätten vor einigen Wochen Ringe ausgesucht und sich für eine Hochzeitslocation entschieden. Sie waren erst vor einem Monat zusammengezogen und hätten im Frühling heiraten wollen. Peter würde ihre Grabrede halten, und Nathalies Freundin wollte, dass Rory wusste, wie ernst ihre Beziehung gewesen war.

All das erzählte er Adelaide an diesem Freitagabend über chinesischem Essen. (Sie hatten im Büro zu viel bestellt, daher brachte sie die Reste mit, als sie gegen einundzwanzig Uhr mit einem flauen Gefühl im Magen zu Rory ging.)

«Wie fühlst du dich?», fragte sie.

«Ich weiß nicht», sagte er, doch er machte einen friedlicheren Eindruck. Sein Besuch musste sich angefühlt haben, wie eine entzündete Wunde zu reinigen. Es brannte, aber zumindest konnte die Wunde danach heilen. Nun wusste er, dass die Person, die er geliebt hat, ihr Glück gefunden hatte und dass er ihrer Familie noch immer wichtig war, dass er ihnen nicht das schlagende Herz aus der Brust gerissen hatte.

Dennoch brachte nichts davon Nathalie zurück.

Rorys Mitbewohner kamen herein und machten einen Film an – irgendeinen aus der *Fast-&-Furious*-Reihe. Adelaide drückte sich in die Ecke des Sofas und fühlte sich fehl am Platz. Als würde sie in die Privatsphäre der Jungs eindringen. Sie ging, als der Abspann anfing und bevor sie zum Folgefilm übergehen konnten. Rory brachte sie zur Tür.

Er umarmte sie und murmelte ihr ganz leise etwas ins Ohr, vier Silben. Ich liebe dich, dachte sie. Sie glaubte, Rory «Ich liebe dich» sagen zu hören.

«Wie bitte?», fragte sie.

«Oh. Ich sagte nur: Ich danke dir.»

WÄHRENDDESSEN

London, England
2019

ACHTZEHN

So hätte es nicht passieren sollen. Nichts hätte so passieren sollen.

Nathalie war gesund gewesen, liebenswert. Vorsichtig, privilegiert, geliebt und umsorgt – sie hatte so vieles gehabt, was eigentlich bedeuten sollte, dass man jahrzehntelang lebte. Gar ein Jahrhundert lang.

Er konnte es sich bildlich vorstellen: Ihr Name in der Lokalzeitung, ihr Lächeln über einem brennenden Geburtstagskuchen. *Nathalie Alban wird diese Woche 100.* Sie hätte mit Freunden und der Familie gefeiert. Mit ihren Enkeln und Großenkeln, ihren Nichten und Neffen. Das hätte passieren sollen. Mindestens. Bevor.

Bevor alles schiefgegangen war. Bevor alles zerbrochen war. Bevor Nathalie Alban an einem finsteren regnerischen Abend starb und die Welt, wie Rory sie kannte, aufhörte zu existieren.

Es ergibt keinen Sinn.

Rory Hughes wusste, was Trauer war (wahrscheinlich besser als die meisten). Aber dieses Gefühl war anders – auf die schlimmste Weise außergewöhnlich. Es war schockierend und verwirrend und überwältigend, als würden einem die Eingeweide herausgerissen werden. Und verdammt, es ergab einfach keinen Sinn.

Ausgerechnet über Facebook hatte er es erfahren. Eine von Nats Schwestern hatte einen Post verfasst. *Tief bestürzt muss ich euch mitteilen, dass meine Schwester – meine verrückte, fröhliche große Schwester Nathalie, die immer recht hatte – gestern Abend bei einem Autounfall ums Leben gekommen ist.* Dazu ein Foto, wie die beiden sich bei Nathalies Abschluss vom Cambridge College – sie trug die traditionelle schwarz-weiße Robe mit fellbesetzter Kapuze – umarmten und in die Kamera lächelten. Rory hatte hinter der Kamera gestanden.

Daraufhin war er ins Bad gerannt, um sich zu übergeben, aber nichts kam heraus. *Ein Glück, dass ich noch keinen Porridge gegessen habe,* dachte er. *Ein Glück?,* schrie eine Stimme in seinem Kopf. Wie kannst du in diesem Augenblick von Glück sprechen?

Er hatte sich über den Mund und die Augen gewischt und seinen Bruder Daniel angerufen, den einzig anderen Hughes, der in London wohnte. «Ich bin in einer Stunde bei dir», hatte Daniel gesagt; als er durch die Wohnungstür kam, schloss er seinen kleinen Bruder sofort in eine feste Umarmung.

Daniel machte Eier und Toast. Rory aß keinen Bissen. Stattdessen saßen sie mit feuchten Augen nebeneinander, während im Hintergrund die Nachrichten liefen und auf dem Sofatisch die Eier kalt wurden. Stundenlang saßen sie so da.

Rory schrieb seinen anderen Brüdern, seinen Mitbewohnern und ehemaligen Kommilitonen, die früher mit ihm und Nathalie auf demselben Flur im Studentenwohnheim gewohnt hatten, erzählte ihnen, was passiert war, überbrachte ihnen die furchtbaren Neuigkeiten. Irgendwann gegen Mittag fragte Daniel: «Hast du schon mit Adelaide gesprochen?»

Oh, dachte Rory. *Adelaide.* Ihr Name war ihm nicht mal in den Sinn gekommen.

Als er sie anrief, war ihre Stimme voller Mitgefühl und Fürsorge. Eine halbe Stunde später ließ sie eine Pizza zu ihm liefern, und ihm wurde erneut übel.

Du hast das nicht verdient!, rief die Stimme in seinem

Kopf. Aber was genau war es, was er nicht verdient hatte? Die Trauer, den Schmerz? Oder Adelaides süßes Mitgefühl?

Stunden später stand sie vor seiner Tür und schlang ihm die Arme um den Hals. So aufrichtig, so vorsichtig. Du hast das nicht verdient, sagte die Stimme wieder. Rory versuchte, sie zu ignorieren und die Augen zu verschließen. Er wollte gar nicht wissen, was genau er nicht verdient hatte.

Sie war jeden Morgen da, kurz nachdem er aufwachte. Und jede Nacht, wenn er einschlief.

War es seltsam für Adelaide, ihn zu trösten, während er um die Liebe seines Lebens trauerte? Um die Frau, von der er – als eifriger Cambridge-Student – geglaubt hatte, dass er sie heiraten würde. Zu der er, um ehrlich zu sein, immer noch geglaubt hatte, eines Tages den Weg zurück zu finden. Die mit einem anderen Mann Eheringe ausgesucht hatte, was ihm auf so unvergleichliche und verheerende Weise das Herz brach. War es Adelaide unangenehm, seine Tränen wegzuwischen, ihm den Kopf zu streicheln und die Nachricht von Nats Mutter zu hören? *Es bricht uns das Herz, dass wir unser Mädchen verloren haben.*

Er konnte und würde es nie wissen. Aber kümmerte es ihn überhaupt? Adelaide war für ihn da, und nur darauf kam es an. Mehr brauchte er nicht: nur eine Person, die für ihn da war. Die ihm die Hand hielt und seine Fassungslosigkeit teilte. – «Es ergibt keinen Sinn.»

Und dann waren irgendwie diese Worte aus seinem Mund gekommen. «Ich liebe dich», hatte er zum Abschied gesagt. Aber liebte er sie wirklich? Oder liebte er nur, dass sie für ihn da war?

Er wusste es nicht. Aber *fuck*, nichts hätte so passieren sollen.

Am Samstag fuhr er gemeinsam mit Daniel nach Manchester; ihre älteren Brüder, Cameron und Arthur, holten sie vom Bahnhof ab, klopften Rory auf den Rücken und wuschelten ihm durchs Haar.

«Tut uns leid, was passiert ist, Kumpel», sagten sie. «Nat war eine tolle Frau.»

«Die beste», sagte Rory. Die absolut beste.

Sie parkten vor Arthurs Haus und gingen in den Pub um die Ecke. Abgesehen von dem Teenager, der an der Bar arbeitete, und einem Stapel Brettspiele war er so gut wie leer. Arthurs Frau Stella erwartete sie an einem der Tische – sie hatte bereits ein paar Bier und Fish and Chips bestellt.

«Mein Beileid», sagte sie mit ausgestreckten Armen zu Rory. «Nat war die liebenswerteste Person, die man sich vorstellen kann.»

«Die beste», wiederholte Rory und sank in ihre Arme.

Zuerst saßen sie schweigend beisammen – taten, als sähen sie sich das Radrennen im Fernsehen an, und nippten verlegen an ihrem Bier. Rorys Brüder wussten nicht, was sie tun sollten. Ob sie ihn ablenken, sich mit ihm im Leid suhlen oder ihn an das eine Mal erinnern sollten, als sie Nat so sehr zum Lachen gebracht hatten, dass ihr Sangria aus der Nase gekommen war. Sie wussten nicht, was er wollte, was er brauchte. Also taten sie, was zu viele im Angesicht von Trauer tun: nichts.

Rory schrieb Adelaide und fragte, was sie machte. *Oh,* antwortete sie, *ich befülle gerade Tausende Geschenktüten für unser Event am Montag. Wenn eine übrig bleibt, heb ich sie für dich auf.* Sie schickte ein Foto: Ihr Fußboden war mit Seidenpapier, Bergen von Alliance-Pullis und verpackten schicken Sonnenbrillen bedeckt.

(Sie hatte darauf geachtet, dass sie selbst mit ihren geröteten Augen und fleckigen Wangen auf dem Foto nicht zu sehen war. Sie hatte den gesamten Vormittag über geheult. Jeder Zentimeter von ihr brannte, jeder Zentimeter von ihr hatte Angst. Wovor? Adelaide wusste es selbst nicht. «Es tut mir so leid», hatte sie gesagt, als sie um sechs Uhr morgens Eloise anrief – New Yorker Zeit – und die Tränen an ihrem Handy herabliefen. «Meine Familie hat nicht abgehoben, und Madison ist nicht zu Hause und – hast du gerade Zeit?» Natürlich habe sie Zeit, sagte Eloise. «Und wehe, du entschuldigst dich noch mal. Das Wort ‹Sorry› existiert in unserer Freundschaft nicht, klar?»)

Wie ist es in Manchester?, schrieb Adelaide.

Rory blickte zu seinen Brüdern, die alle schweigend am Tisch saßen. *Gut*, schrieb er zurück. *Tut gut, bei der Familie zu sein.* Und es stimmte. Wirklich. Aber ein Teil von ihm wünschte sich auch, im Bett eingemummelt einen Film auf dem Laptop zu gucken und dabei Adelaides lange blonde Haare um die Finger zu zwirbeln.

Dann fragte Stella, ob die Jungs Lust hätten auf eine Partie *Cards Against Humanity*.

Sie nickten zögerlich. «Klar. Warum nicht?»

Die Sache ist die: Wenn man ein gebrochenes Herz hat, wenn man trauert und sich völlig leer fühlt und einem die Möglichkeit gegeben wird, «Mein Name ist Peter Parker. Ich wurde von einer radioaktiven Spinne gebissen, und jetzt bestreue ich mich mit Parmesankäse und Chiliflocken, weil ich ... Pizza ... bin» zu sagen, dann muss – *muss!* – man diese Gelegenheit beim Schopfe packen.

Das Spiel dauerte noch keine zehn Minuten, und alle Hughes-Brüder hatten vor Lachen bereits Tränen in den Augen. Die beste Art Tränen. Unkontrollierbare Lachtränen.

Sie spielten stundenlang. Erst im Pub, dann am Küchentisch bei Arthur zu Hause. Arthur setzte ein paar Runden aus, um fürs Abendessen Kartoffeln zu schälen und Rosmarin zu schnippeln, während Stella Hähnchen zubereitete. Er sah zu, wie seine jüngeren Brüder lachten wie ein Pack Hyänen.

Arthur fühlte sich an den Abend nach der Beerdigung ihrer Eltern erinnert, als ihre Großmutter ihnen mit dem vergilbten Kartendeck, das sie immer in ihrer Handtasche dabeihatte, Schwarzer Peter beibrachte. Sie hatten alle auf dem Fußboden gesessen – auf dem Kaminsims standen die gerahmten Hochzeitsfotos ihrer Eltern – und waren unbehaglich in ihren gestärkten Anzügen hin und her gerutscht.

Zuerst war Arthur wütend gewesen über diesen Versuch, sie abzulenken. «Es geht nicht um Ablenkung», hatte ihre Großmutter gesagt. «Kindchen, diesen Schmerz wirst du nie vergessen. Aber ich will, dass ihr wisst, dass ihr immer noch Freude empfinden könnt. Dass ihr kleinen Lausebengel immer noch lachen könnt.»

Als Arthur jetzt seine Brüder ansah, war er erleichtert, dass Rory noch immer lachen konnte. Er atmete aus und vermengte die Kartoffeln mit Salz und Olivenöl. *Vergiss nicht,* dachte er. *Vergiss nicht, dass du immer noch Freude empfinden darfst.*

Daniel schlief auf Camerons Couch; Rory bekam Arthurs Gästezimmer. Am nächsten Tag gingen sie gemeinsam in einen anderen Pub mit einem großen Biergarten und einem göttlichen Sonntagsbraten, wie Stella versprach. Adelaide hatte Rory am Morgen per Nachricht einen schönen Tag gewünscht und gefragt, was sie vorhatten.

Als sie mit dem Essen fast fertig waren, kam der Kellner mit einer Auswahl an Desserts an ihren Tisch: mächtiger Schokoladenkuchen, Mousse au Chocolat und Apple Crumble mit Vanillesoße. «Ist das hier Rory Hughes' Tisch?», fragte er. Sie nickten verwirrt. «Dann ist das für euch, mit Grüßen von einer Adelaide Williams?» Rory verdrehte lächelnd die Augen, und gemeinsam machten sie sich über das Dessert her.

Das wäre nicht nötig gewesen, schrieb er ihr.

Es ist das Mindeste, was ich tun kann, antwortete sie. *Ich muss heute Abend zum Veranstaltungsort und ein paar Sachen vorbereiten, aber sag Bescheid, falls du Gesellschaft willst, wenn du zu Hause bist, okay?*

«Diese Adelaide», sagte Cameron, als er seinen Löffel in die Mousse au Chocolat tauchte. «Schätze, sie ist eine Gute?»

«Die Beste», sagte Rory.

Die Beste. Die Worte waren heraus, bevor er über sie nachgedacht hatte. Aber sie war eigentlich nicht die Beste. Konnte sie gar nicht sein. Die Beste war Nat; und würde es immer bleiben.

Nicht Adelaide.

NEUNZEHN

Adelaide erreichte den Veranstaltungsort – ein Nobelhotel in Bloomsbury – am Sonntag um kurz nach vier, ein paar Minuten später als geplant. Sie trug Jeans und einen Schlabberpulli, eine Mütze von Alliance und kaum Make-up. Der CEO begrüßte sie mit High Five – beinahe hätte sie danebengeschlagen; *auf den Ellbogen gucken*, sagte sie sich – und machte ihr ein Kompliment für ihre Mütze. Sie wäre am liebsten im Boden versunken. Wie hatte sie vergessen können, dass die Geschäftsleitung heute einen Probedurchlauf machte? Warum in aller Welt hatte sie beim Fertigmachen nicht daran gedacht?

«Sie sehen aus, als hätten Sie ein paar Nachtschichten hinter sich, Adelaide», sagte der CEO. Er war einer der wenigen schwarzen Geschäftsführer in der FinTech-Branche – groß, intelligent und unerträglich cool. Sie lachte nervös.

«Oh», sagte sie. «Events eben, Sie wissen schon. Da wird die Nacht zum Tag gemacht. Oder so.» Es war zurzeit nicht leicht, die richtigen Worte zu finden.

«Oder so», sagte er und klopfte ihr auf den Rücken, bevor er sich zum Gehen wandte. «Schwer ist der Kopf, der die Krone der Chefin trägt, hm?»

Adelaide sah Sam und warf ihr einen komischen Blick zu. «Krone der Chefin?», fragte sie tonlos. Hatte sie den CEO missverstanden?

«Hi», sagte Sam, umarmte sie flüchtig und zog sie zur Seite. «Er ist ein bisschen durcheinander, aber ... die Sache ist die.» In der vergangenen Woche habe es Gespräche darüber gegeben, eine Stelle für eine leitende internationale Kommunikationsmanagerin zu generieren – eine Position mit etwas mehr Autonomie, als Adelaide bisher habe, die auch Verbindungen zu Märkten im Mittleren Osten, in Afrika und im Asien-Pazifik umfasse. Einschließlich Geschäftsreisen nach Sydney, Singapur und Seoul. Chefebene sei das zwar noch nicht, aber nahe dran, sagte Sam. «Und natürlich haben wir sofort an dich gedacht. Ich weiß nur, dass bei dir gerade viel los ist, nicht nur bei der Arbeit, sondern auch privat, deshalb wollte ich dir das nicht auch noch aufladen.»

«Wow, meine Güte», sagte Adelaide. «Ja, nein, das wäre unglaublich. So eine Position wäre ein Traum.»

«Es wird allerdings noch ein paar Monate dauern, bis wir die Stellenbeschreibung aufsetzen», sagte Sam. «Ich kenne dich gut genug, um zu wissen, dass es aussichtslos ist, aber versuch, nicht zu viel darüber nachzudenken, ja? Ich will nicht, dass du dich unter Druck setzt.»

«Klar», sagte Adelaide. «Klar. Kein Druck.»

«Super. Kannst du mir dann jetzt helfen, die Bühne aufzubauen?»

Sie rollten grauen Teppich aus und zogen bequeme blaue Polstersessel und einen kleinen Kaffeetisch in die Mitte der Bühne. Über die Lautsprecher lief BBC Radio, und die Geschäftsleiter rannten hin und her und flüsterten leise die verschiedenen Punkte ihrer Präsentationen vor sich hin. Adelaide nahm die Mütze ab; sie und Sam banden sich die Haare hoch und wischten sich den Schweiß aus der Stirn.

Während der nächsten Stunden verteilten sie Notizblöcke und Stifte mit dem Alliance-Logo auf den Tischen, überprüften die Blumengestecke und optimierten die Beleuchtung. Sie probten den Bühnenumbau für informelle Gespräche, Einzelpräsentationen und Podiumsdiskussionen. Die Rednerinnen und Redner gingen ihre Notizen und Diskussionsfragen durch. «Nicht vergessen, auf die drei Ps zu achten», erinnerte Adelaide sie. «Pitch, pace, projection – Tonlage, Tempo, Projektion.» Die Redner nickten und gaben ihr einen Daumen hoch.

Gegen zwanzig Uhr zog sich die Geschäftsleitung auf ihre Zimmer zurück; Adelaide, Sam und Djibril gingen gemeinsam mit ihrem Grafikdesigner bei Rotwein und Trüffelpommes noch einmal die Präsentationen durch und perfektionierten alles bis auf das letzte i-Tüpfelchen.

Adelaide war verschwitzt und erschöpft und begann bereits doppelt zu sehen, ja. Aber zum ersten Mal seit Tagen (seit Wochen?) hatte sie auch das Gefühl, in ihrem Element zu sein.

Der nächste Morgen war Adelaides Lieblingsteil.

Alle nahmen ihre Plätze ein, und das Licht wurde gedimmt. Aus den Lautsprechern schallte «DNA» von Kendrick Lamar durch den Raum, und auf zwei riesigen Bildschirmen neben der Bühne wurde ein Video über Alliance abgespielt – mit Testimonials und Raketenschiffen, während eine Stimme aus dem Off beschrieb, welche Fortschritte bei maschinellem Lernen und Blockchains gemacht wurden (die Adelaide zugegeben immer noch nicht richtig verstand). Es war alles etwas drüber, sehr FinTech-konferenzig. Trotzdem. Adelaide bekam eine Gänsehaut.

Sie hatte das Skript für dieses Video erstellt, hatte die Kunden ausgesucht, die gleich vortragen würden, hatte die Handelsvertreter eingeladen, die ganz vorn an einem Tisch saßen. Gemeinsam mit Sam und Djibril und dem Veranstaltungsteam hatte sie diesen Moment möglich gemacht. Es fühlte sich gut an, das alles ins Leben gerufen zu haben.

Ins Leben, dachte sie, und die Welt blieb stehen. Es war warm im Raum, trotzdem fing Adelaide an zu zittern. Sie griff nach ihrem Blazer, der am Techniktisch über einem Stuhl hing, und legte ihn sich um die Schultern; ihre Hände waren kaltschweißig, und es war, als hätte sich ein Nebel über den Raum gelegt.

«Alles in Ordnung?», fragte Sam wortlos.

«Alles okay», gab ihr Adelaide zu verstehen. Aber nichts war okay. Sie versuchte, sich auf die Präsentationen und die Grafiken zu konzentrieren, wollte das Team der Alliance-Geschäftsführung mit einem Lächeln anfeuern. Doch Nathalie Alban war tot, und diese furchtbare Tatsache schwirrte Adelaide für den Rest des Tages im Kopf herum, während der Programmpunkte und während der Happy Hour, als sie anstießen und alle ihr auf den Rücken klopften und sagten: «Danke für die harte Arbeit, Adelaide – wir sehen uns in Paris.»

Sie fühlte sich, als würde sie ersticken.

Ich komme mit einem Blech Horsd'œuvres und ein paar sogenannten Alliance Spritz vorbei, schrieb sie Rory. Sie wollte gut gelaunt rüberkommen, wollte Wärme ausstrahlen. *Spoileralarm: Es ist Aperol.*

Hoffentlich sind Mini-Quiches dabei, schrieb er zurück.

In welchem Jahr leben wir?, entgegnete sie. *1984? (Spaß! Es gibt massenweise Mini-Quiches!)* Er lächelte, als er das las.

Dreißig Minuten später stand Adelaide samt Blech und Spritz und mit ihren High Heels in der Hand vor seiner Tür. «In denen hätte ich es niemals die Treppe hoch geschafft», sagte sie und deutete mit dem Kinn auf ihre Schuhe. Der Moment hatte gewisse Ähnlichkeiten mit dem, als sie sich das erste Mal gegenübergestanden hatten. Der Moment, als sie ihn barfuß und mit zwei leeren Karaffen in der Hand einen Disneyprinzen genannt hatte: «*Tut mir echt leid, aber ich. Ich muss dir einfach sagen ...*»

Sie saßen auf seinem Bett und aßen die kleinen Quiches, Blinis mit Crème fraîche und Quinoa-Kaviar. Sie teilten sich den Alliance Spritz und schauten sich wieder mal einen Disneyfilm an. Am nächsten Morgen würde sich Adelaide noch einmal mit dem CEO für ein Journalisten-Meeting treffen, anschließend würde sie in den Zug nach Paris steigen, um zu dem zweiten Event zu fahren. Sie musste noch duschen, packen und ein letztes Mal die französischen Präsentationen durchgehen. Das alles war wichtig, aber es fühlte sich so klein, so unbedeutend an, wenn man bedachte.

Sie sah Rory an – er war leicht angetrunken, kicherte das erste Mal seit fast einer Woche – und schmiegte sich an ihn. Noch immer fühlte sie alles: die Wucht seiner Trauer, die Erleichterung, das erste Event hinter sich gebracht zu haben, die frische Verheißung einer Beförderung – «Kein Druck!» (aber in Wirklichkeit ein Haufen Druck) –, die Verschmelzung von Gutem und Schlechtem, und na ja, von allem. Aber für einen Sekundenbruchteil war es beinahe erträglich.

Sie schloss die Augen.

Adelaide war eingeschlafen, natürlich. (Sie war so müde. Mein Gott, war sie müde.) Rory blickte auf ihren schnarchenden Körper – ihr über seine Schulter ausgebreitetes Haar kitzelte leicht seinen Arm; ihre Augenlider zuckten.

«Adelaide», sagte er und stieß sie leicht mit dem Ellbogen an. «Adelaide. Wach auf, Baby.» (Nathalie hatte er auch Baby genannt. Das Wort hatte einen sauren Nachgeschmack.) Sie fuhr aus dem Schlaf und schien überrascht, in seinem Schlafzimmer zu sein.

«Mist», sagte sie. «Ich wollte nicht eindösen. Wie spät ist es?»

«Zehn nach zwölf», sagte er. Sie waren beide über einem

Film eingeschlafen. Rory war gerade aufgewacht und wollte sich die Zähne putzen und sich umziehen.

«Ich frage nur ungern», sagte sie. «Aber hättest du was dagegen, wenn ich heute Nacht hier schlafe? Ich befürchte, die letzte U-Bahn ist schon weg, und meine Erfahrungen mit Taxis um die Uhrzeit sind nicht prickelnd.» Meistens war es natürlich in Ordnung. Aber hin und wieder, wenn sie spät von Rory aus nach Hause fuhr, hatten die Taxifahrer gefragt, was denn ein «kleines Mädchen wie sie» um diese Uhrzeit noch draußen machte.

«Sind wir ein bisschen unartig?», hatte einer gemeint.

«Nein», hatte sie geantwortet. «Da liegen Sie falsch.» Beim Gedanken daran wurde ihr ganz anders.

«Es gibt einen Nachtbus, den du nehmen könntest», sagte er. «Die Haltestelle ist ganz in der Nähe. Nur etwa zehn Minuten zu Fuß.»

«Es ist nach Mitternacht», sagte sie. «Und es regnet.»

«Die Gegend hier ist sicher.»

Adelaide setzte sich auf, nickte. «Klar», sagte sie. «Verstehe.» Es war schwierig, nicht bitter zu klingen, aber sie bemühte sich. Sie küsste ihn auf die Wange. «Wir sehen uns nach Paris. Schlaf gut.»

Sie verließ sein Schlafzimmer und ging auf Zehenspitzen die Treppe runter. Im Wohnzimmer brannte Licht. «Adelaide?», fragte Bubs. Sie streckte den Kopf durch die Tür.

«Ja», sagte sie. «Was machst du so spät noch?» Er arbeite an einem Pro-bono-Mandat und habe darüber die Zeit vergessen, sagte er.

«Du hast doch nicht vor, jetzt noch zu gehen, oder?», fragte er mit Blick auf die Uhrzeit. Adelaide zuckte die Schultern.

«Rory schläft gewöhnlich besser, wenn ich nicht hier bin», sagte sie. «Und er hatte, du weißt schon, eine schwere Woche.

Ich hätte da oben nicht eindösen sollen. Bin wohl zurzeit ein bisschen ausgelaugt. Nicht wegen ihm natürlich. Einfach im Allgemeinen. Vom Leben ... Aber ich brauche kein Mitleid oder so. Verdammt, du weißt schon, was ich meine. Egal. Ich nehme den Bus.»

«Keine Sorge», sagte Bubs. «Ich weiß, was du meinst. Ich glaube, im Februar sind die meisten etwas ausgelaugt, und du hattest es in letzter Zeit nicht gerade leicht, hm?» Adelaide nickte. «Gib mir eine Minute, um meinen Autoschlüssel zu holen, dann fahr ich dich heim, okay?»

«Oh. Nein, das ist nicht nötig.» (Obwohl es kalt war und regnete, und ehrlich gesagt? Ehrlich gesagt, wäre es fantastisch, gefahren zu werden.)

«Ach was», sagte er. «Es macht mir keine Umstände, und bei diesem Wetter solltest du besser nicht draußen sein. Wenn Rory wach wäre, würde er bestimmt nicht wollen, dass du durch Pfützen läufst und so spät auf den Bus wartest.» Adelaide nickte und beschloss, ihn nicht eines Besseren zu belehren.

Bubs lief die Treppe hoch, kam kurz darauf mit einer marineblauen Regenjacke zurück und schaltete das Wohnzimmerlicht aus. «Hier», sagte er und gab Adelaide einen Regenschirm. «Mein Auto steht um die Ecke.»

Als sie aus dem Haus traten, sprudelte das Wasser aus den Regenrohren. Bubs führte sie zu einem silbernen Mitsubishi an der Straßenecke. Fast hätte Adelaide die Fahrertür geöffnet; sie hatte sich immer noch nicht an den Linksverkehr gewöhnt. «Alte Gewohnheit?», fragte Bubs und zwinkerte.

Adelaide schüttelte den Regenschirm aus, schlug die Tür zu und schnallte sich an. «Du sagtest, du arbeitest gerade an einem Pro-bono-Mandat?»

«Genau», sagte er.

«Erzähl mir mehr.»

«Ich bin auf Einwanderungsrecht spezialisiert», sagte er, als sie an einer Ampel stehen blieben. «Und als dieser ganze Mist mit dem Brexit und der Windrush-Skandal losgingen, dachte ich, ich könnte mich nützlich machen.»

Adelaide nickte. Sein Akzent verwirrte sie noch immer, dieses trällernde, gedehnte Irisch; man hörte seiner Stimme die gereisten Meilen regelrecht an.

«Also fing ich an, ehrenamtlich für eine Gruppe von Migranten zu arbeiten», fuhr er fort. «Hab jedes Jahr ein paar Fälle übernommen. Gerade vertrete ich eine Frau aus Sierra Leone. Sie kam als Studentin hierher und leidet unter einem ziemlich starken Fall von posttraumatischer Belastungsstörung. Während ihrer Abschlussprüfung bekam sie eine Panikattacke und ist durchgefallen, woraufhin ihr Visum nicht verlängert wurde. Seither lässt die Regierung sie am ausgestreckten Arm verhungern.»

«Meine Güte», sagte Adelaide. «Wahrscheinlich ist es eine blöde Frage, weil ich, na ja, keine Anwältin bin. Aber kann ich irgendwie helfen?»

Bubs sagte, dass sie immer nach Leuten suchten, die sich ehrenamtlich als Gesprächspartner zur Verfügung stellten. Leute, mit denen Männer und Frauen, die erst vor Kurzem nach Großbritannien gekommen waren, Englisch üben konnten. Adelaide tippte den Namen der Organisation in ihr Handy ein und machte sich eine mentale Notiz, in der kommenden Woche eine E-Mail zu schreiben.

«Ich weiß, es ist spät», sagte Bubs. «Aber wäre es okay, wenn wir einen kurzen Umweg machen?»

«Ähm. Klar?» (War dies der Moment, in dem er sie ermordete?)

Bubs bog in eine Seitenstraße in Angel, in der sich zu beiden

Seiten Häuser mit weißen Türrahmen und schmiedeeisernen Zäunen aneinanderreihten. Vor einem von ihnen fuhr er links ran. Es hatte eine leuchtend rote Tür, und an den Backsteinen wuchs ein wenig Efeu empor. Nummer sechzehn.

«Dieses Haus», sagte er, «wird in etwa zwei Wochen mir gehören.»

«Du machst Witze!», sagte Adelaide. «Du hast schon ein Haus gekauft? Bist du nicht gerade erst bei Rory und den anderen eingezogen?»

«Letzten Sommer, ja», sagte er. Er grinste und legte den Gang wieder ein. Er erklärte, dass er für ein paar Monate eine Unterkunft gebraucht habe, während er sich die Anzahlung zusammensparte. Er habe gewusst, dass Rory ein freies Zimmer hatte; es habe einfach gepasst. «Und jetzt gehört er mir.»

«Glückwunsch!», sagte Adelaide. «Wie aufregend! Und, ähm, sind Häuser also jetzt männlich?»

«Genau genommen sind sie geschlechtsneutral, würde ich sagen. Aber die Leute nennen Boote immer ‹sie›, oder? Bisschen abgefuckt, meiner Meinung nach. Nur weil man etwas besitzt, ist die Sache deshalb nicht weiblich.»

«Richtig», sagte Adelaide. «Richtig. Gender ist sowieso ein soziales Konstrukt.»

«Ganz genau», sagte er. Sie lächelte. Dann kam alles wieder hoch.

So passierte es immer; es kam in Wellen. Adelaide lenkte sich mit Arbeit, Filmen oder Gesprächen ab. Und dann erinnerte sie sich wieder: Nathalie Alban war tot. Nichts war in Ordnung.

Ihr stiegen die Tränen in die Augen; sie biss sich auf die Lippe. Nicht jetzt, dachte sie. Bitte. Nicht jetzt. Doch vergebens. Eine Träne lief ihre Wange hinab, und ihr steckte ein

Schluchzer im Hals. Adelaide schniefte. «Entschuldige», sagte sie und täuschte ein Gähnen vor. «Ich bin wohl einfach megamüde.»

«Ist schon in Ordnung, Adelaide», sagte Bubs. «Ich verstehe. Es war eine echt beschissene Woche. Und du hast eine echt schwierige Rolle in alldem.»

In diesem Moment brach der Schluchzer aus ihr heraus, und die Tränen flossen unkontrollierbar. Bubs musste an seine jüngere Schwester denken, daran, wie sie ungehemmt geweint hatte, nachdem sie auf den Pflastersteinen in Dublin vom Fahrrad gefallen war. Fast hätte er über die Mittelkonsole nach Adelaides Hand gegriffen, er wollte ihr über den Kopf streicheln und ihr klarmachen, dass sie bei ihm sicher war. «Ist schon in Ordnung», wollte er erneut sagen. Aber es wäre unangebracht gewesen. (Und in Wirklichkeit war auch nichts in Ordnung.)

«Im Handschuhfach liegen Taschentücher», sagte er. «Und Adelaide? Vergiss nicht, fühle, was immer du fühlen musst. Es gibt nicht die eine richtige Reaktion.»

«Ja», sagte Adelaide. Sie nahm sich ein Taschentuch und wischte sich die Augen ab. «Ja, danke. Das meine ich ernst.»

Bubs schaltete das Radio ein und drehte am Knopf herum, bis er einen Sender mit klassischer Musik fand. «Gut?», fragte er.

«Perfekt.»

Zuerst lief «Claire de Lune», dann «Danse Bohémienne» und dann etwas, das Adelaide nicht kannte. Sie schwiegen beide; Adelaide schniefte nur hin und wieder. «Sorry», sagte sie.

«Du musst dich nicht entschuldigen», antwortete Bubs. Etwa fünfzehn Minuten später hielt er vor ihrer Wohnung und wünschte ihr eine gute Nacht.

«Tausend Dank, Bubs», sagte Adelaide. «Für alles. Kann ich dir ein bisschen Spritgeld geben oder ...?»

«Ach was, nein.» Er winkte ab. «Lass es dir einfach gut gehen, okay?»

«Du auch», sagte sie. *Gut gehen lassen.*

FRÜHLING

London, England
2019

ZWANZIG

Nathalie Albans Begräbnis fand am 26. März statt, etwa einen Monat nach ihrem Tod. Sie wurde auf einem Friedhof in Cambridge beigesetzt, neben ihren Großeltern (sie war immer ihre Lieblingsenkelin gewesen). Rory schlief in der Nacht nach der Beerdigung bei einem Freund, der in der Nähe der Kirche wohnte. Adelaide gab ihm ein besticktes Taschentuch zum Einstecken mit und schickte anonym Blumen für die Trauerfeier – gelbe Chrysanthemen. Sie selbst saß an dem Abend weinend mit Celeste und Madison auf dem Fußboden im Wohnzimmer.

Dass drei Frauen bis zum frühen Morgen zusammensaßen und den Tod einer Person betrauerten, die sie gar nicht gekannt hatten, war ein Indiz dafür, dass Nathalie einen Abdruck auf dieser Erde hinterlassen, dass sie eine Bedeutung gehabt hatte.

Wie wir wissen, fürchtete Adelaide den Tod an sich nicht. Aber mit diesem, mit Nathalies Tod, hatte sie zu kämpfen. Keine Linderung war in Sicht.

«Vielleicht ist das Gute daran», sagte Celeste, «dass sie nicht leiden musste.»

Möglicherweise hatte sie recht. Adelaide hatte Nathalie nicht gut gekannt, aber sie kannte gewisse Details aus ihrem Leben. Sie wusste zum Beispiel, dass sie gerade erst befördert worden und mit einem Mann zusammengezogen war, den sie hatte heiraten wollen. Erst vor Kurzem hatten sie die Eheringe ausgesucht. Außerdem hatte Nathalie einen braunen Labrador namens Jem gehabt, der sie bestimmt jeden Morgen und jeden

Abend leidenschaftlich loyal mit Schlabberküssen begrüßt hatte. Würde man Nathalies Leben in einem Roman verarbeiten, wäre ihr Tod das beeindruckende Ende. Ihre Wärme, ihre Ambitionen und ihre Schönheit wären auf ewig ins Gedächtnis eingebrannt, und ihr Licht würde noch darüber hinaus so hell strahlen wie eh und je. Kein langes Leiden oder Bitterkeit. Zurück blieben nur frenetische Energie, endloses Potenzial und Liebe.

Doch Abwesenheit wiegt schwer. Verlust wiegt schwer – paradoxerweise. Unerbittlich drückt er auf unsere Herzen. Selbst in dem Wissen, dass Nathalie auf ihrem Höhepunkt aus dem Leben gegangen war, spürte Adelaide die Last von allem. Die Schwere, die auch Rory erdrückte.

Den Monat über war es nicht leichter geworden; bisher hatte die Zeit seine Wunde nicht geheilt. *Noch nicht!*, sagte die Zeit. *Fühl den Schmerz noch ein bisschen länger!*, sagte die Zeit. Und Adelaide, die völlig erschöpfte Stütze, begann, unter dem Druck einzubrechen.

Sie hatte Rory Bücher und Kaffee mitgebracht, ihn immerzu umarmt. Sie hatte ihm Milchshakes und Dumplings liefern lassen, wenn er ihre Nachrichten ignorierte, wenn er «mal eine Nacht für sich» brauchte. Sie sah sich gemeinsam mit ihm Filme in seinem Schlafzimmer an, unternahm mit ihm lange Spaziergänge am Fluss, überraschte ihn mit Frozen Yogurt samt Schokowaffel (immer samt Schokowaffel) von Mr. Whippy. Versuchte zu lächeln und Freude zu versprühen.

Aber manchmal kam sie zehn Minuten zu spät zum Abendessen, weil ein Arbeitsmeeting länger gedauert hatte, oder sie checkte ihre E-Mails, während sie sich einen Film ansahen. (Sie war immer noch im Gespräch für die Beförderung, und sie wollte sich unbedingt beweisen. Und ja, das Event in Paris war gelaufen wie am Schnürchen, danke der Nachfrage.)

Manchmal ging sie kurz aus dem Zimmer, um eine Bäckerei auf Mykonos anzurufen oder die Abfahrtszeiten für den Zug von New York nach Boston zu erfragen oder um sich bei einem Schneider in der Upper East Side zu erkundigen, ob er kurzfristige Änderungen vornehmen könne. Sie ertrank in ihren Verpflichtungen als Trauzeugin, in Arbeit und in dem Gefühl der eigenen Unzulänglichkeit. Während sie gleichzeitig versuchte, eine Stütze zu sein. Eine gottverdammte Stütze. Für alle. Aber sie begann zu versagen, wie Rory ihr oft klarmachte. «Schon wieder zu spät», sagte er dann. Oder: «Kannst du nicht wenigstens einmal wirklich da sein und dir ohne Unterbrechung mit mir einen Film ansehen? Nat ist die Karriereleiter hochgeklettert, ohne dass sie jeden Abend für die Arbeit geopfert hat. Es muss also möglich sein.»

Es fing ein oder zwei Wochen vor der Beerdigung an, als wäre in ihm ein Schalter umgelegt worden. Er war immer noch unnahbar und zeitweise unerreichbar. Aber plötzlich stellte er Erwartungen an Adelaide.

Das Ganze löste einen Emotions-Cocktail in ihr aus, den sie so noch nicht erlebt hatte – und den sie unmöglich in Worte fassen konnte, aus Angst, egoistisch, verbittert oder selbstherrlich zu klingen. Aus Angst, zu viel Raum einzunehmen. Adelaide genoss es, gebraucht zu werden, und sie genoss es, sich um Rory zu kümmern. Sie wusste, wie sie ihn trösten und aufmuntern konnte, wenn er bedrückt war. (Eine Fähigkeit, die sie sich im Laufe ihres Lebens angeeignet hatte.) Aber sie wusste nicht, wie sie mit der Verbitterung und der Feindseligkeit umgehen sollte, die er seit Neuestem an den Tag legte.

Aus seiner trauergebeutelten Sicht nahm Adelaide sich nicht genügend oft frei. Sie schenkte ihm nicht genügend positive Energie. Sie war unzuverlässig und desinteressiert, und warum bitte konnte sie nicht Kajak fahren? Plötzlich war alles, was sie tat, falsch, und sie wurde schonungslos mit Nathalie verglichen: ihre Liebe für die Rolling Stones und dass sie Gärten mit rosa Rosen mochte. Dass sie gern *Sturmhöhe* las. Dass sie die Locke süß fand, die ihm in die Stirn hing. («Nat hat meine langen Haare auch gemocht.»)

Verdammt noch mal, sie gab sich alle Mühe.

Am 27. März, dem Tag nach Nathalies Beisetzung, waren Adelaide und Rory um zwanzig Uhr im Kino verabredet. Am selben Abend plante Dayita, eine Freundin von Adelaide aus den USA, einen Stopover in London, nur für eine Nacht. Adelaide war überzeugt, dass sie Dayita zum Abendessen treffen und es trotzdem noch rechtzeitig zum Kino schaffen konnte. Kein Problem, dachte sie. Sie konnte alles schaffen.

Um Viertel vor sechs machte sie Feierabend, hetzte zum Restaurant und war (o Wunder) um Viertel nach dort. Dayita und sie teilten sich Burrata und eine Karaffe Frascati, bestellten zwei Teller Pasta mit gehobelten Trüffeln und ein Tiramisu für zwei. Als Dayita fragte, wie es ihr in letzter Zeit ergangen war, zuckte Adelaide die Schultern. «Kann mich nicht beschweren.» (Besser, es gar nicht erst anzusprechen, dachte sie. Und abgesehen davon war Adelaide bekannt dafür, dass sie stets Freude versprühte, geradezu überschäumte. Sie wollte sich niemandem aufbürden.) Um halb acht – sehr effizient! – verlangten sie die Rechnung. Adelaide entschuldigte sich dafür, so schnell wieder loszumüssen, und küsste ihre Freundin auf beide Wangen. Dann rannte sie zum Kino, wo sie mit zehn Minuten Puffer ankam.

Das Problem war, dass sie vor dem falschen Kino ankam. Offenbar gab es beim Barbican Centre mehr als ein Kino. Auf der Suche nach Rory drehte Adelaide eine Runde um den

Block – versuchte, sich auf ihrem Handy zu orientieren, fragte die Mitarbeiter im Barbican Centre und die Fußgänger nach dem Weg.

Tut mir leid, schrieb sie. *Ich renne seit zehn Minuten im Kreis, und irgendwie weiß mein Handy nicht, wo dein Google-Pin ist. Kannst du mir sagen, zu welcher Kreuzung ich muss?* Er las ihre Nachricht, ohne zu antworten.

Mit fünf Minuten Verspätung kam sie schließlich verschwitzt und außer Atem im richtigen Kino an. Die Vorschauen liefen bereits, als sie sich in Rorys Reihe quetschte und sich, ihr Kleid glatt streichend, neben ihn setzte.

«Sorry noch mal», sagte sie.

«Schon okay.» Er bot ihr weder Popcorn noch einen Schluck zu trinken an. Sie drehte den Kopf zur Leinwand. Keiner von ihnen griff nach der Hand des anderen.

Nach dem Film, einer süßen Pixar-Animation, verließen sie hintereinander den Saal und traten hinaus auf die Straße. Inzwischen war der Himmel schwarz und die Luft ein wenig feucht – es war ein überraschend warmer Tag gewesen. Adelaide versuchte, auf dem Weg zur U-Bahn Rorys Hand zu nehmen, doch er zog sie weg. «Meine Handflächen sind ganz schwitzig», sagte er.

«Noch mal sorry, dass ich zu spät war», sagte Adelaide.

«Es ist nicht nur das», sagte Rory. «Ich bin einfach genervt.»

«Von mir?»

«Na ja, schon.»

Er sei genervt, weil er heute Freude, Licht und ein bisschen Sonnenschein gebraucht hatte nach einem Monat Dunkelheit. «Vor allem nach gestern.» Er wolle, dass Adelaide für ihn da sei, wenigstens einmal. «Aber dann hast du dich mit deiner Freundin verabredet.» Adelaide öffnete den Mund und schloss ihn wieder. «Und du warst zu spät und völlig durcheinander und hast nicht mal versucht, dich während der Vorschauen mit mir zu unterhalten.» Sie biss sich auf die Zunge. «Das hätte ich ... einfach gebraucht.»

«Verstehe», sagte Adelaide. Tränen stiegen ihr in die Augen. «Es tut mir aufrichtig leid, dass ich dir nicht gegeben habe, was du gebraucht hast.»

«Oh, fang jetzt nicht so an», sagte er. «Gib mir nicht das Gefühl, das Arschloch zu sein. Mir geht's auch so schon beschissen genug. Nat liegt unter der Erde, und mein Magen spielt verrückt, und deine Schuldzuweisungen sind das Letzte, was ich jetzt ertrage, Adelaide.»

«Du hast recht.» Sie wusste nicht, was sie sonst sagen sollte.

Schweigend gingen sie zur U-Bahn und gaben sich einen kurzen Abschiedskuss. «Was machst du am Wochenende?», fragte sie. «Darf ich mir eine kleine Überraschung für dich ausdenken? Zur Wiedergutmachung?»

«Ich hab Zeit», sagte er. «Aber plan bitte bloß nichts Überkandideltes.»

«Nichts Überkandideltes», sagte sie. «Verstanden.»

«Es ist nicht überkandidelt», sagte Adelaide am Sonntagnachmittag, während sie Rorys Hand nahm. «Aber auch nicht *nicht* überkandidelt.» Sie waren auf dem Weg zum The Parlour Eiscafé im Fortnum & Mason, einem Luxuskaufhaus in Piccadilly.

Als Adelaide jung war, hatte sie ein Jahr lang etwas außerhalb von London in einer kleinen Stadt namens Beaconsfield gewohnt. Ihr Vater, ein leitender Personalmanager, hatte seinem Unternehmen geholfen, ein neues Büro in England aufzubauen. Ausflüge nach London waren ein seltenes Vergnügen, aber sie beinhalteten immer einen Zwischenstopp bei Fortnum & Mason. Adelaide erinnerte sich daran, wie sie, ihre

Schwestern und ihre Mutter mit blumengemusterten Tops und wehenden Röcken aus dem Zug gestiegen waren. Sie bestellten Eiscreme mit Karamellsoße, Scones mit Marmelade und Sahne und Früchtetee, der in Tassen mit Untertassen serviert wurde. Die Schwestern – im Alter von sechs bis acht – sprachen mit aufgesetztem englischem Akzent und spreizten beim Trinken den kleinen Finger ab.

«Es ist albern und frivol», sagte sie zu Rory. «Aber auch köstlich und ein absoluter Spaß.» Er lächelte schwach.

Sie betraten das Kaufhaus und gingen vorbei an Bergen aus Schokoladentrüffeln und türkischem Honig die Treppe hoch in die erste Etage. Seit Adelaides Kindheit war The Parlour des Öfteren renoviert worden, aber die Wände waren noch immer in Pastellfarben gestrichen. Es fühlte sich an, als beträte sie eine schnulzige Erinnerung. Einen honigsüßen Fiebertraum.

Sie nahmen Platz und bestellten sich zu zweit ein Knickerbocky Glory. Mit langen Silberlöffeln brachen sie die Baiserschicht.

«Wofür sollen dich die Leute in Erinnerung behalten?», fragte Rory. Adelaide zögerte. Sie hatte Angst vor solchen Fragen, die unausweichlich Gedanken an Nathalie nach sich zogen. «Für deine Güte?», fragte er.

«Ja, wahrscheinlich», sagte Adelaide. «Aber ich weiß nicht, ob es wirklich so gütig ist, nette Dinge nur zu tun, um dafür in Erinnerung behalten zu werden.» Er nickte. «Was ist mit dir?», fragte sie.

Statt zu antworten, starrte er nur vor sich hin. Garantiert dachte er an Nathalie.

«Klugheit wahrscheinlich», sagte er schließlich. «Ich will als klug und intellektuell in Erinnerung bleiben. Und als jemand, der gemocht wurde.»

«Wenn du mich fragst, bist du beides. Und noch dazu gut

aussehend», fügte sie zwinkernd hinzu. «Außerordentlich gut aussehend.»

Er grinste, und ihr Herz schwoll an. Es war schon so lange her, seit sie ihn das letzte Mal richtig lächeln gesehen hatte.

Sie zahlte für den Eisbecher. Dann schlängelten sie sich aus dem Kaufhaus und gingen hinüber zum Green Park. Gleich hinter dem Zaun liefen Vorbereitungen für eine Hochzeitszeremonie, die im Hotel nebenan stattfand. Ein Pärchen schoss im Hotelgarten Fotos, und Gäste in schicken Anzügen und Kleidern standen um Tische mit Canapés herum. Adelaide streckte die Nase durch den Zaun.

«Erinnerst du dich noch, wie du mal eine Hochzeit gecrasht hast?», sagte sie zu Rory. «Wie wäre es, wenn wir uns in Schale schmeißen und versuchen, uns dort reinzuschleichen?»

«Oh», sagte Rory. «Das wäre bestimmt ein Spaß.»

«Dann los», sagte sie. «Worauf warten wir? Man lebt nur einmal – oder so.»

Er könne nicht, sagte er. «Ich müsste zu viel an meine Unizeit denken. An Nathalie.»

«Natürlich», sagte sie. «Natürlich. Dann also zurück zu dir?»

Wurde bereits erwähnt, dass Adelaide und Rory seit einem Monat keinen Sex mehr gehabt hatten?

Adelaide und Rory hatten seit einem Monat keinen Sex mehr gehabt. Nicht seit Nathalie gestorben war. Nicht bis zu diesem Abend.

Sie gingen zu ihm und machten es sich auf seinem Bett bequem – kein Film wollte angeschaut, keine Träne vergossen werden. Nicht in diesem Augenblick. Adelaide drehte sich zu ihm, küsste seine Wange, ließ den Mund über seine Kieferpartie streifen. «Adelaide», sagte er. So leise, so undeutlich; genauso wie er vor einigen Wochen – sie hätte es schwören können – «Ich liebe dich» gesagt hatte. (Seither hatte sie es ihn nicht mehr sagen hören.)

«Rory», sagte sie.

Er drehte sich ebenfalls zu ihr und legte die Lippen auf ihre. Vorsichtig erst, dann drängender. Es fühlte sich an, als wäre es das erste Mal, als würden sie ihre Körper gegenseitig neu erkunden. Es fühlte sich anders an. Aber sie waren ja auch nicht mehr dieselben, oder? Trauer veränderte einen.

Adelaide stöhnte unwillkürlich und grub die Fingernägel in Rorys Rücken. Es tat so gut, ihm endlich wieder so nah zu sein, zu wissen, dass sie ihm noch immer etwas geben konnte. Dass sie ihren Körper auf eine Art bewegen konnte, der ihm ein «Fuck, Adelaide, das fühlt sich gut an» entlockte. Sie konnte ihn dazu bringen, Gottheiten zu danken, die er inzwischen verfluchte, und vor Freude zu wimmern, statt vor Schmerz. *Endlich. Dem Himmel sei Dank.*

War es mit Nathalie auch so gewesen?, fragte sie sich. Ein vergifteter Gedanke.

«Wie hast du es nur geschafft?», hatte Adelaide vor einigen Tagen über FaceTime gefragt. Auf dem Display hatte ihre Mutter Adelaides kleinen Neffen – Hollys Sohn – auf dem Schoß. Sie setzte ihn auf eine Spielmatte neben sich auf dem Fußboden.

«Was geschafft?»

«Dich um uns alle zu kümmern, vor allem um Izzy, wo du doch selbst zu kämpfen hattest?» Adelaide verstummte und ruderte zurück. «Also, nicht dass du denkst, *ich* hätte zu kämpfen. Nur ... wo hast du die Kraft hergenommen?»

«Erinnerst du dich an das Buch *Das Zeiträtsel*?», fragte ihre Mutter.

«Natürlich. Es ist eins meiner Lieblingsbücher.»

«Dito.»

Sie rief Adelaide die Passage zurück in Erinnerung, in der Charles Wallace – der Bruder der Protagonistin Meg – unter dem Einfluss einer körperlosen bösen Macht steht.

«Richtig», sagte Adelaide. «Dem ES.»

Meg hatte etwas, was das ES nicht hatte. Nämlich Liebe. Und damit rettet sie ihren kleinen Bruder und macht dem Chaos ein Ende. *Ich habe dich lieb, Charles. Oh Charles, ich habe dich ja so lieb.*

«Man muss selbstlos, vehement und mit Hingabe lieben», sagte ihre Mutter. «Anders geht es nicht.»

Jetzt lag Adelaide nackt und schwer atmend neben Rory. Er strich über ihre Flanke. «Das war echt unglaublich», sagte er und fuhr mit dem Daumen über ihre Lippen. Legte die Nasenspitze an ihre. Sie schloss die Augen.

«Ich liebe dich», sagte sie und öffnete die Augen wieder. «So sehr. Ich weiß nicht, ob es der richtige Zeitpunkt für dieses Geständnis ist. Aber ich muss es einfach loswerden. Ich liebe dich, Rory.»

Manchmal wünschte sie, er wäre einfühlsamer und würde etwas liebevoller mit ihr umgehen. Aber er trauerte, und das Herz tat ihm weh, und Adelaide verstand das. Außerdem liebte sie ihn. Wahrhaftig und von ganzem Herzen. Selbstlos. Vehement. Und mit Hingabe. Und sie glaubte – obwohl er Nathalie wahrscheinlich immer ein kleines bisschen mehr lieben würde –, dass er auch ihr gegenüber Liebe empfand. Was die folgenden Worte noch vernichtender machte.

«Oh», sagte er. «Ich, ähm. Ich weiß nicht, was ich sagen soll. Wollen wir uns noch einen Film ansehen, bevor du nach Hause gehst?»

«Oh», sagte Adelaide. «Klar.»

Adelaide folgte einer ganzen Reihe Schriftstellerinnen und Schriftstellern auf Social Media. Wenn sie ihre Romane, Memoiren oder Essaysammlungen mochte, mochte sie in der Regel auch ihre getwitterten Witzeleien und die Fotos ihrer Hunde oder der frisch aus ihren Gärten gepflückten Hortensien. Normalerweise brachten ihre Posts sie zum Lachen oder zumindest zum Lächeln. Was sie jedoch nicht erwartet hatte, war, dass viele von ihnen scharenweise Fotos von Nathalie Alban und darunter die Worte #TeamNathalie posteten.

Adelaide war gerade auf dem Heimweg von Rory, nachdem sie erfahren hatte, dass er sie nicht liebte, als sie es sah. *Es hat nichts mit dir zu tun!*, schalt sie ihre Egozentrik. Aber es fühlte sich an wie eine Spitze. Buchstäblich. Als wären sie zwei Spitzen in einem Liebesdreieck: Team Nathalie gegen Team Adelaide. (Und wie sollte sie mit einem Engel konkurrieren?)

Es wurde auf Nathalies Schreibtalent hingewiesen, auf ihre unübertroffene Fähigkeit, Sätze zu schleifen und sie zu wortgewandten Absätzen zusammenzufügen. Es wurden Fotos von ihren Augen, ihren Locken, ihrem Lächeln gepostet. Dieses Megawatt-Lächeln, das sie Adelaide vor vielen Monaten zugeworfen hatte – als sie ihr Buch aufgehoben und mit ihr einen Kaffee getrunken hatte. Es wurde hervorgehoben, wie einzigartig liebenswert und begeisterungsfähig sie gewesen war, welche *Joie de vivre* sie versprüht hatte. Es wurden T-Shirts, Lesezeichen und Anstecker mit der Aufschrift #TeamNathalie gepostet sowie Fundraiser für Websites, für die Adelaide sofort anonym spendete. Es war überall; *sie* war überall.

Wir haben den besten Menschen verloren, stand in einem Post. *Ich kann nur hoffen, dass wir zukünftig alle ein bisschen mehr Nathalie in uns tragen.*

Aber das war unmöglich für Adelaide. Sie war körperlich nicht in der Lage, auch nur noch ein Gramm mehr von Nathalie Alban in sich zu tragen – sie nahm doch bereits jeden Winkel von Adelaides Herz und Gedanken ein. *Sei mehr wie Nathalie,* schrie es in ihrem Kopf. *Warum zur Hölle bist du nicht mehr wie Nathalie? Vielleicht würde Rory dich lieben, wenn du nur ein bisschen mehr wie sie wärst.*

Eine andere, etwas leisere Stimme stellte eine andere Frage: *Warum solltest du es verdient haben zu leben, wenn Nathalie tot ist?*

Adelaide wusste es nicht.

EINUNDZWANZIG

Das ist ungewöhnlich, dachte Adelaide. Sie spülte ihren Mund aus und spritzte sich Wasser ins Gesicht. Es war der zwölfte Tag am Stück, an dem sie sich übergab, einmal sogar auf der Toilette im Büro.

Schwanger war sie nicht – sie nahm hormonelle Verhütungsmittel, seit sie sechzehn war. Nein, so reagierte ihr Körper auf Stress: Ihr Kopf schrie, dass sie eine Pause brauchte, ein paar Stunden Schlaf, eine gescheite Mahlzeit. Und wenn Adelaide diese Schreie ignorierte, bäumte sich ihr Körper auf, woraufhin sie sich unausweichlich auf dem Badezimmerfußboden kniend wiederfand. (Bei E&S war das wöchentlich vorgekommen. Sie und eine damalige Kollegin hielten jedes Mal unter der Trennwand hindurch Händchen, wenn sie in den Klokabinen stresskotzten. «Bindung durch Trauma», scherzten sie. Aber eigentlich war es nicht witzig.)

Es war höchst ungesund, aber gerade passierte einfach so viel. Adelaide strebte immer noch die Beförderung zur leitenden internationalen Kommunikationsmanagerin an und schob Überstunden, um ihre Hingabe für Alliance unter Beweis zu stellen. Nächste Woche würde Eloise über Spring Brake nach London einfliegen. Die Hochzeitsfeiern auf Mykonos und in New York standen in wenigen Monaten bevor. Zum ersten Mal seit Ewigkeiten hatte Adelaide außerdem wieder ein paar freiberufliche Projekte angenommen – sie las Bücher und schrieb Rezensionen für Lektoren, mit denen sie während der Uni zusammengearbeitet hatte. (Sie hatten Adelaide im Frühjahr angeschrieben, weil sie unterbesetzt waren und eine Übersicht über die Neuerscheinungen und kommende Strandlektüre brauchten. Das Wort «Nein» war offenbar aus Adelaides Vokabular verschwunden. Außerdem, sagte sie sich, war Lesen beruhigend.) Und natürlich wollte sie immer noch unbedingt für Rory da sein. Ihn stützen.

«Bist du sicher, dass du dich nicht übernimmst?», fragte Djibril eines Abends, als er ihr ein Glas Weißwein aus dem Bürokühlschrank einschenkte. Sie hatten beide bis spät in den Abend hinein gearbeitet.

«O Djibril», sagte sie. «Du unterschätzt mich.»

Aber stimmte das?

Es war Sonntag, Hollys Geburtstag. Adelaide schickte ihrer Schwester Blumen und eine Flasche Cabernet Sauvignon. Von ihrem Sohn bekam Holly einen mit Fingerfarbe gemalten Regenbogen, den sie für Adelaide fotografierte; das Bild war sehr süß.

Eigentlich wollte Adelaide den gesamten Tag ehrenamtlich mit Flüchtlingen arbeiten. Nach ihrem Gespräch mit Bubs war sie einem Programm beigetreten, das englische Muttersprachlerinnen mit Frauen zusammenbrachte, die vor Kurzem, oft aus kriegsgebeutelten Gebieten, nach Großbritannien geflohen waren. An diesem Morgen sollten sie und ein paar weitere Ehrenamtlerinnen in Notting Hill mit den Flüchtlingen üben, sich auf Englisch zu unterhalten. Allerdings waren nur zwei Flüchtlinge anwesend und ungefähr zehn Ehrenamtlerinnen. Es fühlte sich ein bisschen heuchlerisch an, als ob Adelaide sich nur *vormachte,* etwas Gutes zu tun, ohne wirklich etwas zu bewirken. Falls sie gefragt wurde, konnte sie nun sagen, dass sie mit Flüchtlingen arbeitete – aber machte es wirklich einen Unterschied? Oder wollte sie sich bloß beweisen, dass sie eine gute Person war?

Vielleicht schlugen diese Gedanken Adelaide auf den Magen. Oder war es der Sonntagsblues? Wie auch immer, Adelaide brachte die dreistündige Konversationssitzung hinter sich, mit Ach und Krach, weil sie alle zwanzig Minuten von unerträglichen, schäumenden Übelkeitswellen überrollt wurde. Gegen Ende der Sitzung fragte sie höflich, wo die Toilette sei, und eilte den Korridor hinab. Sie erbrach Kaffee und Galle; die Säure brannte in ihrer Kehle. Das kannte sie so nicht. Es fühlte sich nicht nach Stress an.

Wäre es nicht der Geburtstag ihrer Schwester gewesen – hätte sie nicht das Foto des Fingerfarbenregenbogens gesehen –, wäre Adelaide wahrscheinlich gar nicht erst zur Boots Pharmacy gegangen. Sie hatte keine regelmäßige Periode, die ausbleiben konnte, was sonst hätte sie also auf die Idee bringen sollen, einen digitalen Schwangerschaftstest zu kaufen, nur um sicher zu sein? Wusste der Himmel. Manchmal wünschte sie sich, sie hätte es nicht getan.

Sie ging nach Hause, machte sich einen Toast und dann den Test; sah zu, wie sich die Sanduhr drehte. Sie hätte erwartet, dass die Zeit langsam vorbeiging – sich zog wie Kaugummi –, aber es dauerte nur ein paar Augenblicke. *Schwanger.*

«Okay», sagte Adelaide. «Okay, okay, okay.»

Ihre Brust wurde eng, und Tränen traten in ihre Augen, aber sie weinte nicht. Brach nicht zusammen. *Es wird schon gut werden,* sagte sie sich. *Es wird alles gut werden.*

Die Wahrscheinlichkeit stand eins zu zweihundertzweiundachtzig.

Adelaide hatte Endometriose. Zwar nur relativ schwach, aber trotzdem. Schon seit zehn Jahren bekam sie alle drei Monate eine empfängnisverhütende Spritze, um die Symptome der Krankheit einzudämmen. Dadurch wurde eine

Schwangerschaft zu über vierundneunzig Prozent verhindert, und bei Adelaide bestand ohnehin ein geringeres Schwangerschaftsrisiko. Die Wahrscheinlichkeit, dass sie nie Kinder haben würde, lag bei dreißig Prozent. (Adelaide war siebzehn, als sie das erfahren hatte. Es linderte nicht gerade ihre Angst, dass etwas mit ihr nicht in Ordnung und sie zum Alleinsein bestimmt war.)

Während der Highschool und im College hatte Adelaide fast ausschließlich Nebenjobs gehabt, bei denen sie mit Kindern arbeitete. Sie hatte als medizinisch geschulte Babysitterin, als Betreuerin in Sommercamps, als Nanny und als Au-pair gearbeitet. Im Sommer, bevor sie nach Boston ging, nahm sie einen Job bei einer Frozen-Yogurt-Kette an – und war die einzige Mitarbeiterin, die bei jeder Kindergeburtstagsparty arbeiten wollte, für die sie die Tische mit kleinen Silberlöffeln, bunten Streuseln und Schokoraspeln bestückte. Sie übernahm die Versorgung von Neugeborenen, deren Mütter nach dem Mutterschaftsurlaub wieder zur Arbeit gingen, von altklugen Dreijährigen, die besser über Dinosaurier Bescheid wussten als sie, für vorpubertäre französische Jungs, die wie festgeklebt vor Videospielen saßen und nicht duschen wollten. Ihre großen strahlenden Augen zogen oft in Supermarktgängen oder rammelvollen Zügen die Aufmerksamkeit von Babys auf sich – sie lächelte dann immer, winkte und gurrte. Adelaide Williams liebte Kinder von ganzem Herzen; sie hatte nur nie geglaubt, dass sie selbst mal eines haben würde. Und doch.

Und doch war sie schwanger. Mit sechsundzwanzig. Mit einem Baby. «Baby», sagte sie. «Baby, Baby, Baby, Baby, Baby.»

«Adelaide?», kam eine Stimme aus dem Flur. Es war Madison. «Alles in Ordnung?»

Adelaide schob den Schwangerschaftstest in ihren Hosenbund und schmiss die Verpackung in den Mülleimer (der nur ein bisschen eklig war). Sie wusch sich die Hände, trocknete sie ab und kam aus dem Bad.

«Ja», sagte sie. «Sorry, manchmal rede ich mit meinem eigenen Spiegelbild. Um mich zu puschen. Wie Mulan, weißt du?»

«Schon klar», sagte Madison und sah sie belustigt an.

Am nächsten Morgen rief Adelaide ihre Gynäkologin an, bevor sie ins Büro ging. Sie wollte einen Bluttest machen, ehe sie es Rory sagte. Wollte jeden Zweifel ausschließen, ehe sie vor irgendjemandem – abgesehen von ihrem Spiegelbild – die Neuigkeit laut aussprach.

«Normalerweise vergeben wir so früh in der Schwangerschaft keine Termine», sagte die Rezeptionistin. (Adelaide glaubte, etwa in der achten Woche zu sein.) «Aber am kommenden Freitag wurde gerade ein Termin abgesagt. Wenn Sie wollen, könnte ich Sie also gegen acht Uhr morgens reinquetschen?»

«Perfekt», sagte Adelaide.

Sie erstellte einen Ausgabenplan. Ihren Studienkredit zahlte sie bisher in ziemlich großen Raten ab, aber wenn sie die reduzierte und in der Woche weniger Gin und Tonic kaufte, könnte sie das Kind wahrscheinlich ohne zusätzliche finanzielle Unterstützung großziehen, vor allem, wenn sie die Beförderung bekam. (*Danke, Alliance!*, dachte sie. *Danke, Sam!*) Sie könnte sich eine kleine Zweizimmerwohnung in Highgate leisten und möglicherweise von zu Hause arbeiten, um an den Kosten für Kinderbetreuung zu sparen. Vielleicht sollte sie eine Au-pair einstellen, dachte sie – jemanden, der ihr mit dem Baby half, genauso wie sie in Paris einer Familie mit vier Jungs geholfen hatte.

Vor Rorys Reaktion hatte sie Angst, aber. Aber, aber, aber ein kleiner Teil von ihr hoffte auch, dass er sich freuen würde.

Zuerst würde er natürlich schockiert sein, aber er war fast dreißig. Und er liebte Babys! Mochte sein, dass er Adelaide nicht liebte, aber sie war ihm wichtig. Hoffentlich würde das auch für das Baby gelten. Und vielleicht, eventuell, möglicherweise würde er sich ja nach der Geburt doch noch in Adelaide verlieben. Auf die Knie sinken und die Arme um Mutter und Kind schlingen. Eine perfekte kleine unerwartete Familie. «Ich kann nicht glauben, dass es mir nicht schon früher klar geworden ist», würde er sagen. «Natürlich liebe ich dich, Adelaide. Natürlich!»

(Es war irrational, Wunschdenken. Aber Adelaide konnte sich keine Gedanken an die Alternative erlauben. Ihre Fantasie war Mittel zur Selbsterhaltung.)

Der Name von Rorys Mutter war Anne gewesen, was Adelaides Meinung nach ein guter Zweitnamen wäre. Vielleicht würde das Baby sogar ihre Augen erben. Nora gefiel ihr als Erstname. Wie Nora Ephron. Sylvie wäre auch süß, wie Sylvie Plath. «Nora Anne», sagte sie. «Sylvie Anne.» Vielleicht auch Victoria, wie die Queen, oder Catherine, wie Parr – dann könnten sie sie kurz Torri oder Kate nennen.

(Würde er sie Nathalie nennen wollen? Hoffentlich nicht.)

Adelaide sah sich auf ihrem Laptop winzig kleine Strampler für winzig kleine Neugeborene an. Legte Dinge in Warenkörbe, ohne tatsächlich etwas zu bestellen. Dinge, die sie unbedingt haben wollte, aber noch nicht brauchte. Sie war nervös, natürlich war sie nervös. Aber wie gesagt, ihre Träumerei war ein Schutzmechanismus. Alles würde gut werden, wenn sie nur weiter fröhlich und entzückt war; wenn sie sich einredete, dass der Schweiß auf ihrer Stirn lediglich Schwangerschaftsglanz war. Also beschloss Adelaide, entzückt zu sein.

Und sie war auch entzückt. Schwanger zu sein. Wie irre.

Es regnete, als Eloise am Mittwoch landete. London eben.

Adelaide hatte an dem Tag etliche Meetings und konnte sie daher nicht vom Flughafen abholen, aber sie legte einen kleinen Briefumschlag mit ihrem Schlüssel unter die Türmatte. Auf ihr Bett drapierte sie frische Handtücher und legte einen Cadbury-Riegel und eine aufgeladene Oyster Card für den öffentlichen Nahverkehr dazu – kleine Aufmerksamkeiten, damit sich Eloise willkommen fühlte.

Als Adelaide an diesem Abend durchnässt und ausgekühlt von der Arbeit nach Hause kam, wurde sie bereits von Eloise erwartet. Sie hatten sich seit fast zwei Jahren nicht gesehen und fielen sich stürmisch in die Arme.

«Ich bin so glücklich, dich zu sehen», sagte Adelaide, während sie sich hin und her wiegten. «So, so glücklich.»

«Ich bin auch glücklich, meine Adelaide», sagte Eloise. «Du Londonerin, du!»

Sie aßen im Pub zu Abend, bestellten Ziegenkäsetarts und saftige Burger. «Und zwei Pints von eurem besten IPA!», sagte Eloise zum Barkeeper. «Bitte.»

«Lieber nur eins», fuhr Adelaide dazwischen. Sie drehte sich zu Eloise. «Ich fühle mich heute Abend ein bisschen, ähm, dehydriert.»

«Oder du bist schwanger.» Sie sagte es leise und todernst.

Adelaide blinzelte. «Eloise, was zur Hölle?»

«Ach du Scheiße», sagte Eloise und musste selbst blinzeln. «Ich hab's gewusst. O mein Gott, ich hab's gewusst!»

Adelaide brauchte einen Moment, um zu verstehen, was gerade passiert war. *Ich hab's gewusst.* Sie hatte es gewusst? Woher in aller Welt hatte sie es gewusst? Sie hatten sich seit Jahren nicht gesehen. Und es war nicht völlig ungewöhnlich, dass Adelaide keinen Alkohol trank. Oder?

«Was zur Hölle?», wiederholte Adelaide.

Sie zahlten für ihr Essen, nahmen sich zwei Holzlöffel und den Bon mit ihrer Bestellnummer und steuerten auf einen Tisch in der Ecke zu.

«Zuallererst mal», sagte Eloise, als sie auf die Bank rutschte, «bist du die beste, aber auch schlechteste Geheimnishüterin, die ich kenne. Ich wusste schon vor einer Woche oder so, als wir telefoniert haben, dass irgendwas los ist.» Adelaide starrte sie nur an. «Und dann hast du plötzlich all diese kleinen Outfits und süßen Ideen auf der geheimen Pinterestseite für Hollys Baby Shower gespeichert. Und die war, was, vor zweieinhalb Jahren? Da dachte ich: Okay, entweder erwartet Holly ihr zweites Kind. Oder Adelaide ist schwanger.»

Fucking Pinterest.

«Aber das spielt jetzt auch gar keine Rolle», fuhr Eloise fort. «Wie geht's dir? Wie fühlst du dich? Erzähl mir alles.»

«Na ja», sagte Adelaide. «Ich bin schwanger. Ich erwarte ein Baby. Und das laut auszusprechen, ist völlig gaga.»

Sie hatte es sich ärztlich bestätigen und es Rory zuerst wissen lassen wollen, bevor sie ihre Familie, Freunde und Kollegen einweihte. Aber *du meine Güte*, Adelaide trug so viel mit sich herum. Schon seit Monaten. Es war befreiend, diese besonders gewichtige Neuigkeit auf Eloises Schoß abladen zu können. Jemanden zu haben, der ihr beim Tragen half.

Sie erzählte ihr von der Morgenübelkeit (die noch immer nicht besser geworden war), von dem Schwangerschaftstest aus der Drogerie und von ihrem Termin bei der Gynäkologin am Freitagmorgen. Ihr Essen kam.

«Darf ich am Freitag mitkommen?», fragte Eloise und nahm den Burger in beide Hände. «Ich könnte im Warteraum deine Hand halten.»

«Bitte!», sagte Adelaide. «Bitte! Und dann musst du mir einen Tipp geben, wie in aller Welt ich es Rory sagen soll.»

«Natürlich», sagte Eloise mit vollem Mund. «Wie geht's dem unnahbaren Rory denn?»

«Zuletzt ganz gut», sagte Adelaide. «So gut, wie es einem unter den Umständen eben gehen kann.»

«Vielleicht ist das genau das, was er braucht», sagte Eloise.

«Ein Baby?», fragte Adelaide.

«Ja und nein.» Eloise nahm noch einen Bissen. «Ein komplett neues Leben, auf das er sich konzentrieren kann. Buchstäblich ein neues Leben. Etwas, das ihm in seiner Trauer Freude und Licht schenkt.»

Richtig, dachte Adelaide. Richtig. Vielleicht war es genau das, was er brauchte.

Ihre Geschichte war einfach: Eloise und Adelaide waren vor der griechischen Küste mit ihrer Freundin Barbara segeln gewesen. («Warum Barbara?», fragte Adelaide. «Warum nicht?», entgegnete Eloise.) Es war schon spät, der Himmel samtig blau. Barbara sagte, dass sie hoch aufs Deck gehen wolle, um sich die Sterne anzusehen. Sie kam nie zurück. Sie riefen nach ihr, schalteten Tage später Suchmeldungen in der Zeitung. Nichts. Sie hätten den Skipper in Verdacht, sagten sie – glaubten, dass da irgendetwas nicht mit rechten Dingen zuging.

Dies erzählten sie am kommenden Abend den falschen Detektiven bei Evans & Peel, einer Speakeasy Bar in Earl's Court mit dekadenten Gin-Cocktails und einer lustigen Eintrittsregel. Die Gäste mussten den «Detektiven» (in Anführungszeichen) ein «Rätsel» (in Anführungszeichen) aufgeben, bevor sie eingelassen wurden. Es war affektiert und lächerlich und ein Riesenspaß.

Rory wollte um zwanzig Uhr zu ihnen stoßen, doch er war spät dran. *Sorry,* schrieb er um fünf nach. *Bin gleich da. Hab ein bisschen herumgetrödelt.*

Sag am Eingang, dass du nach Barbara suchst, schrieb Adelaide zurück.

Barbara?, fragte er. Sie gab ihm keine Erklärung. Zwanzig Minuten später traf er ein.

«Hi-hallo-ich-bin-Eloise-so-schön-dich-kennenzulernen», sagte Eloise und umarmte ihn sofort. «Möchtest du einen Drink? Was zu essen? Willst du mir deine gesamte Lebensgeschichte erzählen? Ich bin ganz Ohr.»

«Ich sehe, warum ihr zwei befreundet seid», sagte Rory.

Er fragte den Kellner nach seiner Empfehlung und entschied sich für einen Cocktail. Adelaide und Eloise bestellten eine zweite Runde (Adelaides Cocktail war natürlich ohne Alkohol). Sie erzählten sich Anekdoten aus der Highschool, dem Jurastudium, aus New York und Cambridge und Mallorca. Eloise verriet Rory, dass Adelaide im Abschlussjahr zur Miss Kongenial gewählt worden war.

«Oh», sagte Rory. «Das wusste ich bereits.»

«Ich erwähne es, sooft ich kann», sagte Adelaide. «Aber! Wusstest du auch, dass Eloise in der Rubrik ‹Mögliche zukünftige Weltherrscherin› gewonnen hat?» (Wusste er nicht.)

Adelaide lehnte sich zurück und sah zu, wie Rory und Eloise sich unterhielten – zwei der Menschen, die ihr am meisten bedeuteten –, und es fühlte sich so natürlich an, so unbeschwert. Rory war super darin, neue Leute kennenzulernen, und Eloise war super mit jedem, und *fuck,* dachte Adelaide, *ich bekomme ein Kind von diesem Mann.*

Am Ende des Abends brachten sie ihn zur U-Bahn. Zum Abschied gab Rory Adelaide einen Kuss und Eloise eine Umarmung.

Als er weg war, sahen sich die beiden Freundinnen an. «Ich weiß, es ist schon spät», sagte Adelaide. «Aber. Hast du Lust auf ein Abenteuer?»

Eloise grinste. «Als hättest du meine Gedanken gelesen», sagte sie.

Sie waren beide erschöpft, aber Eloise war nur für fünf kurze Tage in London. Anschließend würde sie nach Mykonos fliegen und dann zurück nach New York. Sie arbeitete diesen Sommer für einen Richter am District Court und hatte innerhalb von weniger als vier Monaten zwei Hochzeiten zu planen. Aber hier, in diesem Augenblick – zwischen Uni und Arbeit und Hochzeiten –, ging es einzig und allein darum, mit ihrer ältesten Freundin eine neue Stadt zu erkunden. Da gab es keine Zeit zu verplempern. Sie hakte sich bei Adelaide unter, und los ging es.

London hatte etwas an sich, eine Energie, die Adelaide unter die Haut ging. Wie ein Stromstoß, der ihr durch die Adern schoss. Vielleicht konnte Eloise es auch spüren, dachte Adelaide, während sie Arm in Arm dahinschritten. Vielleicht sah sie die rosa blühenden Bäume, das sich auf der Themse spiegelnde Licht, die Gebäude – Wolkenkratzer aus Glas und Stahl und alte steinerne Kirchen – und spürte dieselbe Elektrizität.

Sie gingen hinunter zum Fluss, über die Chelsea Bridge und durch Battersea. «Unglaublich, dass wir hier sind», sagte Eloise. «Kannst du dir vorstellen, was unsere fünfzehnjährigen Ichs sagen würden?»

Konnte Adelaide. Sie sah sich selbst mit fünfzehn – große, mit Eyeliner umrandete Augen –, wie sie allein bei der Homecoming-Party tanzte. Sie sah sich, wie sie Eloise im Englischunterricht kennenlernte, wie sie vor einer Prüfung bis drei Uhr morgens *Das Bildnis des Dorian Gray* las, plötzlich völlig gefesselt von der Geschichte. Sie wäre begeistert gewesen zu wissen, dass die pseudoerwachsene Adelaide in London lebte, oder? Dass sie Artikel in Zeitschriften veröffentlicht hatte, die sie während der Highschool toll fand. Dass sie bei Präsidentschaftswahlen ihre Stimme kein einziges Mal einem heterosexuellen weißen Mann gegeben hatte (zumindest noch nicht) und dass sie, dem Himmel sei Dank, nach wie vor mit Eloise befreundet war.

«Sie würden ganz schön große Augen machen», sagte Adelaide. «Aber.» (Aber, aber, aber.) «Ich frage mich, was die jungfräuliche fünfzehnjährige Adelaide von der Tatsache halten würde, dass ich ein uneheliches Kind erwarte.»

«Ach komm», sagte Eloise. «Ich habe das Gefühl, die junge Adelaide fände es klasse, dass die erwachsene Adelaide ein Baby von einem gut aussehenden Mann aus Cambridge mit britischem Akzent bekommt. Oder nicht?»

«Vielleicht», gab sie zu. Sie schwiegen eine Weile.

Ja, Rory war gut aussehend und charmant. Aber in Wahrheit wusste Eloise nicht, was sie von ihm halten sollte, und schon gar nicht, was die junge Adelaide von ihm gehalten hätte.

Sie verstand, dass er eine schwere Kindheit und ein außergewöhnlich schweres Jahr hinter sich hatte. Es war bisher wirklich nicht leicht für ihn gewesen. Aber sie wusste auch, dass Adelaide dazu neigte, Entschuldigungen für die arschigsten Männer in ihrem Leben zu finden und deren schlechtes Verhalten schönzureden.

Bei Nico hatte Eloise von Anfang an dieses Gefühl gehabt – dass sie ein Team waren, eine Einheit, egal was. Sie wusste, dass sie sich auf ihn verlassen konnte. Dass er sie auffangen, sie trösten und sie wertschätzen würde. Und seit fast einem Jahrzehnt hatte sich dieser Eindruck nur verfestigt. Er war immer an ihrer Seite. Immer.

Ist Rory wirklich an Adelaides Seite?, fragte sie sich. Würde er da sein – da bleiben –, wenn das Baby kam? Sicher war sie sich nicht. Aber sie traute sich auch nicht, es Adelaide gegenüber anzusprechen. Zumindest nicht jetzt. Wo gerade so viel passierte.

«Vergiss einfach nicht, Adelaide», sagte sie. «Du reißt dir für andere Menschen den Arsch auf. Du hast es verdient, dass auch jemand bedingungslos für dich da ist. Okay?»

«Ja, wahrscheinlich», sagte Adelaide.

Ihr lief ein Schauder über den Rücken; Eloise drückte ihre Hand. Vielleicht war es nur die kühle Nachtluft.

ZWEIUNDZWANZIG

«Wie wäre es, wenn du einen Wochenendausflug planst?», schlug Eloise vor. Wie versprochen hielt sie am Freitagmorgen im Wartezimmer der Gynäkologin die Hand ihrer Freundin.

Adelaide knabberte an den Fingernägeln ihrer anderen Hand und wippte mit dem Bein. «Vielleicht», sagte sie. «Vielleicht.»

«Denk mal drüber nach», sagte Eloise. «Du könntest mit Rory an irgendeinen tollen Ort fahren. Nach Bath zum Beispiel, wie in einem Roman von Jane Austen. Oder nach Frankreich. Oder Italien! Ihr könntet lange Spaziergänge unternehmen und abends romantisch essen gehen. Die perfekte Flucht aus der Stadt. Und dann – dann! – erzählst du ihm, dass du in ungefähr sechsunddreißig Wochen sein Kind bekommen wirst.»

Es war tatsächlich keine schlechte Idee. (Adelaide schuldete ihm sowieso noch die versprochene Geburtstagsreise.)

Ein paar Stunden später bestätigte der Bluttest, dass Adelaide tatsächlich schwanger war. Seit zehn Wochen, um genau zu sein. Auf Eloises Drängen hin schickte sie Rory eine ungezwungene Nachricht: *Hey du. Einen schönen Freitag dir! Hättest du Lust auf einen Wochenendausflug? Vielleicht um Ostern rum?* (Hatte er. Zum Glück.)

In den darauffolgenden Tagen bummelten Eloise und sie durch London und durchforsteten abends das Internet nach Hotels und B&Bs in Somerset, Paris und an den oberitalienischen Seen. Sie suchten nach freien Zimmern rund ums

Osterwochenende, nach Restaurants mit Sonnenterrassen und nach Hotels mit noch nicht ausgebuchten Wellnessangeboten. («Ja, hallo, bieten Sie auch Schwangerschaftsmassagen an?», fragte Eloise bei einem Anruf. «Eine Schwangerschaftsmassage zu buchen, ist wohl auch eine Möglichkeit, ihm die Nachricht zu überbringen», sagte Adelaide kichernd.)

Am Sonntag fanden sie einen tollen Deal in einer Villa am Gardasee – ein Zimmer mit Aussicht und Vollpension. Dreißig Minuten später war es gebucht, und Adelaide schickte Rory die Bestätigung.

Wir fahren nach Italien!, schrieb sie dazu. Er antwortete mit einem Sonnen-Emoji.

«Siehst du», sagte Eloise. «Es fügt sich alles. So, und was machen wir heute Abend?»

Eloise hatte kein Interesse an Brautpartys oder Junggesellinnenabschieden. Sie seien lediglich eine Zelebrierung kapitalistischer Ideale und ihr außerdem zu einfallslos und aufwendig, als dass sie sie genießen könne. «Die reinste Kommerzialisierung von Sex und Freundschaft», sagte sie. «Und ich unterstütze weder das eine noch das andere.» Trotzdem wollte Adelaide, dass Eloise wenigstens einen Abend bekam, der albern und extravagant war und einen rosa Schleier beinhaltete. An ihrem letzten Tag in London überraschte sie sie mit einem Minijunggesellinnenabschied – Madison und Celeste (die beide nichts von der Schwangerschaft wussten) erwarteten sie mit Konfettikrachern und Federboas. Und wem wollte Eloise etwas vormachen? Sie fand es klasse.

Sie trank nur ein oder zwei Shots Tequila, trotzdem gestand sie Adelaide lallend und mit langen Umarmungen auf der Tanzfläche des Tonight Josephine ihre Liebe. «Ich weiß nicht, was ich ohne dich tun würde. Ich liebe dich mehr als alles auf der Welt. Mehr als Kokos-Eiskaffee und Audrey-Hepburn-Filme und schaumige rosa Cocktails und mehr als jeden Typen, der je gelebt hat.» Die volle Wahrheit.

«Okay», fügte Eloise flüsternd hinzu. «Du bist gleichauf mit Nico. Aber verrate ihm nicht, dass ich das gesagt habe.»

Die beiden setzten sich an einen Tisch; Madison und Celeste tanzten weiter zu «Jumpin', Jumpin'». Adelaide drehte sich zu Eloise. Ihr Kopf fühlte sich an wie ein Luftballon kurz vor dem Platzen.

«Ich muss dir was sagen.»

«Schieß los», sagte Eloise.

«Ich habe Angst.» Adelaide verstummte kurz und schloss die Augen. «Ich habe Angst, dass ich dieses Baby allein großziehen muss, dass Rory mich nie lieben wird und ich mich den Rest meines Lebens mit Nathalie Alban vergleiche. Dass ich nie an sie rankommen werde und dass Team Adelaide nie gewinnt.»

Eloise griff nach Adelaides Hand. «Baby», sagte sie. Es war unklar, ob sie Adelaide «Baby» nannte oder das Wort einfach laut aussprach. Schließlich gab es tatsächlich ein Baby.

«Ich weiß», sagte Adelaide. «Ich weiß.»

Etwas anderes sagte Eloise nicht. Sie schlang nur die Hände um Adelaides Schultern und legte das Kinn auf ihren Kopf. Beiden stiegen die Tränen in die Augen; Eloise blinzelte, sodass ein paar davon auf Adelaides Haare tropften. Die Situation erinnerte sie beide an ihre Highschoolzeit, wenn sie in Adelaides Auto saßen und weinten, weil Emory Evans ihr das Herz gebrochen hatte oder weil Nico zurück nach Mykonos geflogen war.

«Ich hab dich am liebsten», sagte Eloise, die Arme immer noch um Adelaide geschlungen. Dann nahm sie Adelaides Gesicht in beide Hände und sah ihr in die Augen. «Ich bin sicher, dass Nathalie eine tolle Frau war», sagte sie. «Ich bin sicher, dass all die Lobreden auf sie wahr sind, und ich fühle von Herzen mit ihren Hinterbliebenen. Aber du musst mir glauben, wenn ich dir Folgendes sage. Erstens: Die Rolle, die du in meinem Leben spielst, ist enorm wichtig, okay? Und zweitens: Selbst vor Nathalies Tod hat Rory sich für dich entschieden. Und ich vertraue darauf, dass er sich auch in der Zukunft für dich entscheidet und für dieses Baby.»

Adelaide blinzelte. Sie wischte sich mit dem Handrücken eine Träne weg und schenkte dem Kellner, der gekommen war, um nach ihnen zu sehen, ein verlegenes Lächeln. («Alles bestens», gab sie ihm mit gerecktem Daumen zu verstehen.)

Sie wollte es glauben: dass Rory sich für sie entschieden hatte und es auch zukünftig tun würde. Dass er sozusagen in ihrem Team war. Und ein kleiner Teil von ihr glaubte es auch und vertraute darauf, dass dies alles zu ihrer chaotischen Liebesgeschichte gehörte – zu ihrer sehr windungsreichen Reise zum ewigen Glück.

«Danke», sagte sie. «Ich hab dich auch am liebsten.» Sie griff nach Eloises Hand und zog sie zurück auf die Tanzfläche. Sie tanzten den Sprinkler, und Eloise genehmigte sich noch zwei Tequila. («Ich muss schließlich für uns beide trinken», flüsterte sie.) Adelaide kicherte und exte ein Wasser.

Aber was, wenn er nicht in meinem Team ist?, dachte sie.

Eloises Flug ging am frühen Morgen. Adelaide trug ihr den Koffer zum Taxi, umarmte sie zum Abschied. Sie würden sich ja schon ganz bald wiedersehen. Dann kuschelte sie sich wieder unter die Decke und schlief noch mal ein.

Irgendwann gegen acht Uhr wachte sie in einer Blutlache auf. «Lache» war vielleicht übertrieben, aber es war mehr Blut als sonst bei ihrer Periode, so viel stand fest. Es war dickflüssig mit Klümpchen, die aussahen wie kleine dunkle Quallen.

Adelaide zog ihr Bett ab, steckte die Laken in die Waschmaschine und duschte. Sie bat darum, von zu Hause arbeiten zu dürfen, und rief ihre Gynäkologin an. («Können Sie um zwölf vorbeikommen? Ich weiß, das ist spät, aber die Praxis ist heute gerammelt voll.») Adelaide ging hin, ließ einen Bluttest und eine Unterleibsuntersuchung machen. «Nein», sagte die Gynäkologin, sie sei nicht mehr schwanger. Und ja, es sähe aus, als hätte sie eine frühe Fehlgeburt gehabt.

Eins zu zweihundertzweiundachtzig. Dieses Baby war etwas Besonderes gewesen, statistisch gesehen ein Wunder. Warum hatte Adelaide kein besseres Zuhause für dieses kleine Wesen sein können? Für dieses Wunder. Sie griff nach der Hand der Ärztin und schluchzte.

Sie wusste nicht, wie lange sie so dort gesessen und die Fingerknöchel der Ärztin auf eine Art gedrückt hatte, die unter anderen Umständen völlig unangemessen gewesen wäre. Ein paar Minuten? Eine volle Stunde? Sie hatte keine Ahnung. Aber schließlich ließ Adelaide die Hand los, wischte die Tränen weg und verließ die Praxis. Sie kaufte sich einen richtigen Caffè Latte mit Koffein, nahm eine halbe Xanax und schrieb Eloise.

Ich habe das Baby verloren. Sonst nichts. Eloise rief sie sofort an. «Soll ich zurück nach London kommen? Ich kann den nächsten Flug von Mykonos nehmen.»

«Nein, nein», sagte Adelaide. «Ist schon gut. Mir geht's gut. Versprochen.»

Drei Tage später flog sie mit Rory nach Italien. Als wäre nichts passiert.

Wie schon gesagt, war Adelaides Problem, dass sie alles fühlte. Wirklich, alles – außer den Dingen, die sie fühlen sollte.

In der Highschool hatte ein guter Freund von ihr Selbstmord begangen. Adelaide weinte kurz, als sie es erfuhr, und dann noch mal bei der Beerdigung, aber nicht mehr. «Ich vertraue einfach darauf, dass er jetzt am richtigen Ort ist», sagte Adelaide. «Dass er nicht mehr leiden muss.» Es war nicht gelogen, aber auch nicht die ganze Wahrheit. Die ganze Wahrheit war, dass Adelaide den Schmerz so tief in sich hineingrub, dass sie ihn kaum noch spüren konnte.

Die Fehlgeburt grub sie ebenfalls in sich hinein. Steckte sie weg. Rory erzählte sie, dass ihre Endometriose schlimmer geworden sei und sie deshalb so stark blutete. Sie schliefen trotzdem miteinander. Hinterher übergab sich Adelaide hinter verriegelter Badezimmertür. «Tut mir leid», sagte sie, als sie zurück ins Bett kroch. «Das ist kein guter Zeitpunkt, um krank zu werden, hm?»

«Wirklich nicht», sagte Rory. «Aber tut mir leid, dass es dir nicht gut geht.»

Rory hatte vorab im Hotel angerufen und ein Zimmer mit zwei Einzelbetten verlangt, was Adelaide ein kleines bisschen das Herz brach. Sie bestand darauf, die Betten zusammenzuschieben, und sagte: «Du musst mir Geheimnisse erzählen, um diese Intimitätslücke zu füllen.»

«Okay», sagte er und erzählte, dass er als Junge davon geträumt hatte, ein berühmter Schriftsteller zu werden. Er habe noch immer diese Idee für eine Geschichte über einen Mann namens Mr. Burns oder Mr. Berner oder Mr. Bernstein im Kopf – er konnte sich nicht für einen Namen entscheiden, weshalb er die Geschichte nie geschrieben hatte. «Aber sie wäre großartig», sagte er. «Ich weiß es. Nat habe ich immerzu davon erzählt.»

Sein Name spielt keine Rolle, dachte Adelaide. Nenn ihn TK. Schreib darüber, wer er ist, was ihn antreibt, was ihm zustößt. Der Name wird schon kommen. Doch sie sprach es nicht aus. Sie wollte ihn nicht infrage stellen.

«Was ist mit deinen Geheimnissen?», fragte er.

«Ich habe keine», sagte Adelaide. «Du kennst all meine Geheimnisse.»

Selbst getrübt von vergrabenem Herzschmerz gehörte der Gardasee zu den schönsten Orten, an denen Adelaide je gewesen war. Rory und sie aßen in Sahne und Käse getränkte Pasta mit frisch gemahlenem Pfeffer und leerten flaschenweise La Chiamata Trebbiano. Sie fuhren mit der Fähre über den See und besuchten jeden Tag ein neues kleines Dorf; Adelaide bestand darauf, am Bug der Fähre die Arme auszubreiten und zu rufen: «Ich bin der König der Welt!» Einmal wurde sie dabei von einem älteren Italiener überrascht, der zum Rauchen an Deck kam. Rory und sie konnten kaum aufhören zu lachen.

«Zeichnest du mich dann später *wie die Mädchen in Frankreich, Jack*?», fragte er.

«Nur wenn du Glück hast, *Rose*.»

Sie nahmen dampfende Bäder in einer riesigen frei stehenden Badewanne. Er las *Die Drehung der Schraube* und sie *Menschenkind*. Es war perfekt und idyllisch. (Bis Adelaide anfing zu bluten und sich im Badewasser eine rote Wolke bildete wie in einer Szene aus *Der weiße Hai*. Aber egal.)

Am Ostersonntag – dem vorletzten Tag ihrer Reise – besuchten sie ein kleines Café auf dem Wasser und riefen ihre Familien an. Rory zeigte Adelaide eine animierte Grafik, die ihm seine Großmutter per E-Mail geschickt hatte. Es war ein Bibelvers aus dem Matthäusevangelium, umgeben von animierten Hasen und Narzissen. Adelaide stieß ein langes *Ohhhh* aus.

«Wie süß», sagte sie.

«Sie ist der Inbegriff einer irischen Katholikin», sagte Rory. «Sehr lieb, aber auch sehr angetan von Donald Trump.»

«Deine irische Großmutter ist angetan von Donald Trump?»

«Na ja.» Er erklärte, dass sie von jedem Politiker angetan sei, der gegen Abtreibung war. Früh in ihrer Ehe habe sie mehrere Fehlgeburten gehabt, was sich auf ihre politischen Ansichten auswirkte.

«Interessant», sagte Adelaide und verlagerte ihr Gewicht auf dem Stuhl. «Ich hätte eher erwartet, dass sie sich deshalb von der Meinung distanziert, dass ein Leben mit der Empfängnis beginnt. Ich fände den Gedanken tröstlicher, eine Zelle verloren zu haben als eine Seele.»

«Tja», sagte er brüsk. «Schätze, du kannst nicht wirklich nachempfinden, was sie durchgemacht hat, hm?»

Adelaide biss sich auf die Wange. *Du hast ja keine Ahnung,* dachte sie.

SOMMER

London, England
2019

DREIUNDZWANZIG

Ein paar Monate später schenkte Adelaide Rory eine Margerite in einem lila Topf. Sie hatte die Blume an jenem Morgen in der Columbia Road entdeckt, wo sie abseits der anderen Pflanzen am Tischrand stand. Sie brauchte ein Zuhause.

«Sie ist ein bisschen traurig und zerbrechlich», sagte sie. «Aber hey, dasselbe gilt für uns.»

«Sie ist perfekt», sagte Rory und warf Adelaide einen Blick zu. «Margeriten waren Nats Lieblingsblumen. Danke.»

Er stellte sie auf die Fensterbank über seinem Bett, auf dem sie sich im Schneidersitz niederließen. Sie sprachen darüber, dass sie kaum glauben konnten, wie schnell es August geworden war, dass der Frühling und der Sommer ihnen durch die Finger zu rieseln schienen wie Blütenblätter. Wie Sand.

«Wie wäre es, wenn wir noch einen Kurztrip planen?», fragte Adelaide. «Wir könnten übers Wochenende zur Jurassic Coast fahren oder mit dem Eurostar nach Paris? Und du bist natürlich immer noch eingeladen, mit nach Mykonos oder New York zu kommen, für Eloises Hochzeit. Selbst wenn du nur am Strand oder im Hotel abhängen willst. Ein Tapetenwechsel könnte dir guttun.» (Sie plapperte vor sich hin, konnte sich aber nicht dazu bringen, langsamer zu sprechen.)

«Vielleicht», sagte Rory. «Vielleicht.»

«Lass uns Unterkünfte im Marais googeln», schlug Adelaide vor. «Nur zum Spaß?»

Er holte seinen Laptop und gab das Passwort ein. Es waren mehrere Tabs geöffnet: persönliche Websites, Fundraising-

Seiten, Nathalies Nachruf in der *Times*. Auf der linken Desktopseite waren mehrere Chatfenster aufgereiht, in denen die Worte «Nat» oder «Nathalie» öfter auftauchen, als Adelaide zählen konnte. Der Bildschirm schrie ihren Namen förmlich heraus.

Ich weiß, stand in einer Nachricht. *Du musst dich einfach auf das Positive konzentrieren. Nathalie würde* – Rory schloss die Tabs, aber zu spät. Der Damm war gebrochen. Das Zimmer fing an, sich zu drehen.

«Wir könnten auch campen gehen», sagte er, als wäre nichts.

«Können wir nicht», sagte Adelaide. «Ich kann das nicht mehr.»

«Adelaide», sagte er. «Was meinst du?»

Sie stand auf, hatte das Gefühl, als würde ihr Gesicht schmelzen. «Ich meine das hier.» Sie deutete auf sich und ihn. «Es ist, als würde ich versuchen, auf ein bewegliches Ziel zu schießen, aber ich treffe einfach nicht. Ich glaube, dass du im Moment eine gute Freundin brauchst, dass ich so eine Freundin für dich sein sollte, mehr nicht. Außerdem weiß ich nicht mal, wie man campt. Ich hab es gehasst bei den Pfadfinderinnen.»

«Was zur Hölle, Adelaide?»

Man sollte erwähnen, dass Adelaide seit Monaten, seit Nathalies Tod, kaum geschlafen hatte. Sie lag nachts im Dunkeln wach, spielte Walgesänge auf ihrem Laptop ab oder hörte sich *Harry-Potter*-Hörbücher an, während sie eine billige Flasche Chardonnay umklammerte. Sie betete, dass irgendetwas, egal was, sie beruhigen würde. (Aber nichts half.)

In der vergangenen Woche war sie bei der Beförderung übergangen worden – «Du stehst zurzeit einfach unter großem Druck», hatten Sam und Djibril gesagt. «Da wollen wir dir nicht noch mehr aufladen.» Adelaide hatte sich entschuldigt und sich auf der Toilette die Augen ausgeheult. (Aber wie konnte sie wegen einer verpassten Chance auf einen Job weinen, wenn Nathalie tot war? Nathalie, die zweifellos jede Beförderung bekommen hatte, für die sie je im Gespräch gewesen war. Die jüngste stellvertretende Chefredakteurin bei der *Times*.)

Dann war da noch die unumgängliche (freudige) Tatsache, dass Eloise in zwei Wochen heiraten würde. Adelaide war deshalb völlig aus dem Häuschen. Absolut, sie war aus dem Häuschen. Aber sie musste sich um ihre Wimpernverlängerung kümmern, um die Änderungen an ihrem Kleid, um die Stresspickel auf ihrem Kinn und die dunklen Augenringe. Nicht auszudenken, wenn sie als verlotterte Hülle ihrer selbst erschien und Eloise an ihrem Hochzeitstag hängen ließ.

Oh, und irgendwo tief in ihr waberte immer noch die Erinnerung an jenen Morgen. An das blutgetränkte Laken. An das Wunder von einem Baby, das sie geliebt und innerhalb weniger Wochen verloren hatte.

Sie war einfach so verdammt traurig.

Seit sie sich kannten, hatte Rory Adelaide ausschließlich bei Filmen weinen sehen und bei *Friends,* wenn Rachel aus dem Flugzeug steigt. Sie versteckte den Teil von sich, der sich schluchzend auf den Boden der Dusche setzte, der auf Teufel komm raus die Welt nicht verstand. Aber jetzt begann die Fassade zu bröckeln – der Stress, die Frustration, die abgesagten Verabredungen zum Abendessen, die Trauer. Die Worte purzelten aus Adelaides Mund, bevor sie sie aufhalten konnte. «Ich lebe in diesem Schatten und weiß nicht, wie ich dich dazu bringen kann, mich zu lieben. Was zur Hölle kann ich denn bitte noch tun, damit du mich liebst?»

Sie sprach nicht mehr nur zu Rory. Es war absurd – schließlich hatte das Leben Adelaide mit unzähligen Privilegien beschenkt –, doch in diesem Augenblick hatte sie das Gefühl, Gott selbst anzuklagen. Alles tat weh. Alles. Was konnte sie denn noch tun?

«Bisher hat mich nur ein einziger Mann je geliebt», sagte Adelaide, und Tränen stiegen ihr in die Augen. «Derselbe Mann, der meinen Kopf festgehalten und seinen Schwanz in meinen Mund gesteckt hat. Der mir seinen Milchshake über den Kopf geschüttet hat, während ich am Steuer saß, der mir meinte sagen zu müssen, meine Brüste seien zu klein, und der mir trotzdem mit siebzehn das Herz gebrochen hat, und ...»

«Hör auf, mir das zu erzählen», sagte Rory. «Ich muss mir das nicht anhören.»

«Genau das ist das Problem, Rory», sagte sie. «Das alles trage ich mit mir herum. Jeden Tag. Es ist heftig und schwer, und es beeinflusst die Art und Weise, wie ich dein Verhalten bewerte – ob bewusst oder unbewusst. Du weigerst dich, mich deiner Familie vorzustellen. Du meldest dich manchmal tagelang nicht. Du zeigst mir glasklar, dass ich niemals auch nur ansatzweise so wunderbar wie Nathalie sein werde. Und das alles gibt mir das sichere Gefühl, dass ich es einfach nicht wert bin, geliebt zu werden.»

«Das ist nicht fair, Adelaide», sagte er aufgebracht. «Trage ich gerade nicht sowieso schon viel mit mir herum? Findest du nicht, dass ich schon genug auf dem Scheißteller habe? Ich habe meine Eltern verloren, als ich noch ein Kind war, mein Magen brennt die ganze Zeit, und jetzt ist auch noch die Frau gestorben, von der ich mal überzeugt war, dass ich sie heiraten würde ... Soll ich etwa einfach sagen, dass ich dich liebe, wenn es nicht so ist? Um dich zufriedenzustellen? Das werde ich nämlich nicht tun. Nicht aus Herzlosigkeit, sondern aus Vorsicht. Und Vernunft. Ich habe kapiert, wie kurz das Leben ist, Adelaide. Aber ich werde nicht einfach irgendwas sagen, hinter dem ich nicht stehe.»

«Ich weiß», sagte sie. «Ich will nicht, dass du lügst. Ich will nur ... Ich will, dass es wahr ist. Ich will, dass du mich liebst, und es wird immer schwieriger für mich, dass du es nicht tust.»

Er schwieg.

«Tut mir leid», sagte sie. «Ich drehe durch, und es tut mir leid. Vielleicht brauchen wir einfach ein paar Tage Abstand, um mal durchzuatmen und uns darüber klarzuwerden, wie es weitergehen soll.»

«Und damit kommst du um neun Uhr an einem Sonntagabend?», sagte er. «Du stehst mit einer Margerite vor der Tür, und jetzt willst du eine beschissene Pause?»

«Nur für ein paar Tage», sagte Adelaide und rieb sich die Augen. «Nur für ein paar Tage.»

Sie starrten einander schwer atmend an. Keiner sagte ein Wort.

«Darf ich dir eine Gute-Nacht-Umarmung geben?», fragte Adelaide nach einer Minute.

«Nicht, wenn es die letzte ist.»

«Ist es nicht», sagte sie. «Versprochen.»

Sie umarmte seinen schlaffen Körper und hasste sich dafür, dass sie ihren Frust an ihm ausgelassen und seinen Bürden noch eine weitere hinzugefügt hatte. Sie hasste sich dafür, dass sie die Beherrschung verloren hatte. *So viel zum Thema Stütze*, dachte sie. So viel zum Thema, ihn aufrecht zu halten.

Sie verließ die Wohnung und hörte die Tür hinter sich zuknallen.

«Man sollte meinen, dass man sich hinterher besser fühlt», sagte sie zu Madison und Celeste. «Wenn man sich mal Luft gemacht hat. Aber so ist es nicht. Und heilige Scheiße, es tut mir so leid, dass ich seit anderthalb Jahren anscheinend über nichts anderes sprechen kann als darüber, wie sehr ich von diesem Mann geliebt werden möchte und wie traurig ich bin, dass er es nicht tut.»

«Schhh», sagte Celeste. «Dafür sind wir doch da. Und wir haben über tausend andere Dinge gesprochen. Erinnerst du dich an die königliche Hochzeit? Das war bestimmt einen Monat lang unser Gesprächsthema Nummer eins.» Adelaide lächelte schwach.

Madison sagte nichts und machte Adelaide einen Eistee. Adelaide konnte sich vorstellen, dass diese Unterhaltung komisch für sie war – ihre Beziehung mit Anurak schien von Anfang an wunderbar leicht zu sein. Ohne Todesfälle, spätabendliche Streits, unbeantwortete Nachrichten und unerwiderte Ich-liebe-dichs. Sie verbrachten fast jede Nacht zusammen, kochten abends ausschweifend und hinterließen ein mehliges Chaos in der Küche, das die obsessiv ordentliche Adelaide oft beseitigte.

«Ich will eigentlich nicht das Thema wechseln», sagte Madison. «Und es tut mir leid, dass du das durchmachen musst, Adelaide. Aber ich muss dir etwas sagen.» Adelaide und Celeste hielten den Atem an. «Ich ... Ich werde aus unserem Mietvertrag aussteigen, wenn er ausläuft, Adelaide. Weil ich, ähm ... Ich will keine große Sache daraus machen.»

«Weil du was?», fragte Adelaide etwas spitzer, als sie wollte.

«Ich gehe nach Thailand», sagte sie. «Nach Bangkok. Mit Anurak. Nur für ein Jahr, aber wir wollen schon im September los.»

Furchtbares Timing für so eine Ankündigung, dachte Adelaide. Aber wann wäre das Timing besser gewesen? Wahrscheinlich hatte Madison es schon seit Wochen gewusst und einen ruhigen Moment abwarten wollen – das Auge des metaphorischen Sturms –, um es ihr zu sagen. Aber es hatte keinen ruhigen Moment gegeben.

Vielleicht wusste Celeste schon Bescheid, dachte Adelaide. Vielleicht hatten die beiden sich Gedanken gemacht, wann und wo Madison es Adelaide am besten sagen sollte. Der schwachen, zerbrechlichen Adelaide. Trotzdem seltsam, dass ihr dies als der richtige Moment erschienen war.

Aber es war doch eine gute Nachricht, oder? Natürlich war es das. *Lächle*, sagte sich Adelaide. *Freu dich für sie!*

«Wow», sagte sie. «O mein Gott, tut mir leid, dass ich einen Augenblick gebraucht habe, um das zu verdauen. Das sind großartige Neuigkeiten!»

«Ja», sagte Madison. «Ich meine, wie gesagt, es ist keine große Sache. Nur ein Jahr. Aber ich freue mich.»

«Das solltest du auch!», sagte Adelaide. Ihre Stimme klang wie Süßstoff – künstlich und unecht.

Am nächsten Tag kaufte sie eine Flasche Prosecco und einen Strauß frische Blumen und schrieb eine Notiz auf eine kleine freche Karte: *Ich hasse es, dass du mich verlässt, aber liebe es, dich gehen zu sehen.* Sie freute sich für Madison! Ernsthaft. Versprochen.

Aber klar, unter der Oberfläche hatte Adelaide das Gefühl, als könne sie nicht schnell genug mit den Beinen paddeln. Als kämen die Wellen stetig angerollt, ohne dass sie ihren Kopf länger über Wasser halten konnte. Ihr Rettungsboot schwamm ihr davon, buchstäblich. Wie sollte sie so überleben?

«Madison zieht aus», erzählte sie Rory ein paar Tage später. (Natürlich trafen sie sich schon nach kurzer Zeit wieder. Vor zwei Tagen hatte sie ihm geschrieben – *Tut mir leid wegen allem. Abendessen am Freitag?* –, und sie übergingen ihren Streit, als wäre er nie passiert, klebten ein Pflaster auf die offene Wunde. Adelaides Willenskraft reichte nicht aus, um auf Abstand zu bleiben. Nicht jetzt, wo sich alles veränderte.)

«Sie geht nach Thailand», fügte sie hinzu.

«Sie geht nach Thailand?»

«Mit Anurak. Für ein Jahr. Ab Mitte Oktober, glaube ich, sie übernimmt dort eine Schwangerschaftsvertretung in der Schulverwaltung. Aber sie fliegen schon im September.»

«Wow», sagte Rory. Adelaide nahm eine Gabel Pasta und nickte.

Sie saßen Seite an Seite im Padella. Ihre Knie berührten sich, während sie sich unterhielten.

«Und was machst du dann?», fragte er.

«Gute Frage. Wahrscheinlich suche ich mir eine Wohnung für mich allein. Ich hoffe, das ist einfacher, als irgendeine neue Mitbewohnerin zu finden. Und sauberer. Aber das alles sollte am besten noch vor Elises Hochzeit unter Dach und Fach sein.»

«Stimmt», sagte er.

Sie habe die Woche über einige Besichtigungen – in Highgate, Bermondsey, Bloomsbury. «In ganz London verteilt. Mir wäre jede Einzimmerwohnung recht, solange sie Holzfußboden hat und nicht eine Million Pfund kostet.»

«Was ist mit Celyse?»

«Celeste», korrigierte sie. «Sie hat ein wunderschönes Studioapartment in Islington und kein Verlangen auszuziehen – verständlicherweise. Aber wenn ich die kommenden Wochen außer der Arbeit und den Hochzeitsvorbereitungen nichts anderes tue, als Wohnungen zu besichtigen, werde ich schon was finden.»

Er nickte.

Ihr war nicht klar gewesen, dass sie insgeheim hoffte, Rory würde anbieten, sie bei den Wohnungsbesichtigungen zu begleiten, bis er es nicht tat. *Er hat genug um die Ohren*, rief sie sich in Erinnerung.

Sie aßen auf und zahlten. Für einen Augustabend war es kühl; Adelaide zog einen gelben Cardigan aus ihrer Handtasche und warf ihn über.

«Willst du über den letzten Abend sprechen?», fragte sie.

«Ich wüsste nicht, warum wir das noch mal aufwärmen sollten», sagte Rory.

«Oookay. Ich ... Ich wollte mich nur entschuldigen.»

Sie erklärte ihm, dass irgendetwas in ihr nach Nathalies Unfall zerbrochen war. «Ich weiß, dass es keinen Sinn ergibt. Meine einzige richtige Verbindung zu ihr bist du, deine Vergangenheit. Aber es hat mich trotzdem schwer getroffen. Ich muss jeden Tag an ihre Mutter, ihre Schwestern und ihre Freunde denken.» Aber das sei nicht alles, fügte sie hinzu. Ihre Trauer sei überlagert von Angst, einer furchtbar egoistischen Angst – «Angst vor den Vergleichen, die du bestimmt in deinem Kopf anstellst. Angst vor diesem Nathalie-großen Loch in deinem Herzen, das ich niemals füllen kann.» Diese Angst ließe sie unsicher werden und triebe sie dazu, sich seltsam zu verhalten. «Und deshalb tut es mir leid», sagte sie mit glasigen Augen. Sie wischte die Tränen mit dem Ärmel ihres Cardigans weg.

Rory umarmte sie, gab ihr einen Kuss auf den Kopf. «Du bist so lieb», sagte er. «Komm, wir bringen dich nach Hause.» Sie nahmen die U-Bahn zu ihrer Wohnung und verloren kein weiteres Wort über die Sache.

«Ich wollte dich das schon länger fragen», sagte Rory, als er sich in Adelaides Zimmer die Jacke auszog, und deutete auf ein kleines Regalbrett neben der Tür. «Du redest immerzu über die Bücher, die du liest, aber ... wo sind diese Bücher alle?» In seiner Stimme schwang ein leichter Vorwurf mit.

Im Gegenteil zu Rory hatte sie kein riesiges, mit Büchern und Erinnerungen vollgestopftes Regal an der Wand – Bücher und Erinnerungen, die hauptsächlich von Nathalie Alban stammten, wie sie inzwischen wusste. Adelaide hatte nur ein Buch auf ihrem Nachttisch liegen: Wetherly May-Lewis' *Ein modernes Imperium*. Zudem standen auf dem Regalbrett zwischen Orchideen und heruntergebrannten Kerzen ein paar Romane von Virginia Woolf, Toni Morrison und Sylvia Plath. (Nicht weil sie diese Autorinnen besonders mochte, obwohl sie sie gut fand. Sondern weil sie die Art Person sein wollte, die *Mrs. Dalloway*, *Sehr blaue Augen* und *Die Glasglocke* in ihrem Regal stehen hatte.)

«Ich habe eine Menge Bücher verschenkt, als ich hergezogen bin», sagte sie. «Und inzwischen lese ich meistens auf meinem Handy.» Er gab ein fast unhörbares Schnauben von sich.

«Aber ich hatte früher diesen Traum», fuhr sie fort. In der Highschool hatte sie sich alle Bücher, die sie im Englischunterricht lesen sollten, neu gekauft, sie mit Anmerkungen versehen und die Ränder in verschiedenfarbiger Tinte mit den Gedanken einer Zehnt-, Elft-, Zwölftklässlerin vollgeschrieben. Sie hatte sich immer ein kleines Haus oder eine Wohnung in der Stadt ausgemalt. Mit riesigen Bücherregalen, vollgestopft bis oben hin. «So hoch, dass man eine von diesen verschiebbaren Leitern braucht, um an die obersten Reihen zu kommen.» Sie hatte gedacht, dass all die Bücher mit ihren Notizen sie überallhin begleiten würden. «Aber wenn man zum ersten, zweiten, dritten, vierten Mal umzieht, beschließt man irgendwann, dass eine Taschenbuchausgabe von *Der scharlachrote Buchstabe* vielleicht doch nicht unverzichtbar ist.» Die meisten ihrer mit Vermerken versehenen Bücher stünden inzwischen bei Goodwill in Georgia oder in irgendwelchen Wohltätigkeitsläden in Boston und Brooklyn.

Es gab noch einen zweiten Grund, den Adelaide Rory aber nicht nannte. Ihre Erinnerungen an die Highschool existierten nur fragmentarisch. Manche waren völlig scharf: wie sie sich vor dem Prom lange falsche Wimpern anklebte oder vor der Zeugnisübergabe die Schnalle ihrer High Heels zumachte. Der letzte Tag der College-Aufnahmeprüfungen, den Eloise und sie mit einer spontanen Tanzparty auf dem Parkplatz feierten, während aus der Anlage ihres Volkswagen Käfers Hall & Oates' «You Make My Dreams» wummerte. Sie konnte noch immer die Sonne auf ihren nackten Armen spüren und die fettigen Pommes und die Milchshakes schmecken, die sie sich an jenem Nachmittag mit einem breiten Grinsen vom Drive-in geholt hatten.

Aber es gab auch verschwommene Momente, Erinnerungen, die ihr Gehirn aus Gründen des Selbstschutzes auszublenden versuchte. Das Resultat war, dass Adelaide an nur sehr wenigen Erinnerungsstücken aus ihrer Highschoolzeit hing. Eines ihrer Ballkleider, die rosa Converses, die sie zum sechzehnten Geburtstag bekommen hatte, und besagte Ausgabe von *Der scharlachrote Buchstabe* wurden alle zu Ballast, den sie zur Selbsterhaltung über Bord schmiss.

Aber jetzt schien nicht der richtige Zeitpunkt, Rory das zu erklären. Er wollte diese Details nicht wissen.

«Vielleicht kannst du dir in deiner neuen Wohnung ein großes Bücherregal an die Wand stellen», sagte er.

«Vielleicht», sagte sie. «Allerdings müsste ich sie mit etwas füllen, nicht wahr?»

Sie brauchte mehr Bücher, dachte sie. Und sie brauchte mehr glückliche Erinnerungen.

VIERUNDZWANZIG

Adelaide war in heller Aufregung, als sie den Flughafen London Heathrow erreichte. Sie hatte an diesem Morgen drei Wohnungen besichtigt (die leider alle nach Käsefüßen rochen), bevor sie aufs Geratewohl schicke Kleider, einen Dampfglätter und eine Auswahl an High Heels in ihren Koffer schmiss. Ihr verschwitztes, sich kräuselndes Haar hatte sie zu einem unordentlichen Knoten gebunden. Sie trug ein schlabberiges T-Shirt aus der Highschool – OBAMA '08 stand darauf –, das Löcher in den Ärmeln und einen Fettfleck auf Bauchnabelhöhe hatte. *Bin am Flughafen!!!!!*, schrieb sie Eloise. *Yeahhhh!!!!*

Sie erstellte eine Abwesenheitsnotiz für die Arbeit, holte sich einen Kaffee für den Flug und landete ein paar Stunden später auf Mykonos. Baz, Nicos älterer Bruder, holte sie ab. Sie hatten sich nur wenige Male gesehen. Er würde der *koumpáros* sein, Nicos Trauzeuge. «Was hast du da alles drin?», fragte er, als er ihren Koffer ins Auto hievte. «Eine Leiche?» Adelaide zwang sich zu lachen.

Eloise und Nico schliefen noch, sagte Baz – «Der Jetlag» –, aber wenn sie wolle, könne er ihr in der Zwischenzeit die Insel zeigen.

«Unbedingt», sagte sie. Das wäre toll.

Bis zur Dämmerung war es nicht mehr lang, und der Himmel sah aus wie ein ausgebreitetes Halstuch – halb blau und halb lavendelfarben und dazwischen tieforange Streifen. Adelaide nahm einen tiefen Atemzug. «Nicht übel, was?», sagte Baz.

«Überhaupt nicht übel», sagte sie.

Adelaide hatte das Mittelmeer bereits von der Côte d'Azur, der italienischen Riviera und den Balearen aus gesehen (sie Glückspilz). Aber das hier übertrumpfte alles. Das Meer spiegelte die blasser werdenden Farben des Himmels, die Wellen schwappten in blauen, lila- und orangefarbenen Schattierungen ans Ufer. Die Luft war schwer und salzig, sodass sich Adelaides lose Haarsträhnen noch stärker lockten. Es fühlte sich herrlich an, hier zu sein, weit weg von allem.

Baz zeigte ihr die Windmühlen und die Pflasterstraßen der Altstadt und grüßte die Kellner, die er kannte. Einer von ihnen bot Adelaide einen Ouzo aufs Haus an. «Trink einen für mich mit», sagte Baz. «Ich muss noch fahren.» Sie exte beide Shots, der Alkohol brannte in ihrer Kehle. Sie wimmerte, und alle drei lachten.

«Willkommen auf Mykonos», sagte der Kellner.

Als sie zum Haus kamen, waren Eloise und Nico gerade aufgewacht und tranken Kaffee auf der Veranda. Sie trugen beide noch dieselben Klamotten wie auf ihrem Flug. Eloise zu sehen, fühlte sich für Adelaide an, wie aus dem Krieg nach Hause zu kommen; als öffnete sie in ihrer zerfetzten Uniform die Haustür, nur um zu sehen, dass alles noch genauso war wie vorher. Kein Staub hatte sich angesammelt. Alles unverändert, alles in Ordnung. Sie war in Sicherheit.

«Du bist hier!», rief Eloise.

«Ich bin hier!», sagte Adelaide. «Und ihr beide heiratet!»

Sie umarmten und küssten sich alle drei.

«Es ist so schön, dich zu sehen», flüsterte Adelaide Nico zu. «Aber dir ist schon klar, dass du mir meine beste Freundin klaust?»

«Ach komm», sagte er. «Wir wissen beide, dass du die

Nummer eins bist. Sie gibt dich immer noch als ihren Notfallkontakt an, und du lebst auf einem anderen Kontinent.» Er zwinkerte Adelaide zu; sie grinste.

Eloise zeigte Adelaide ihr Zimmer und sagte, dass ihre Mutter und ihre Tanten am kommenden Morgen ankämen, pünktlich zur Probe. (Eloises Vater war gestorben, als sie noch ein Baby gewesen war. Ihre Mutter Joanne hatte sie allein großgezogen; Adelaide liebte sie über alles.) Allerdings bestünde die Gästeliste dieser Zeremonie hauptsächlich aus Nicos Verwandtschaft. «Mach dich also auf viel Tanz und Ouzo gefasst.» Adelaide nickte.

«Kann ich im Moment irgendetwas tun, um dir zu helfen?», fragte sie.

«Heute Abend nicht», sagte Eloise. «Heute Abend bestellen wir uns Souvlaki und genießen einfach, dass du hier auf Mykonos bist. Ich glaube, wir können beide einen entspannten Abend gebrauchen.»

«Ich glaube auch», sagte Adelaide.

Was als Nächstes passierte, war nicht geplant. Sie hatte nicht vorgehabt, so lange aufzubleiben, so viel zu trinken und sich um drei Uhr morgens mit Baz und seinem Partner Haralambos (genannt Bobby) auf einer vollen Tanzfläche wiederzufinden.

Eloise und Nico lagen längst zu Hause im Bett. «Bist du sicher, dass du nicht mit uns zurückwillst?», hatten sie gegen zehn gefragt.

«Nein, nein», hatte Adelaide geantwortet. «Ich bleibe noch ein bisschen.»

Und hier war sie, trug immer noch ihr altes Wahlkampf-T-Shirt und sang völlig verschwitzt lauthals Lieder mit, die sie seit einem Jahrzehnt nicht mehr gehört hatte. Die drei tanzten und lachten und schlichen schließlich um vier Uhr morgens nach Hause. Laut flüsternd drängten sie sich in die Küche, um literweise Wasser zu trinken. Die anderen schliefen oben.

Zum ersten Mal seit Monaten dachte Adelaide nicht an Nathalie Alban oder Rory Hughes, an Fehlgeburten oder Wohnungsbesichtigungen oder ihren überquellenden E-Mail-Eingang. Nein, sie dachte daran, wie gut sich die Morgenluft in ihrem Nacken anfühlte und wie erfrischend es war, klares kaltes Wasser zu trinken. Wie lieb sie jede Person in diesem Haus hatte, allen voran die vom Jetlag geplagte Braut, die oben schlief. Ihr ging durch den Kopf, dass diese kleine Insel magisch war und dass sie vielleicht eines Tages hierherziehen und sich auf Mykonos zur Ruhe setzen sollte.

Ihr Hirn arbeitete die meiste Zeit auf Hochtouren, aber manchmal war es doch ziemlich schön, einfach nur am Leben zu sein.

Am nächsten Morgen bekam sie eine Nachricht von Celeste. Die Wohnung einer Freundin werde kommenden Monat frei, und die Vermieterin suche schnellstmöglich einen Nachmieter. *Wunderschöne Wohnung,* schrieb sie. *Fischgrätparkett, hübsches Wohnzimmer plus Schlafzimmer. Ich könnte heute Nachmittag vorbeifahren und ein paar Fotos für dich machen, wenn du willst?*

Adelaide rieb sich den Schlaf aus den Augen. Es war acht Uhr, und in ihrem Kopf hämmerte es, aber: *Ja, bitte,* schrieb sie zurück. *Das wäre toll. Tausend Dank!*

Sie nahm ein paar Ibuprofen, die sie ohne Wasser schluckte. Nico war in der Küche, als sie hinunterkam. «Kaffee?», fragte er.

«Bitte», sagte sie und nickte.

«Möchtest du …?»

«Dass du meinen Kaffeesatz liest?», fragte sie. «Auf jeden Fall, wenn du Lust hast!»

«Eigentlich wollte ich fragen, ob du einen Frappé möchtest», sagte er, und sie schmunzelten beide. «Aber klar, ich kann deinen Kaffeesatz lesen.»

Sein Wahrsagetalent beeindruckte sie. Adelaide trank ihren Kaffee schnell aus und kippte den matschigen Satz auf eine Untertasse. Wie angewiesen, ließ sie ihre umgestülpte Tasse ein paar Sekunden lang unberührt. Dann hob Nico sie an und sah darunter.

Sie wusste, dass er eine Regel hatte. Er offenbarte nie das Negative («Das macht den Leuten nur Angst», sagte er immer). Nico überbrachte nur die guten Nachrichten. Aber als er an diesem Morgen ihren Kaffeesatz las, sah er wenig Gutes darin. Er wollte Bäume, Schleifen und Pforten sehen – Formen, die darauf hindeuteten, dass Adelaide Glück bevorstand, dass eine neue Ära für sie anbrach. Stattdessen sah er Messer, zerbrochene Ringe und Scheren – alles Symbole für das Ende von Beziehungen und körperliches Leid.

«Diesmal ist nicht viel zu erkennen», log er. «Aber es sieht aus, als könntest du stürzen. Sei vorsichtig auf der Treppe, Adelaide.»

«Sehr aufschlussreich, Nico», sagte sie. Er lachte kurz und setzte noch einen Kaffee auf.

Später, beim Geschirrspülen nach dem Abendessen, erzählte Nico Eloise davon. «Ich mache mir Sorgen um Adelaide», sagte er.

«Ich weiß», sagte Eloise. «Sie hat ein paar schwere Monate hinter sich.»

«Nein. Ich sorge mich um ihre Zukunft.»

Er erzählte ihr, was er in ihrem Kaffeesatz gelesen hatte – das Ende ihrer Beziehung, den Schmerz, die Gefahr.

«Manchmal täuschst du dich auch, oder?», fragte Eloise. «Vielleicht war es einfach undeutlich. Ich bin sicher, dass alles gut wird. Alles wird gut.»

«Manchmal täusche ich mich, ja», antwortete Nico – doch er befürchtete, dass es diesmal nicht der Fall war.

Aber das war Zukunftsmusik. Fürs Erste setzte er einen weiteren *briki* auf, unterhielt sich mit Adelaide und fragte, was sie von der Insel, seinem Zuhause, hielt und wie ihr ihre erste Nacht auf Mykonos gefallen hatte.

«Ich liebe es hier», sagte sie, und er rang sich ein Lächeln ab.

Zwei Tage später heirateten Eloise und Nico in einer kleinen Kirche am Meer. Adelaide verstand kaum ein Wort, trotzdem weinte sie während der gesamten Zeremonie (aus Freude, hauptsächlich). Weil sie zwei Sträuße Wildblumen in den Händen hielt, konnte sie sich die Tränen nicht wegwischen.

In der Nacht zuvor waren sie lang aufgeblieben, um Tüten mit jordanischen Mandeln zu füllen. Sie hatten sich Anekdoten aus dem vergangenen Jahr erzählt und furchtbar viel gelacht, weil es schon spät war und weil sie erschöpft waren und deshalb alles zum Kichern fanden. Gegen zehn waren Nico und Eloise schlafen gegangen (in separaten Zimmern – «Tradition», hatten sie gesagt). Adelaide blieb mit Baz und Eloises Mutter noch etwas länger wach. Sie stellten sicher, dass die kleinen Geschenke für die Gäste alle vorbereitet und die *sté-fana* sicher verpackt waren. Adelaide wusch sich das Gesicht, putzte ihre Zähne und ging gegen ein Uhr morgens auf ihr Zimmer. Eloise lag wach in ihrem Bett.

«Sorry», sagte Eloise. «Ich konnte nicht schlafen. Es war gruselig, so ganz allein.»

«Das Wort ‹sorry› existiert in unserer Freundschaft nicht!», sagte Adelaide und kroch zu ihr ins Bett. «Wie fühlst du dich, Süße?»

Sie fühle sich gut, sagte Eloise. Nervös, aber gut. «Es ist verrückt», flüsterte sie. «Ich weiß, dass sich eigentlich nichts verändert, aber wir heiraten morgen! Dann bin ich eine Ehefrau.»

«Es ist verrückt», wiederholte Adelaide. «Und wunderbar.»

«Du weißt, dass du immer meine Nummer eins bleibst, oder?», sagte Eloise.

«Oh, ich weiß», sagte Adelaide. «Nico hat es mir selbst gesagt.»

Die beiden lachten und kuschelten sich tiefer unter die Decke. «Gute Nacht», sagten sie und machten die Augen zu. «Hab dich lieb», sagten sie noch.

Und jetzt wurde Eloise in einem fließenden weißen Kleid vermählt. Die Meeresluft strich ihr durch die kurzen Locken, auf ihrem Kopf saß das *stefáni*, und ein Band und ein Versprechen banden sie an Nico – auf immer und ewig. «*Na zísete!*», riefen die Hochzeitsgäste. «Mögen sie lange leben!»

Adelaide schickte Rory Fotos von der Trauung: das glückliche Paar, sie in einem blassblauen Kleid, der *kalamatianós* (bei dem alle um Eloise und Adelaide herumtanzten, die in der Mitte kicherten). *Wünschte, ich könnte dir etwas Baklava und Ouzo schicken,* schrieb sie. *Aber vorerst musst du dich mit diesen Fotos zufriedengeben.*

Er antwortete nicht.

Einen Tag später landete sie verkatert und noch immer wie elektrisiert von dem Zauber der vergangenen Nacht in New York. Eloises und Nicos zweite Feier fand am kommenden Wochenende statt. Die Woche über würde Adelaide vom New Yorker Alliance-Büro aus arbeiten, sich den Schreibtisch mit Sam teilen und Eloises Pflanzen gießen, während sie und Nico eine kurze Zwischenflitterwoche in Santorini genossen. In wenigen Tagen kämen Adelaides Eltern für die Feier nach New York, und gleich danach führen sie und ihre Mutter mit dem Zug nach Boston. (Adelaide wollte noch kurz ihre Schwestern und ihren Neffen sehen, bevor sie nach London zurückflog.)

Sie hatte schon seit über einer Woche nichts von Rory gehört, seit sie auf Mykonos gelandet war und er ihr eine gute Zeit gewünscht hatte. Sollte sie sich Sorgen machen? *Nein*, sagte sie sich selbst. Es wäre schon alles in Ordnung. Wahrscheinlich hatten die Hochzeitsfotos ihn irgendwie aufgewühlt – Gedanken an eine Hochzeit mit Nathalie und gemeinsame Reisen mit ihr wachgerüttelt. Sie würde ihn in Ruhe lassen.

Adelaide gönnte sich ein Taxi vom JFK Airport zu Eloises Wohnung – ein schuhkartongroßes Apartment in der Upper East Side voller Grünpflanzen, Beatles-Alben und Teufelsaugen. Es roch nach Vanille-Duftkerzen und Eloises Lavendelparfüm. Für Adelaide roch es nach zu Hause.

Sie packte ihren Koffer aus und hängte ihr Kleid für die zweite Trauung auf – diesmal würde sie ein sattes Marineblau tragen, ähnlich der Farbe ihres Abschlusskleids. («Deshalb mag ich es so sehr», hatte Eloise gesagt. «Ein Déjà-vu von einem Kleid.») Die anschließende Party sollte im Stephen-A.-Schwarzman-Gebäude der New York Public Library stattfinden. Nachdem Adelaide die Pflanzen gegossen hatte, machte sie einen kurzen Mittagsschlaf. Dann bestellte sie thailändisches Essen von einem Restaurant die Straße runter und feilte an ihrer Rede für das kommende Wochenende. *Sie muss perfekt sein,* sagte sie sich. Alles musste perfekt sein.

«Eloise und Nico», sagte sie mit einem Sektglas in der Hand. Der Raum war in Kerzenlicht getaucht, die Tische überladen mit Eukalyptusgestecken. Adelaides Haar fiel ihr in großen

Wellen seitlich über die Schulter. «Ich hatte immer diese Theorie, dass bestimmte Menschen in unser Leben treten, wenn wir sie am meisten brauchen. Nicht, wenn wir sie am wenigsten erwarten, und auch nicht, wenn wir versuchen, sie herbeizuwünschen – nein, wenn das Universum weiß, dass wir sie brauchen. Vor über zehn Jahren saß ich, frisch an der Highschool, in der Englischklasse vor dieser Wucht von einem Mädchen namens Eloise. Das Universum muss gewusst haben, dass ich eine beste Freundin brauchte, und da war sie: am Tisch hinter mir, mit einem lila Schulranzen, einem Haarband mit Blumenmuster und einem Herzen aus purem verdammtem Gold.» Scheiße, sie hatte nicht fluchen wollen; sie entschuldigte sich. Vereinzeltes Gelächter war zu hören. «Ich will keine voreiligen Schlüsse ziehen», fuhr Adelaide fort. «Aber ich bin mir sicher, dass dasselbe auch für Eloise und Nico gilt – dass die Welt sie zusammengeworfen hat, sie nebeneinander hat einziehen lassen –, weil sie wusste, dass die beiden füreinander bestimmt sind. Dass sie einander brauchen und der Rest von uns sie braucht. Als Paar. Als Team. Ich habe in meinem Leben kein anderes Pärchen kennengelernt, das besser zusammengepasst hätte, das mehr Liebe, Grazie oder Güte besitzt als diese beiden. Ich weiß nicht, was ich ohne euch tun würde, und ich bin auf ewig dankbar, dass das Universum uns zusammengewürfelt hat, weil es gewusst hat, dass wir eines Tages hier stehen und sagen würden: ‹Auf Eloise und Nico!› Herzlichen Glückwunsch! Ihr seid verheiratet! *Na zísete!* Möge euch ein langes glückliches, wunderschönes Leben bestimmt sein. Ich kann es kaum erwarten, was das Universum für euch beide sonst noch in petto hat.»

Alle im Raum hoben ihre Gläser, und Eloise wischte sich eine Träne weg. Ihr Mund formte die Worte: *Danke! Ich hab dich am liebsten.*

Ich hab dich am liebsten, hauchte Adelaide zurück.

Wenige Minuten später vibrierte ihr Handy unter dem Tisch. Eine Nachricht von Rory. (Es waren fast zwei Wochen vergangen, seit sie das letzte Mal von ihm gehört hatte; an diesem Morgen hatte sie ihm geschrieben, dass sie sich langsam Sorgen mache. *Bekomme ich mit Nacktfotos deine Aufmerksamkeit?,* hatte sie nur halb im Scherz gefragt.) Bei ihm war es gerade ein Uhr nachts.

Sorry, dass ich so lange nichts von mir habe hören lassen, stand in seiner Nachricht. *War ein bisschen down. Hoffe, du genießt deine Zeit.*

Gleich nach Baz' Rede und noch bevor die Tanzfläche freigegeben wurde, verließ sie den Saal, um ihn anzurufen. Er ging nicht ran; sie rief noch mal an. *Ich versuche, ein bisschen Schlaf zu kriegen,* schrieb er.

Am nächsten Morgen ließ sie ihm Frühstück nach Hause liefern, Croissants von PAUL. Doch er war nicht da. *Bin in Manchester,* schrieb er ihr. Bei seinen Brüdern.

Oh, Mist, schrieb Adelaide zurück. *Na ja, ich hoffe, deine Mitbewohner lassen sich die Croissants schmecken. Ich bring dir persönlich welche vorbei, wenn ich zurück in London bin.*

Schon okay, schrieb er. Sonst nichts.

FÜNFUNDZWANZIG

Es war Samstagmorgen und ungewöhnlich warm in London.

Adelaide hatte gerade den Mietvertrag für ihre neue Wohnung unterschrieben – das Apartment in Pimlico, auf das Celeste sie aufmerksam gemacht hatte. Die Sofas waren abgewetzt, die Böden voller Hundehaare, aber ihr wurden neue Möbel und eine Grundreinigung versprochen, bevor sie nächsten Monat einzöge. «Kein Problem», hatte der Makler versichert, woraufhin Adelaide sofort zusagte.

Jetzt war sie verschwitzt unterwegs zum Notting Hill Carnival, einem Musikfestival, unter dem Arm eine Dose selbst gebackener Cookies und eine Ausgabe von *Fleabag: The Scriptures*, die sie am vorigen Tag von Phoebe Waller-Bridge hatte signieren lassen. (Adelaide hatte Rory seit fast drei Wochen nicht gesehen. Sie hoffte, ihm mit den Cookies und dem von seiner Lieblingscomedian signierten Buch – *Für den lieben Rory*, hatte Waller-Bridge geschrieben – eine Freude zu machen.) Er saß vor dem Electric Cinema auf dem Bordstein, die Arme haltsuchend um die Schultern seiner Mitbewohner gelegt, um nicht umzufallen, so betrunken war er bereits.

«Adelaide!», rief er. Derart enthusiastisch hatte sie ihren Namen noch nie aus seinem Mund gehört.

«Rory!», sagte sie. «Rorys Mitbewohner! Ich hab Cookies mitgebracht. Und eine Überraschung.»

Sie ließ Rory die Augen schließen, legte ihm in eine Hand das Buch und in die andere einen Cookie. Er war groß und weich – mit Chocolate Chips und einem Oreokeks in der Mitte.

«Da ist ein gottverdammter Oreokeks drin», sagte Rory mit vollem Mund. Er schluckte. «Und in dem Buch ist eine gottverdammte Widmung! Du bist ein gottverdammtes Genie!»

«Und du», sagte Adelaide und nahm sein Gesicht in beide Hände. «Bist betrunken, mein Lieber.»

Da küsste er sie – legte seinen vor Schweißperlen glänzenden Mund auf ihren und schob seine Zunge zwischen ihre Lippen. Seine Mitbewohner und die vorbeilaufenden Fußgänger sahen zu, aber keinen störte es. Einen Augenblick lang existierte nichts anderes; Adelaide fühlte sich federleicht. Sie betrat erneut das Universum, auf das sie gestoßen war, als er sie das erste Mal geküsst hatte – im April letzten Jahres, auf der Lower Marsh Street. Bevor sie sich in ihn verliebte, bevor Nathalie starb und alles anders war, kaputt und erbärmlich.

Das war die Gefahr bei Rory, dachte Adelaide. Es gab Augenblicke, in denen er absolut perfekt war – sie konnte sich nicht vorstellen, jemals einem anderen Mann durchs Haar zu wuscheln, übers Kinn zu streichen oder mit der Zunge seine Unterlippe zu liebkosen. Viele von Adelaides und Rorys Puzzleteilen passten perfekt ineinander. (Aber es gab auch Teile mit sperrigen Ecken, die überhaupt nicht zusammenpassten.)

Sie tranken billigen Tequila von einer der provisorischen Getränkebuden auf dem Gehsteig; tanzten auf der Straße; schmierten sich von oben bis unten mit roter, gelber und blauer Farbe ein. Sie aßen Adelaides Cookies, sangen laut Lizzo mit und kicherten, als sie mit Primärfarben beschmiert die Central Line bestiegen und die übrigen Passagiere sie anstarrten.

Adelaide und Rory duschten bei ihr zu Hause und wuschen sich gegenseitig das Shampoo aus den Haaren. *Wie intim,* dachte Adelaide, *einer anderen Person den Schweiß, Dreck und die Farbe vom Körper zu waschen.* Dabei zuzusehen, wie sie die sauberste, reinste Version ihrer selbst wurde. Sie küsste seine Schulter und wischte sich den Schaum vom Mund.

«Ich hab dich vermisst», sagte sie.

«Ich hab dich auch vermisst.» Er fuhr ihr mit der Hand durchs nasse Haar und küsste sie erneut.

Er ließ sich breitschlagen, über Nacht zu bleiben, nur dieses eine Mal. Als er neben ihr im Bett lag und mit den Fingern weiter ihr Haar knetete, lud er sie ein, am kommenden Wochenende mit in seinen Heimatort in Shere zu fahren. Er müsse dringend mal raus aus London, sagte er. Bisschen durchatmen. (Er erwähnte nicht, dass am selben Wochenende Nathalies achtundzwanzigster Geburtstag gewesen wäre – dass er hauptsächlich den Erinnerungen an gemeinsame Pubnächte, Restaurantbesuche und an Geburtstagskuchen entfliehen wollte. Dass Adelaide Mittel zum Zweck war.)

An besagtem Wochenende war am Sonntagabend eine Abschiedsparty für Madison geplant – eine Soiree, wie sie es nannten. Daher wollte sie ungern wegfahren. Sie konnte die Party unmöglich verpassen.

«Wir könnten rechtzeitig zurück sein», sagte er. «Bitte, Adelaide. Ich brauche das und finde nicht, dass es zu viel verlangt ist.»

«Natürlich», sagte sie. «Natürlich. Solange wir rechtzeitig zurück sind, komme ich mit.»

«In der Zwischenzeit», fuhr sie fort, «habe ich ein sehr nagendes Bedürfnis nach Ranch Dressing. Kennst du das? Dieses starke Bedürfnis nach Ranch Dressing?»

Rory neben ihr blickte zur Decke. «Nein, kenne ich nicht.»

Sie setzte sich kerzengerade auf. Ihr lief das Wasser im Mund zusammen, und ihre Hände zitterten leicht, was ihr seltsam vorkam. «Ich brauche welches», sagte sie. «Jetzt. Sofort. Ranch Dressing. Wo kriegen wir das um diese Uhrzeit her?»

Sie suchte bereits nach Lieferdiensten, als Rory sie darauf hinwies, dass es fast zweiundzwanzig Uhr und jetzt nicht die richtige Zeit für Ranch Dressing sei, von dem sie plötzlich so besessen schien.

Vielleicht hatte er recht, aber es war nicht das, was sie hören wollte. Sie wollte, dass er sich ebenfalls aufsetzte. Dass er in einem albernen Slang sagte: «Was immer Sie wünschen, Mylady», und anschließend mit ihr Deliveroo durchsuchte. Sie wünschte sich, dass er sich mit ihr einen Spaß daraus machte, nach Ranch Dressing zu suchen, dass er in ihrem Team war. Wenigstens ein bisschen. Vielleicht auch ein bisschen mehr. (Wahrscheinlich sogar mehr, als sie dieses blöde Ranch Dressing wollte.)

Aber sie war mal wieder etwas zu anstrengend, oder? Es war nur Dressing, und er war müde, und schließlich hatten sie doch einen wunderschönen Tag verbracht.

Reiß dich zusammen, Adelaide, sagte sie sich. *Sei nicht anstrengend.*

Adelaide kaufte mit Konfetti gefüllte Luftballons und Bombay Sapphire Gin, wischte am Freitagabend den Fußboden und entstaubte die Regale. Sie bestellte Blumen beim Floristen die Straße hoch – weiße Pfingstrosen, die sie am Sonntag vor der Soiree abholen würde. Sie packte eine Tasche fürs Wochenende und machte Rhabarbermuffins. «Ich bin am Sonntag um sechzehn Uhr zurück», sagte sie zu Madison.

«Bis dann!», sagte Madison. «Viel Spaß!»

An der Waterloo Station wartete sie auf Rory. In ihren Armen balancierte sie vorsichtig ihr Handy, zwei geeiste Caffè Latte, eine Ausgabe des *New Yorker* und einen Rhabarbermuffin. (Vielleicht hatte Rory ja Hunger.) Er kam drei Minuten vor Abfahrt des Zuges; gemeinsam rannten sie durch den Bahnhof und sprangen in den Waggon. Dabei schüttete Adelaide Kaffee über ihr T-Shirt und fluchte leise.

«Ist das dein Ernst?», fragte er. «Jetzt bist du voller Kaffee.» Sie verstand nicht, warum er deshalb sauer war, bis er ihr eröffnete, dass sie bei ihrer Ankunft seine Brüder mit ihren Partnerinnen treffen würden, sowie Helen und Trevor (der Mann, der für den Tod seiner Eltern verantwortlich war, erinnerte sich Adelaide).

«Das hast du mir nicht gesagt.» Jetzt war sie selbst sauer. Sie hatte darauf gehofft, Helen und Trevor an diesem Wochenende kennenzulernen – deshalb hatte sie Rhabarbermuffins gebacken (Rory hatte mal erwähnt, dass Helen Rhabarber liebte) –, aber sie hatte nicht damit gerechnet, dass sie seine gesamte Familie treffen würde. Adelaide hatte nicht sonderlich gut geschlafen, und sie trug eine Baseballkappe, um ihr ungewaschenes Haar zu verstecken, zerrissene Jeans und ein ausgeleiertes T-Shirt, das nun auch noch einen Kaffeefleck hatte. Sie ging sich in der Zugtoilette umziehen und versuchte, ihr Haar so zurückzubinden, dass die fettigen Ansätze weniger zur Geltung kamen.

«Besser?», fragte sie, als sie zurückkam.

«Besser.» Rory nickte. Sie versuchte, ihre Nervosität mit Vorfreude und positiven Gedanken daran zu überspielen, wie sie Witze reißen und seine Brüder zum Lachen bringen würde. Rory stellte sie seiner Familie vor. Seiner ganzen Familie! Und es würde schon gut gehen.

«Über Trevor solltest du etwas wissen», sagte Rory mit Blick auf seine Handflächen. «Er ist ein bisschen, ich weiß nicht, wie ich es beschreiben soll. Neben der Spur, vielleicht. Ich vermute, er weiß noch nicht ganz, wie er sich verhalten soll, jetzt, wo er trocken ist.» Er verstummte kurz. «Manchmal ist er ein bisschen komisch.»

«Verstehe ich vollkommen», sagte Adelaide.

«Im Ernst», sagte Rory. «Sei etwas feinfühlig, okay?»

«Natürlich. Aber mit allem Respekt, Rory, wenn ich ein Händchen für Leute habe, dann für diejenigen, die leiden. Oder für diejenigen, die noch auf der Suche nach sich selbst sind, schätze ich.»

Es stimmte. Small Talk lag Adelaide nicht besonders. Wahrscheinlich funktionierte ihr Gehirn einfach anders als die Gehirne anderer Leute, und das machte ungezwungene soziale Interaktionen manchmal schwierig. Einmal hatte sie sich zum Beispiel lange mit einem von Rorys Mitbewohnern über ihre Nacht als Go-go-Tänzerin im College unterhalten und gesagt: «Klar, ich würde sofort als Stripperin anheuern, wenn ich mal arbeitslos werde.» Ein Versuch, sexy und cool zu klingen; sie wusste einfach nicht, wie sie sonst die Pause in der Unterhaltung hätte füllen sollen.

Unter ihren Freunden war es zu einer Art Running Gag geworden. Adelaide war eine lustige Zeitgenossin, keine Frage, aber sie war nicht der Mittelpunkt der Party – das waren Madison und Celeste. Adelaide war gut darin, neue Freunde auf die «Lass uns da drüben in der Ecke über unsere Sterblichkeit reden»-Art zu finden.

Im Kindergarten hatte Adelaide gleich am ersten Tag ein Mädchen angesprochen. Es hatte eine Zwillingsschwester gehabt, die jedoch ein Jahr zuvor an einer Lungenentzündung gestorben war. Irgendwie hatte Adelaide erkannt, dass etwas nicht stimmte. Sie war auf das Mädchen zugegangen und hatte ihm die Arme um die Taille geschlungen. Sie habe gespürt, dass es traurig war, sagte sie später zu ihren Eltern; sie habe gespürt, dass es in den Arm genommen werden wollte.

Es war fast ein bisschen gruselig – ihr Vermögen, Schmerz zu erkennen. Lange hatte sie geglaubt, dass das auch der Grund für ihre Verbindung mit Rory war: Adelaide konnte sehen, dass er litt, und sie verstand sich darauf, eine verlorene Seele durch eine Krise zu navigieren. Nicht immer, und sie war auch nicht perfekt darin, aber sie legte ein größeres Maß an Empathie und Feingefühl an den Tag als die meisten Vierjährigen, Teenager und Sechsundzwanzigjährigen.

Rory spitzte die Lippen. «Ich schätze, du bist recht gut darin», sagte er. «Danke für deine Rücksichtnahme.» Sie nickte freundlich.

Ungefähr eine Stunde später kamen sie in Shere an. Rorys Bruder Daniel holte sie vom Bahnhof ab.

«Wie schön, dich endlich kennenzulernen», sagte er.

«Auch schön, dich kennenzulernen», erwiderte Adelaide. «Kaum zu glauben, dass wir uns noch nie gesehen haben!» Sie warf Rory einen Blick zu. Er zuckte die Schultern.

Daniel fuhr sie zu Trevor und Helen. Sie besaßen ein kleines Bauernhaus mit hellblauer Tür auf einem Stück Land. Küken und kleine Kaninchen liefen über den Rasen. Es war unglaublich idyllisch – ein Realität gewordenes Thomas-Kinkade-Gemälde. Helen öffnete die Tür. «Kommt rein, ihr alle.»

Helen hatte selbst keine Kinder, doch sie strahlte eindeutig etwas Mütterliches aus. Wie eine Frau aus einem Kinderbuch, dachte Adelaide. Eine blonde Mrs. Weasley vielleicht, oder Marmee aus *Little Women*. Adelaide wollte sie instinktiv umarmen, hielt sich aber zurück. Stattdessen streckte sie die Hand aus.

«Ich bin Adelaide», sagte sie. «Wie schön, Sie endlich kennenzulernen.»

«Ganz meinerseits, Liebes», sagte Helen. «Kommt rein, kommt rein. Ich habe gerade erst einen Earl Grey aufgesetzt.»

Helen führte sie durchs Haus und zur Hintertür hinaus in den Garten. Sie bot ihnen Tee aus einer Kanne mit gestreiftem Strickwärmer und Kekse an, die sie am Morgen gebacken hatte. «Ich habe auch selbst gemachte Muffins mitgebracht», sagte Adelaide und holte sie aus ihrer Reisetasche. «Rory hat erwähnt, dass Sie Rhabarber mögen.»

«Ach, was sind Sie doch für ein Goldschatz», sagte Helen. «Jungs, könntet ihr uns Teller und Servietten holen?» Rory und Daniel gingen gehorsam in die Küche, und Helen beugte sich etwas dichter zu Adelaide.

«Seine Brüder haben mir erzählt, dass Sie die ganze letzte Zeit ein richtiger Engel waren. Tausend Dank. Es kann nicht einfach gewesen sein, aber ich bin so froh, dass er Sie an seiner Seite hat. Ich weiß nicht, ob er es andernfalls überlebt hätte.» Adelaide musste sich eine Träne verkneifen. So etwas hatte sie nicht erwartet.

«Oh», sagte sie. «Es hat mir wirklich keine Umstände gemacht. Ich habe mitgelitten.»

«Ich kenne Rory», sagte Helen. «Und ich weiß, dass es sehr wohl Umstände gemacht hat, Liebes. Danke, wirklich. Von ganzem Herzen.»

(Würde sie in einer Woche die gesamte Geschichte erfahren? Würde sie Adelaide die Schuld geben, wenn alles zusammenbrach?)

Rory und Daniel kamen mit einer bunten Sammlung von Tellern und Papierservietten zurück. Rorys andere Brüder stießen eine knappe Stunde später zu ihnen. Cameron mit seiner Freundin Gracie, Arthur mit seiner Frau Stella.

Adelaide fiel Gracies Akzent auf. Er klang amerikanisch, gemischt mit etwas anderem. «Woher kommst du?», fragte sie, nachdem sie Gracie die Hand gegeben und ihre Wange geküsst hatte.

«Aus Boston», sagte Gracie. «Na ja, aus Quincy, um genau zu sein. Genau wie du, wie ich gehört habe.» Adelaide musste lächeln.

Sie hatte Boston nie als ihre Heimatstadt betrachtet, nur als Ort, in dem sie aufs College gegangen war und wo ihre Familie jetzt lebte. Aber zu erfahren, dass eine andere Person ähnliche Wurzeln hatte wie man selbst, schenkte einem dieses gewisse Gefühl von Trost, dachte Adelaide. (Vor allem, wenn man diese fremde Person in einem fremden Land traf.) Sie fragte Gracie, wie es in Quincy war und wie lange sie in der Bostoner Gegend gewohnt hatte. Sie antwortete, dass sie dort geboren und aufgewachsen sei. Sie hatte ihren Abschluss am Boston College gemacht, drei Jahre vor Celeste. Sie hatten einander nicht gekannt, aber Adelaide war sich sicher, dass sich ihre Wege im College irgendwann mal gekreuzt haben mussten. *Was für ein Zufall*, dachte sie.

Cameron und sie seien sogar erst gestern Abend aus Boston eingeflogen, sagte Gracie. Sie waren für den Hochzeitstag ihrer Eltern in den USA gewesen.

«Ach je», sagte Adelaide. «Habt ihr einen schlimmen Jetlag?»

«Es geht schon», sagte Gracie. «Für den Notfall habe ich ein paar Schlaftabletten.»

«O gut», sagte Adelaide. Rory verdrehte die Augen.

«Amerikaner und ihre Tabletten», sagte er.

Sie verbrachten den ganzen Nachmittag im Garten, tranken Tee, tauschten Geschichten aus und aßen Kekse, Scones und Rhabarbermuffins mit Sahne. Trevor kam gegen siebzehn Uhr – er sei Landschaftsgärtner und habe noch arbeiten müssen, sagte Helen. Adelaide gab ihm zur Begrüßung die Hand.

«Du bist auch Amerikanerin?», fragte Trevor.

«Bin ich», sagte sie. «Ich habe das Gefühl, mich dafür entschuldigen zu müssen ...?»

«Konntest dir wohl keine Engländerin angeln, was, Rory?», sagte er und wandte sich von Adelaide ab.

«Ich hab's versucht», sagte Rory. «Aber die wollten mich alle nicht haben.»

(War Adelaide wieder mal überempfindlich, oder war es gemein, das in ihrer Gegenwart zu sagen? Sie fand, schon.)

Helen wechselte schnell das Thema, indem sie Trevor fragte, wie der Nachmittag und der Auftrag gelaufen seien. Gut, sagte er. Alles sei gut gelaufen. Adelaide beobachtete ihre Interaktion, suchte nach Hinweisen, dass Trevor – wie Rory gesagt hatte – «ein bisschen neben der Spur» war. Sie fand jedoch keinen und musste sich fragen, ob Rory möglicherweise etwas auf ihn projizierte.

Die Sonne ging langsam unter und tauchte den Garten in gelbes Licht. Die goldene Stunde: offenbar das Stichwort für die Brüder, zum Pub aufzubrechen. Sie standen auf und klopften sich die Krümel vom Schoß. «Also dann», sagte Arthur. «Auf ins White Horse? Helen, Trevor, es war wie immer eine Freude.»

Das White Horse war ein großes Haus im Tudorstil mit abgeschrägten Glasfenstern und einem Kamin in der Mitte. Adelaide bot an, die erste Runde auszugeben, und ging zur Bar.

«Du musst nicht versuchen, dich zu profilieren, Adelaide», flüsterte Rory. Es klang mehr wie ein Fauchen.

«Profilieren?», fragte sie. Sie musste kurz kichern, weil es so ein bescheuertes Wort war. «Sind wir etwa schon achtzig, und ich steigere mich zu sehr in unser Bingo-Spiel rein?»

«Ich mein's ernst.»

«Ich versuche nicht, mich zu profilieren, Rory», sagte sie, diesmal mit fester Stimme. «Ich will nur freundlich sein.»

Er verdrehte erneut leicht die Augen, half ihr aber, die Pints zum Tisch zu tragen. Sie fühlte sich wie ein Kind, dem zur Strafe auf die Hand geklopft worden war. Aber sie wusste nicht, was sie falsch gemacht hatte.

Der Tag war doch so gut gelaufen, dachte sie. Sie hatte sich gut mit Gracie, Stella und Helen verstanden. Trevor hatten ihre Muffins geschmeckt, und er hatte ihr zum Abschied auf den Rücken geklopft und sie auf die Wange geküsst. Aber da waren auch der Witz über amerikanische Frauen, der Ärger über ihre angeblichen Profilierungsversuche, die kleinen Erinnerungen daran, dass Adelaide nicht perfekt war. So wenig perfekt.

Dieses Gefühl, geschlagen worden zu sein, hatte sie später am Abend noch einmal. Als sie sich das Gesicht über dem Waschbecken wusch, hörte sie Rory sagen: «Findest du, dass wir viele Gemeinsamkeiten haben?» Sie stellte den Wasserhahn ab und tupfte sich das Gesicht trocken.

«Ja, schon», sagte sie. «Ich würde sagen, dass wir ähnliche Interessen und Werte haben, oder?» Er schwieg. «Warum fragst du?»

«Ach, nur so», sagte er. «Es kam mir einfach in den Sinn.» Doch Adelaide war sich fast sicher, dass er sie mit den Partnerinnen seiner Brüder verglich. Sie war diese ständigen Vergleiche leid. Vielleicht würden sie als Freunde doch besser funktionieren, dachte sie wieder einmal.

Er schlug vor, «36 Fragen zum Verlieben» zu spielen – angeblich ein Vorschlag seiner Brüder. Adelaide hatte schon mal von dem Spiel gehört. «Okay», sagte sie und setzte sich im Schneidersitz auf ihr Bett. (Rory hatte mal wieder ein Zimmer mit separaten Betten gebucht.)

«Okay», sagte er und las von seinem Handy ab. «Wenn du zwischen allen Menschen auf der Welt wählen könntest, mit wem würdest du gerne essen gehen?» Barack Obama, antworteten sie beide. Rory schmunzelte. Es täte ihm wirklich sehr leid, sagte er, aber ihre Essen fänden am selben Tag statt und: «Präsident Obama hat mir bereits zugesagt.»

«Kann er nicht fürs Dessert zu mir kommen?», fragte Adelaide.

Rory schüttelte den Kopf. «Nein, er ist beschäftigt.» Adelaide lachte. Ein guter Anfang.

«Hast du eine Vorahnung, wie du sterben wirst?», fragte er später. «Oh, lass uns diese Frage lieber überspringen.»

«Für was in deinem Leben bist du besonders dankbar?», fragte er stattdessen. «Für mich sind das meine Brüder, Helen und meine Großeltern.» Nicht Adelaide, niemals Adelaide. Sie atmete aus.

«Für meine Familie», sagte sie. «Eloise, Celeste, Madison. Sam von der Arbeit. Und natürlich für dich.» Er hob das Kinn ein Stückchen, lächelte aber nicht.

«Dein Haus und alles darin steht in Flammen. Deine Liebsten und deine Haustiere sind bereits in Sicherheit, aber du hast die Möglichkeit, noch einen letzten Gegenstand zu retten. Welcher wäre es?»

Adelaide dachte nach. «Ich besitze ein Paar Kameeohrringe», sagte sie schließlich. «Ein Geschenk meiner Mutter, das sie wiederum von ihrer Mutter bekommen hat. Ich habe sie Eloise für ihre Hochzeit geliehen. Sie hat sie als ‹etwas Geliehenes› getragen. Die würde ich wahrscheinlich retten.» Sie hielt inne. «Und du?»

«Meine Ausgabe von *The Orwell Diaries*», sagte er ohne Zögern.

Er würde nicht *Call Me by Your Name* retten – in dem auf

der Rückseite von Seite 165 das rührseligste Liebesgeständnis stand, das Adelaide je verfasst hatte. (Hatte er es überhaupt gelesen? Sie wusste es nicht.) Nein, Rory würde das letzte Stück von Nathalie retten, das er besaß, das letzte Stück, nach dem er greifen konnte. Natürlich.

Adelaide konnte das verstehen, ungelogen. Aber was für eine Verschwendung. All diese Worte, diese Bücher, diese Liebe. Alles verschwendet an jemanden, der es gar nicht wollte, jemanden, der es alles verbrennen lassen würde.

«Ich bin müde», sagte sie und täuschte ein Gähnen vor. «Können wir das Spiel morgen früh zu Ende spielen?»

Es war der 1. September, der Tag, an dem Nathalie achtundzwanzig geworden wäre. Ihre Freunde und Schwestern trafen sich mit ihrem Freund in einem Pub in Südlondon, um mit Bier und Cider auf sie anzustoßen. Adelaide und Rory schlenderten durch einen Skulpturengarten in Surrey und versuchten abwechselnd, die Namen der verschiedenen Stücke zu erraten und welche Inspiration hinter den Konstruktionen aus Metall und Glas steckte. (Rorys Brüder waren noch am vorigen Abend wieder nach Hause gefahren; Helen und Trevor waren in der Kirche.)

«Hier drin ist es so dunkel», rief Rory. Er stand in einer Art überdimensionaler Kiste, die angeblich einen Fledermauskasten in menschlichen Ausmaßen darstellte. «Komm rein», sagte er. «Sieh's dir an.» Er zog Adelaide zu sich in den Kasten und presste ihren Körper gegen die Wand, während er bereits ihre Jeans aufknöpfte.

Dies war der Grund, weshalb sie niemals nur Freunde sein könnten, dachte sie im Stillen. Denn selbst wenn sie diesen Skulpturengarten als bloße Freunde betreten hätten, wäre sie unausweichlich mit heruntergelassener Hose und seinen

Händen in ihrem Haar in diesem gruseligen Fledermauskasten gelandet. «Du fühlst dich so gut an», flüsterte sie.

«Du dich auch, Baby», sagte er. Alles fühlte sich so gut an, zu gut.

Anschließend zog sie ihre Hose hoch, machte den BH unter ihrem T-Shirt wieder zu und strich sich die Haare zurecht. Sie erwischten gerade noch den Zug zurück nach London und dösten ein, sobald er losfuhr. Ihre Finger blieben ineinander verschlungen, während gelbe Blumenfelder an ihnen vorbeirauschten. Nach ihrer Ankunft hatte Adelaide eine Stunde Zeit, um die Pfingstrosen für Madisons Party abzuholen. Aber daran würde sie nicht denken.

Es war eine Serie unglücklicher Zufälle, die zu diesem Moment führte. Es war nicht Adelaides Schuld, der Zug hatte Verspätung. Laub auf den Schienen. Der Zug war schuld, wirklich. Und das Laub!

(Zumindest versuchte sie, sich das einzureden. Es Madison so zu erklären.)

«Tut mir leid, dass ich die Hälfte verpasst habe», sagte sie. «Wirklich, Mads. Es tut mir so leid. Wie kann ich es wiedergutmachen?»

«Ist schon okay, Adelaide», sagte Madison. «Es war nur eine kleine Party. Kein Drama.»

Adelaide war im Zug nach Hause mit dem Kopf auf Rorys Schulter eingeschlafen. Er streichelte ihr durchs Haar, hielt ihre Hand in seinem Schoß. Als der Schaffner per Durchsage verkündete, dass der Zug anhalten müsse, weil die Schienen vor ihnen erst von Laub befreit werden müssten, hielt er es nicht für nötig, Adelaide deshalb aufzuwecken. Er hatte nicht bemerkt, wie viel Zeit darüber vergangen war, und sich nicht bewusst gemacht, wie spät sie in London ankommen würden.

Dann stieg sie im Bahnhof Waterloo in die falsche U-Bahn, bemerkte aber erst drei, vier Haltestellen später, dass sie in die entgegengesetzte Richtung fuhr. Adelaide kam drei Stunden zu spät zu der Soiree – ohne Pfingstrosen, ohne echte Entschuldigung.

«Ist schon okay», wiederholte Madison, sah sie dabei aber nicht an. «Vergessen wir's einfach, ja?»

Aber es war nicht okay, und Adelaide bekam ein ungutes Gefühl im Magen. Hatte sie ihre Prioritäten falsch gesetzt? Hatte sie Rorys Bedürfnisse über die ihrer Freundinnen gestellt?

«Nein, warte», sagte Madison. «Eine Sache noch, bevor wir das Ganze vergessen. Ich beiße mir schon seit Monaten auf die Zunge, aber Rory? Er liebt dich nicht, Adelaide. Er ist nicht für dich da.» Sie versuchte, den Müllsack in ihren Händen zuzuknoten, und hielt weiter den Blick gesenkt, aber ihre Worte trafen Adelaide wie ein Fausthieb. Ein Magenschwinger. «Ich weiß, das ist nicht leicht zu schlucken», fuhr Madison fort. «Eine bittere Pille. Aber du musst aufhören, ihn über alles andere in deinem Leben zu stellen, okay? Es reicht. Ein für alle Mal.»

Adelaide biss sich in die Wange und nickte. Madison verbrachte die Nacht bei Anurak. Adelaide schluchzte in der Dusche – sie war verletzt von Madisons Worten, wünschte sich verzweifelt, dass sie nicht wahr wären. (Und wusste doch beschämt, dass sie es waren.)

Doch das kam alles später. Nachdem Adelaide Rory am Bahnhof einen Abschiedskuss gegeben hatte. Nur einen schnellen Schmatzer auf die Lippen unter der Abfahrtstafel. Nichts Besonderes, Leidenschaftliches, Außergewöhnliches. Er habe ein wenig Kopfschmerzen, sagte er. Könne nicht mit zu der Soiree kommen. «Aber wir sehen uns nächste Woche?»

Sie sagte Ja, gab ihm noch einen flüchtigen Kuss und winkte kurz zum Abschied. Sie hatte keinen Schimmer, dass es das letzte Mal sein würde, dass sie Rory Hughes küsste.

SECHSUNDZWANZIG

Adelaide wusste es. Na ja, sie wusste es nicht im eigentlichen Sinne. Sie hatte keine Ahnung, was genau geschehen würde. Aber sie wusste, dass ihre Beziehung mit Rory enden musste, dass es keine Liebesgeschichte war, in der die Musik beim Abspann zu einem Crescendo anschwillt. Nein, am Ende ihrer Geschichte würde – ja, was genau stehen? Ein dumpfer Aufprall? Ein Streit? Ein abruptes Ausblenden?

Die Antwort war: ein gebrochenes Herz, wie sie bald erfahren sollte. Es würde mit einem gebrochenen Herzen enden. Aber noch wusste sie das nicht, nicht direkt. Fürs Erste wusste sie nur, dass es die zweite Septemberwoche war, und Himmel, gab es viel zu tun!

In einer Woche mussten Adelaide und Madison aus ihrer Wohnung raus, am Dienstag flog Madison nach Bangkok. Glücklicherweise erwähnten sie ihren Streit nicht mehr, doch beide hatten sie Kisten zu packen, Bilderrahmen in Luftpolsterfolie einzuwickeln und übrig gebliebenen Billigfusel aus dem Vorratsschrank zu eliminieren. Außerdem waren einige der Alliance-Geschäftsführer diese Woche aus New York eingeflogen (auch Sam), um an einer Konferenz teilzunehmen. Ihre Assistenten wuselten durchs Büro, fragten Adelaide, wann sie ihre Reden fertig hätte und: «Es wäre toll, wenn Sie uns die Wegbeschreibung zur Konferenzhalle ausdrucken könnten, danke.»

«Natürlich», sagte Adelaide nur und fügte es ihrer To-do-Liste hinzu. Noch keinen einzigen Punkt hatte sie bisher abhaken können.

Eine der Assistentinnen hieß Raven. Sie war groß und schlank – mit langen schwarzen Haaren («Rabenschwarz», sagte sie, «daher mein Name») und blauen Augen. Genau das, was Adelaide an Nathalie beneidet hatte. Sie und Raven hatten sich gut verstanden, als Adelaide in New York gewesen war. Beide liebten das Maman im Flatiron Building und Realityshows über Immobilienmakler. Raven entschuldigte sich für die Abertausenden von Anfragen diese Woche und versprach, Adelaide, Sam und Djibril am Mittwochnachmittag auf einen Drink einzuladen. «Als Wiedergutmachung für das ganze Chaos», sagte sie.

Um Viertel nach fünf – Adelaides Posteingang quoll immer noch über – spazierten sie zur Fitzroy Tavern. Demselben Pub, in den Adelaide und Djibril im vergangenen Sommer oft gegangen waren – wo sie über ihre Kollegen, ihre Beziehungen und über den Mann getratscht hatten, in den sich Adelaide frisch verliebt hatte: Rory Hughes. Derselbe klebrige Karoboden, dieselbe Holzvertäfelung. Sie setzten sich an einen Ecktisch, bestellten vier Gin Tonic und prosteten sich zu.

Raven fragte, wie das Datingleben in London so sei; Adelaide und Djibril verdrehten die Augen.

«Englische Männer sind eine Sache für sich», sagte Adelaide. Obwohl sie nicht genau wusste, was genau sie damit sagen wollte.

«Ich war in den letzten Tagen auf verschiedenen Dating-Apps», sagte Raven. «Vielleicht verabrede ich mich an ein paar Abenden.»

«Warum nicht?», sagte Adelaide. Sie verstand den Reiz eines gemeinsamen Abendessens mit einem Mann, den man anschließend nie wiedersehen würde.

Raven holte ihr Handy hervor und öffnete eine Dating-App. Über ihren Drinks kichernd swipeten sie durch die Kandidaten. Und da geschah es – ein neues Foto erschien auf dem Display. Der Mann sah aus wie aus einem Sommerkatalog: Sein Haar tropfnass, das T-Shirt klebte ihm an den Bauchmuskeln, und im Gesicht trug er ein charmantes Grinsen.

Es war das Foto von Rory Hughes. Und Adelaide wurde speiübel.

So endet es also. Mit einem Foto von Rorys Datingprofil, der Erkenntnis, dass er sich nach etwas Besserem, Hübscherem, Klügerem als Adelaide umgesehen hatte. Es endet mit ihrem rasenden, schmerzenden Herzen. Mit tränengefüllten Augen und einem dicken Kloß im Hals. Mit dem Denkzettel, dass sie nie genug sein würde, egal, wie leidenschaftlich sie um einen Platz in seinem Herzen kämpfte, wie verzweifelt sie ihn für sich zu gewinnen versuchte. Für Rory Hughes würde sie nie genug sein. Warum sollte er sich nicht nach etwas Besserem umsehen?

(In Wahrheit versuchte Rory natürlich, die Nathalie-große Leere in sich zu stopfen. Und niemand konnte dieses Loch in seinem Herzen dauerhaft füllen – da konnte Adelaide sich noch so viel Mühe geben. Aber selbst dieses Wissen linderte den Schmerz nicht.)

Was als Nächstes geschah, wusste Adelaide rückblickend nicht mehr. Sie erinnerte sich daran, aufgestanden und zur Toilette geeilt zu sein. (*Habe ich mich überhaupt entschuldigt?*, fragte sie sich später. *Habe ich den anderen meinen abrupten Abgang erklärt?*) Sie erinnerte sich, Rorys Nummer gewählt und das Freizeichen gehört zu haben. Dann wurde der Anruf beendet. *Bei der Arbeit*, schrieb er. *Kann gerade nicht sprechen.*

Warum verfickt noch mal hat meine Kollegin dich gerade auf einer Dating-App gefunden?, schrieb sie zurück. Sie erinnerte sich, ihn tippen zu sehen. Dann erloschen die drei Punkte. Kamen wieder. Und erloschen erneut.

Sie erinnerte sich an ein Klopfen, dass Sam hereinkam und sich neben sie auf den schmutzigen Toilettenboden setzte. «Es tut mir weh, dich so zu sehen», sagte sie und wischte ihr die Tränen weg.

Adelaide wusste nicht mehr genau, wie sie die Fitzroy Tavern verlassen hatte, wohl aber, dass sie draußen die frische Luft spürte und dass ihr Kopf wehtat. Sie erinnerte sich, in die U-Bahn gestiegen und Bubs über den Weg gelaufen zu sein. Beim Anblick ihres roten, tränenverschmierten Gesichts sah er sie besorgt an.

«Adelaide? Du meine Güte, ist alles in Ordnung? Willst du dich auf meinen Platz setzen?» Es war ihr peinlich gewesen, aber sie erinnerte sich nicht mehr an ihre Antwort.

Es sei nicht er gewesen, schrieb Rory. Das Ganze sei ein Missverständnis. Okay, vielleicht sei er es doch gewesen, aber er habe die App nur ein paar Tage lang auf seinem Handy gehabt. *Während unserer Beziehungspause,* schrieb er. *Das war alles.*

Unserer Beziehungspause?, fragte sich Adelaide. *Welche Beziehungspause?,* schrieb sie.

Letzten Monat. Als du sagtest, dass du Abstand brauchst.

Ich habe dir gesagt, dass ich ein paar Tage für mich brauche, weil mir alles über den Kopf gewachsen ist. Und du lädst dir eine beschissene Dating-App runter?

Später wünschte sich Adelaide, sie wäre zu ihm gefahren. Damit er ihre Hände und nassen Wimpern geküsst und gesagt hätte: «Es tut mir so leid. Ich wollte dich nicht verletzen. Ich war dumm und idiotisch, und ich wünschte, ich könnte es rückgängig machen, Adelaide.» Aber sie tat nichts dergleichen. Es gab keinen großen Streit, kein dramatisches Ende. Sie rief ihn lediglich nach Feierabend an, als ihre Tränen kurzzeitig versiegt waren, und sagte: «Wir müssen diese Unterhaltung nicht künstlich in die Länge ziehen. Ich wünsche dir alles Gute, aber ich bin durch mit dir. Wir sind durch.»

Er widersprach. Sagte, es sei ein furchtbares Jahr für ihn gewesen, dass er so viel gelitten habe. «Nein», entgegnete sie. «Dieses Opfergetue kaufe ich dir nicht länger ab. Du hast mit voller Absicht mein Vertrauen missbraucht, und das lässt sich nicht mehr hinbiegen.» Ließ es wirklich nicht. Es war der K.-o.-Schlag für Adelaide gewesen.

Sie bat ihn, ihr die Ausgaben von *Der kleine Prinz* und *Dienstags bei Morrie*, die sie ihm vor einiger Zeit ausgeliehen hatte, schnellstmöglich per Post an ihre neue Adresse zu schicken. «Natürlich», sagte er.

«Auch wenn mir das nicht gefällt», sagte sie, «in meinem Herzen wird immer eine Schublade für dich frei bleiben, versprochen. Mach's gut, Rory.»

«Du auch», sagte er. «Ich will nicht Lebwohl sagen.»

Sie atmete tief ein und legte auf.

Adelaide versuchte, mit ihrem Schmerz so umzugehen wie immer – ihn tief in sich zu vergraben. Unauffindbar. Doch diesmal funktionierte es nicht. In ihr lag schon zu viel Schmerz begraben. Zu viel Leid und nicht genug Platz. Der Schmerz kam in Wellen, meistens wenn sie allein war. Dann ging sie gewöhnlich einkaufen, mehr Umzugskisten aus dem Baumarkt oder mehr Putzmittel aus dem Supermarkt, und kam jedes Mal mit vollen Armen und nassem Gesicht nach Hause, wo ihr die Tränen wasserfallartig über die Wangen liefen. Einer nach dem anderen wurden die Fäden, die ihr Leben zusammenhielten, gekappt – ihre Karriere stagnierte, ihre Freundinnen zogen ans andere Ende der Welt oder überquerten die Schwelle vom Singledasein zum Eheleben. Daher hatte sie sich unbedingt an den Rory-Hughes-Faden klammern wollen, egal, wie ausgefranst er war. Aber es ging nicht mehr.

Meine Güte, sie hatte es so satt.

Sie hatte es satt, wegen Rory zu weinen, wegen all des Leids, das er ihr absichtlich und unabsichtlich zugefügt hatte. Wegen seiner ausbleibenden Textnachrichten, seines ausbleibenden Bindungswillens, wegen seiner Trauer, seines Grolls, seines ungeborenen Kinds. Sie hatte es so satt, das Mitgefühl ihrer Freundinnen zu verschwenden. Aber im Moment spürte sie einzig und allein diesen gottverdammten Hohlraum in ihrer Brust, diese Leere. Und sie hatte das Gefühl, dass nur Rory diese Leere füllen konnte. Seine Umarmung.

War es das, was er die ganze Zeit für Nathalie empfand?, fragte sie sich.

Celeste kam am Wochenende vorbei und schlang die Arme um Adelaide. «Geht es dir einigermaßen, Süße?», fragte sie.

Adelaide bestand darauf, dass alles in Ordnung sei. «Mir geht's gut, keine Panik», sagte sie. Zusammen mit Madison bestellten sie das Übliche: zwei Pizzas, Knoblauchbrot und eine Flasche Sauvignon Blanc. Sie tranken den mysteriösen Fusel aus dem Vorratsschrank, bastelten einen Lautsprecher aus einer Bierdose und spielten Ariana Grande, während sie Kleider zusammenlegten und Kaffeetassen in Zeitungspapier wickelten. Adelaide trug einen Schlabberpulli und kniehohe weiße Socken (keine Hose, sie war zu traurig für eine Hose). Sie war dankbar, ihre Freundinnen bei sich zu haben, dankbar, dass Madison auf ein «Ich hab's dir doch gesagt» verzichtet hatte. Sie banden sich die Haare zu Arianas Signature-Pferdeschwanz zusammen und tanzten zu «Thank U, Next».

Adelaide hatte keine Ahnung, dass sie in zwei Tagen versuchen würde, sich umzubringen.

Als sie in dieser Nacht in ihrem Zimmer voller Kisten und vollgestopfter Reisetaschen lag, traf es sie plötzlich wie ein Schlag: Die Zeitrechnung passte nicht. Der Streit zwischen ihr und Rory war Anfang August gewesen, vor gut fünf Wochen – wenn er sein Datingprofil anschließend gelöscht hatte, dürfte es doch gar nicht mehr angezeigt werden. Oder? Es war zwei Uhr morgens. Adelaide setzte sich auf, und das Handydisplay beleuchtete ihr Gesicht, während sie nach Antworten suchte.

Profile, die seit mehr als vierzehn Tagen inaktiv sind, werden anderen Nutzern nicht mehr angezeigt, stand in den AGBs der App. *Mehr als fünfundsiebzig Prozent der angezeigten Profile waren in den vergangenen zweiundsiebzig Stunden aktiv.*

Elf Tage bevor sein Profil auf Ravens Handy erschienen war, hatte sie mit ihm in Farbe, Schweiß und Sonnenlicht gebadet auf der Portobello Road getanzt. Sie hatten zugesehen, wie die Farben in einem batikähnlichen Strudel in ihrem Duschabfluss verschwanden, hatten die Nasenspitze des anderen geküsst und sich gegenseitig den Schaum vom Körper gewaschen. Vier Tage davor hatten sie mit seiner Familie im Garten gesessen, wo Adelaide sich Kindheitsgeschichten erzählen ließ und sich bei den Witzen über Rorys frühere Badewannenaufführungen vor Lachen am Arm seines Bruders festhielt. «Unglaublich», hatte sie gesagt.

Unglaublich. Es ergab keinen Sinn.

Sie war nicht mal wütend, sondern einfach unendlich verletzt.

Adelaide schrieb alles auf – die Details aus den AGBs und jeden Augenblick, in dem sie sich in den letzten vierzehn Tagen angelächelt hatten. Sie beschloss, ihn am Morgen anzurufen und bei Tag mit seiner Lüge zu konfrontieren.

In der Highschool hatte Adelaides Mutter ihr mal erzählt, dass Beziehungen immer auf eine von zwei Arten endeten: Man trennte sich oder nicht. Aber inzwischen wusste Adelaide, dass das nicht ganz stimmte. Es war möglich, sich zu trennen, ohne dass man zusammenbrach, ohne dass man den Halt und sich selbst verlor. Es war möglich, sich zu trennen, ohne dass man sich fragen musste, welcher Teil der Beziehung auf Lügen und falschen Versprechungen basiert hatte. Es musste möglich sein.

Das waren ihre Gedanken um zwei, drei und vier Uhr morgens. Gegen halb sechs ging langsam die Sonne auf. Adelaide wünschte, Rorys und ihre Liebe wäre genauso wie dieser Sonnenaufgang – dass sie die Dunkelheit verdrängte, langsam und poetisch, und die Wolken zum Schmelzen brachte wie Kerzenwachs. Aber ihre Liebe ging nicht langsam oder natürlich auf und unter. Im Gegenteil.

Adelaide machte Kaffee und goss ihn in einen weißen Pappbecher mit goldenen Punkten. Sie hatte die Becher für Madisons Geburtstag letztes Jahr gekauft. Sie knotete ihr Haar zusammen und packte ihre letzten Habseligkeiten in einen Koffer. Im Hintergrund lief leise Maroon 5s «Sunday Monday». (Es wirkte beruhigend auf sie.) Gegen elf Uhr atmete sie tief durch und wählte Rorys Nummer. Er ging nicht dran. «Ich will nicht Lebwohl sagen», hatte er vor nur wenigen Tagen gesagt. Sie fragte sich, ob auch das eine Lüge gewesen war.

Was, wenn es alles eine Lüge gewesen war? Wenn nichts auf Gegenseitigkeit beruht hatte? Was, wenn ihre Beziehung nicht nur von kurzer Dauer, sondern auch unecht gewesen war?

Hi noch mal, schrieb sie ihm. *Ich habe hin und her über-*

legt, ob ich dir diese Nachricht schreiben soll. Wahrscheinlich wäre es besser, die Sache auf sich beruhen zu lassen und keinen Streit zu provozieren. Aber wann war ich je vernünftig, was? Sie drückte auf Senden und begann eine neue Nachricht. *«Profile, die seit mehr als vierzehn Tagen inaktiv sind, werden anderen Nutzern nicht mehr angezeigt. Mehr als fünfundsiebzig der angezeigten Profile waren in den vergangenen zweiundsiebzig Stunden aktiv.» Elf Tage bevor Raven auf dein Profil gestoßen ist, haben wir verschwitzt und farbverschmiert auf der Straße getanzt. Drei Tage vorher hatten wir Sex im Skulpturengarten, und ich habe auf der Fahrt zurück aus Surrey mit dem Kopf auf deiner Schulter geschlafen. Es ergibt keinerlei Sinn. Ich weiß nicht, warum ich überhaupt nach diesen Informationen gesucht habe oder warum ich dir jetzt diese Nachricht schreibe. Kann es wohl nicht lassen, an einer sehr frischen Wunde zu knibbeln. Es macht mich einfach unendlich traurig. Und ich hoffe, für uns beide, dass wir zukünftig in der Lage sein werden, etwas zu beenden, wenn es beendet werden muss.*

In typischer Rory-Manier blieb er ihr eine Antwort schuldig.

Es war Montag, Umzugstag, doch das war nicht alles. Da war dieser stechende Trennungsschmerz, der nach acht Monaten Schlaflosigkeit unumgänglich bevorstehende Zusammenbruch und die überwältigende Einsamkeit, die aus jeder Richtung auf sie zurollte. Und darunter nagte zusätzlich das ständige Gefühl von Neid, Schuld und Trauer wegen Nathalie Alban.

Der perfekten Nathalie Alban.

Adelaide holte die Schlüssel zu ihrer neuen Wohnung ab und sprach zum ersten Mal persönlich mit ihrer Vermieterin – einer Frau mit starkem deutschen Akzent und wenig Taktgefühl. «Wäre es in Ordnung, Nägel in die Wand zu schlagen? Und können Sie mir sagen, wer der Strom- und Gasanbieter ist?», fragte Adelaide.

«Nein», antwortete die Vermieterin. «Und was interessiert es Sie? Das wollte bisher noch nie jemand wissen.»

Adelaide sah sich die neuen Sofas in der Wohnung an, die im rechten Winkel zueinander standen. Eins war hell-, das andere dunkelgrau. *Fuck,* dachte sie. Bei dem Anblick juckte ihr die Haut. Sie hatte sich den Tag freigenommen, musste sich aber trotzdem um ein paar Projekte kümmern. So viel Arbeit. (Ein Riesenberg hatte sich angehäuft.) Und in wenigen Stunden musste sie Umzugshelfer koordinieren, Kisten auspacken und Geschirr in die Schränke räumen.

Doch in diesem Augenblick hörte Adelaide auf, sich um all das zu scheren. In diesem Augenblick fing ihr Verstand an zu schreien, dass nichts in Ordnung war. Dass das Geschirr egal war, dass die Sofas nicht zusammenpassten, dass ihre Vermieterin eine dumme Kuh war und dass Adelaide zwar Arbeit, aber keine Bestimmung hatte, dass ihre Freundinnen fortgingen und Rory wahrscheinlich mit irgendwelchen heißen Frauen schlief, dass in ihr kein Baby wachsen konnte und dass Nathalie Alban tot war. Nathalie Alban war tot. Nathalie Alban war tot.

Hör auf zu denken, sagte sie zu sich. *Hör auf, diese Gedanken zu denken.* Sie setzte sich auf die nackte Matratze in ihrem neuen Schlafzimmer und scrollte zur Ablenkung durch Twitter. Aber es gab keine Fluchtmöglichkeit, oder? Sie sah, dass die London Book Awards eine gesamte Kategorie nach Nathalie benannt hatten – der Nathalie Alban Award, um Spitzenleistungen junger Herausgeberinnen und Herausgeber zu würdigen. Es traf Adelaide wie ein Kinnhaken.

Dies war eine andere Art von Neid. Eine, die Adelaide vor

niemandem aussprechen konnte: Sie war neidisch, dass Nathalie hatte sterben dürfen.

Sie wusste, dass der Gedanke krank war. Verdreht. Verzerrt. Aber es war die Wahrheit. Adelaide begann zu akzeptieren, dass ihr Leben voll von halb garen Feiern und Erfolgen sein würde. Vielleicht würde sie mal heiraten, aber wahrscheinlich nicht. Vielleicht würde sie irgendwann ein Kind bekommen, aber schwanger zu werden und zu bleiben, wäre teuer und kompliziert, und was, wenn sie der Mutterschaft nicht gewachsen wäre? Vielleicht würde sie eines Tages im Verlagswesen oder in der Politik arbeiten. Vielleicht würde sie ihre Kreditkartenschulden und Studienkredite abbezahlen und ein Haus kaufen – aber außergewöhnlich wäre sie nie. Oder besonders. Die Erinnerung an sie würde verblassen, wenn nach und nach ihre Familie und Freunde starben, ihr Name würde nie gedruckt werden oder in Neonbuchstaben bei den London Book Awards erscheinen.

Den Druck, zu beweisen, wie außergewöhnlich man war, konnte man nur umgehen, indem man jung starb. Indem man andere in dem Glauben zurückließ, dass man die schönste Braut, die liebevollste Mutter, die netteste Nachbarin mit einem Garten voll Pfingstrosen gewesen wäre ... hätte man nur lange genug gelebt.

Also beschloss Adelaide, ihrem Leben ein Ende zu setzen. Ihr war klar, dass um sie nicht Tausende von Leuten trauern würden, dass ihr Name nicht zu einem Hashtag auf Twitter würde. Sie wusste, ein paar Menschen würden sie vermissen. Aber sie würden es überstehen. Und es war gnädiger, ihr eigenes Herz zum Stillstand zu bringen, als es weiter in ihrer Brust schlagen, trommeln, schmerzen zu lassen. Sie brauchte lediglich ein paar Tabletten. Wo waren ihre Tabletten?

DANACH

London, England
2019

SIEBENUNDZWANZIG

Eigentlich hatte Rory Hughes geplant, Adelaide an diesem Abend beim Auspacken zu helfen. Umzugskisten die Treppe hochzutragen, ihre wenigen Bücher ins Regal zu räumen und auf dem Boden Pizza zu essen, falls die Möbel noch nicht da waren. Stattdessen wärmte er sich einen Hähnchen-Gemüse-Auflauf von Tesco auf, sah sich ein paar Episoden *Crashing* an und schwelgte in Erinnerungen an den Nachmittag, als er die Serie mit Adelaide in ihrem Schlafzimmer angeschaut und sie so sehr gelacht hatte, dass sie den Rotwein quer über die Bettdecke spuckte.

Damals war ihm das kindisch erschienen, als übertreibe sie maßlos. Aber nein, dachte er jetzt. Sie war zu authentisch, um ein solches Lachen faken zu können. Zu gutherzig. Verdammt, sie war eine von den Guten.

Das Problem war nur, dass er sie nicht liebte. Ja, sie war liebenswert und gutherzig und so süß, dass er weiche Knie bekam – ihr kleiner zierlicher Körper, ihr strahlendes Lächeln. Außerdem war sie klug. Manchmal zu klug. Er mochte sie sehr. Aber er war eben nicht in sie verliebt. Hatte sich nie in sie verlieben wollen.

Was er jedoch liebte, waren die Vorteile, die es mit sich brachte, eine Frau wie Adelaide zu daten. Der Sex, die Cupcakes, die kleinen Überraschungen, die sie ihm nach Hause kommen ließ – die Ausgabe von *Das Hollywoodgeschäft*, Essen, ein neues Portemonnaie, als sein altes auseinanderfiel. Er liebte ihre Freigebigkeit, ihre Fürsorge. Aber er wollte auch Stabilität, und die konnte Adelaide Williams ihm nicht geben.

Er hatte es getan, um sich aufzumuntern, um nach ihrem Streit im August sein Ego zu streicheln. So wie an jenem Abend hatte er Adelaide noch nie erlebt – mit Tränen in den Augen und belegter Stimme. Sie war in diesem Sommer so schwindelerregend unberechenbar gewesen, im einen Moment total aufgedreht und im nächsten niedergeschlagen. Das war nicht das, was er wollte, was er brauchte. Nicht bei allem, was er gerade durchmachte. Also lud er sich an jenem Abend eine App herunter. Einfach so, nur um mal zu gucken.

Und dann konnte er nicht mehr aufhören.

Er lud das Foto vom Lake District hoch, von dem Adelaide gesagt hatte, es mache sie körperlich durstig nach ihm. Und die anderen Frauen waren ebenso vernarrt in das Foto, in ihn. Plötzlich konnte er in einem Paralleluniversum existieren, in dem er nicht niedergeschlagen und gebrochen war, in dem er nicht trauerte. Er war nicht länger jemand, um den man sich sorgen musste. Sondern jemand, mit dem die Frauen ausgehen wollten. Jemand, mit dem sie schlafen wollten. (Ein paar unverblümte Matches hatten das genau so formuliert.)

Doch unternommen hatte er nichts. Streng gesagt. Mit einigen dieser Frauen hatte er vage Pläne gemacht – ein Treffen in einer Cocktailbar vielleicht oder in einem Pub –, aber nichts Festes. Nichts, das sich wie Untreue anfühlte. Rory hatte nicht vorgehabt, Adelaides Vertrauen zu missbrauchen, wie sie es genannt hatte. Er hatte sich nur in Erinnerung rufen wollen, dass die Dinge manchmal gut und einfach und unbeschwert sein konnten. Er wollte das Gefühl rekreieren, das er beim ersten Treffen mit Adelaide und beim ersten Anblick von Nathalie gehabt hatte. Nicht zwingend ein Feuerwerk, aber die Andeutung eines Funkens, von Wärme. Das Klicken eines Gasherdes, bevor die Flamme auflodert.

An jenem Abend spielte Rory mit dem Gedanken, ihr Abendessen kommen zu lassen. Nachdem sie ihm am Telefon gesagt hatte, sie sei durch mit ihm. Er wusste, dass sie dazu tendierte, nichts zu essen, wenn sie aufgebracht war. Noch so eine Angewohnheit, die ihn störte: dass sie in seiner Gegenwart selten aß. Sie sei zu gestresst, sagte sie immer. Zu gestresst zum Abendessen.

Einmal war sie deshalb unter der Dusche ohnmächtig geworden, irgendwann im April. In einer plötzlichen Panik hatte sie ihn angerufen – Madison sei nicht da, alles drehe sich und sie brauche nur ein bisschen Gesellschaft. «Bitte.» Und als er fragte, was sie den Tag über gegessen hatte, sagte sie: «Kaffee.»

Was zur Hölle? Wer tat so was? Er hatte ihr einen Teller Butternudeln gemacht, damit sie etwas in den Magen bekam. Sie hatte so schwach ausgesehen, während sie aß. So klein.

Auch jetzt wollte er sie füttern. Ihr eine buttertriefende Portion Nudeln vorbeibringen und sagen: «Hier. Es tut mir leid. Bitte iss.» Aber Rory wusste, dass sie sein Essen höchstwahrscheinlich wieder einpacken und irgendeinem Obdachlosen schenken würde. So tun würde, als wäre es nie ihres gewesen.

Seinen Mitbewohnern erzählte er die Wahrheit. Sozusagen. Dass er während einer Beziehungspause zwischen ihnen eine Dating-App runtergeladen hatte und eine von Adelaides Kolleginnen auf sein Profil gestoßen war, woraufhin Adelaide ausgerastet war und Schluss gemacht hatte. «Ich erinnere mich gar nicht, dass ihr beide eine Pause eingelegt habt», sagte einer seiner Mitbewohner.

«Ich wollte damals nicht darüber reden», erwiderte Rory. Gelogen war das nicht.

Er hätte nie erwartet, dass irgendjemand, geschweige denn Adelaide, herausfinden würde, dass er die App weit über drei

Tage lang benutzt hatte. Er hatte ihr nicht wehtun wollen. Ehrlich. Sie war so fragil, so zart. Es fühlte sich an, als hätte er eine Nachtigall getötet. Wie sollte er sich dem stellen? Wie sollte er das alles Adelaide erklären, wenn er es doch selbst kaum verstand?

Abends klingelte Rorys Arbeitshandy selten, wenn überhaupt. Aber an diesem Abend klingelte es, ein paar Tage nachdem er und Adelaide Schluss gemacht hatten. Eine amerikanische Nummer – rief sie jetzt schon auf seinem Arbeitshandy an? War sie so erpicht darauf loszuwerden, was sie auf dem Herzen hatte?

Er hob ab. «Hallo, Rory hier.»

«Rory?», sagte eine Stimme. «Super. Hier ist Eloise, Adelaides Freundin. Wir haben uns im Sommer kennengelernt.»

«Richtig», sagte er und versuchte, normal zu klingen. (*Bitte, lass ihr nichts passiert sein,* dachte er. *Bitte, bitte, lass ihr nichts passiert sein.*) «Wie geht's dir? Ist alles in Ordnung? Geht es Adelaide gut?»

«Ihr geht's gut, ja», sagte Eloise. «Aber die Sache ist die.»

Sie hatten sich in dieser süßen kleinen Speakeasy-Bar getroffen, erinnerte sich Eloise. Rory war spät dran und Adelaide deshalb etwas genervt gewesen, obwohl sie das so nie gesagt hätte. Eloise wusste, es war Adelaide wichtig, dass sie Rory mochte. Dass sie nachvollziehen konnte, was sie an ihm fand, dass Eloise selbst einen Schimmer dieses glänzenden Lichts sah.

Eloise verstand sofort. Rory Hughes vereinte jede von Adelaides Traumvorstellungen in sich, die sie je in Worte gefasst hatte: Er war groß und charmant und Engländer, genau der Disneyprinz, als den sie ihn beschrieben hatte. Sie lächelte und umarmte ihn zur Begrüßung, fragte ihn nach seinem Leben, seinem Job und seiner Lieblingserinnerung aus dem Jurastudium. Als Adelaide fragte, ob sie mit zur Toilette kommen wollte, sagte Eloise: «Nein. Ich bleibe hier, danke.»

Sobald Adelaide ihnen den Rücken zugekehrt und sich ein paar Schritte vom Tisch entfernt hatte, drehte Eloise sich zu Rory um. Ihr Ton war plötzlich ernst. «Hör zu», sagte sie. «Ich fühle mich verpflichtet, dir zu sagen, dass Adelaide ein Herz aus Gold hat, und wenn du ihr wehtust, mache ich Kleinholz aus dir.» Sie grinste, und er lachte kurz. Echt, aber unbehaglich. «Ich sage das halb im Scherz, aber ich meine es auch ernst. Behandle sie gut, okay?»

Natürlich, antwortete er. Natürlich würde er sie gut behandeln, ihm fiele im Traum nicht ein, ihr wehzutun. «Sie ist ein Engel», sagte er.

«Stimmt», sagte Eloise. «Ich bin froh, dass wir das geklärt haben.»

Kurz darauf kam Adelaide von der Toilette zurück, und Rory gab ihr einen Kuss auf die Wange und legte die Hand auf ihr Knie. Sie drückte seine Finger. Eloise lächelte und hoffte, dass Rory die Wahrheit gesagt hatte. Dass er diesem Mädchen nicht wehtun würde. Ihrem Mädchen.

«Erinnerst du dich?», sagte Eloise jetzt, Monate später.

Adelaide hatte ihr ein paar Stunden zuvor eine Nachricht aus der Klinik geschickt. *Nur dass du Bescheid weißt, ich habe mich wegen Selbstmordgedanken in eine psychiatrische Klinik einweisen lassen. Ich halte dich auf dem Laufenden.* Als wäre sie nur kurz für eine Routineuntersuchung hingegangen und käme zu spät zum Lunch.

«Erinnerst du dich, dass ich gesagt habe, ich würde Kleinholz aus dir machen, wenn du Adelaide wehtust?»

Rory am anderen Ende der Leitung schwieg. Sie wartete.

«Ich erinnere mich», sagte er schließlich.

«Dir dürfte klar sein, dass ich in diesem Moment nichts unternehme», sagte sie. «Aber ich sage dir sehr eindringlich, dass ich, solltest du ihr je noch mal zu nahe kommen, jede Beherrschung verlieren werde. Falls nötig, schicke ich meinen Mann zu dir nach Hause, und ich hoffe, die Tatsache, dass ich dich auf deinem Arbeitshandy anrufe, macht deutlich, dass ich es todernst meine, Rory. Du wirst sie weder anrufen noch vor ihrer Tür auftauchen, und du wirst auch keinen anonymen Instagram-Account erstellen und ihre Fotos liken. Du wirst dich verfickt noch mal fernhalten von Adelaide Williams. Hast du das verstanden?»

Wieder schwieg er. «Ja», sagte er nach ein paar Sekunden. «Ich habe es verstanden, ja.»

Erschüttert legte Rory auf. Als er sie kennengelernt hatte, war Eloise entzückend gewesen. Höflich, albern, ihr Kichern genauso schelmisch wie das von Adelaide. Sie hatte scherzhaft gedroht, «Kleinholz aus ihm zu machen», falls er Adelaide wehtat, aber so wie jede Frau im Scherz für ihre beste Freundin eintrat. Er hatte es fast erwartet.

Aber dies hatte er nicht erwartet.

Er fragte sich, was Adelaide ihr erzählt, was genau Eloise zu diesem Anruf veranlasst hatte. Ihm war schon seit einiger Zeit klar gewesen, dass ihre Beziehung eher früher als später enden würde. Aber er hatte gehofft, dass sie freundschaftlich auseinandergehen konnten, mit der Aussicht auf einen Kaffee, ein gemeinsames Mittagessen oder den gelegentlichen Gefallen. Doch diese Möglichkeit war offenbar unwiederbringlich dahin. Er hatte Kontaktverbot. Adelaide gehörte ihm nicht mehr.

Plötzlich überkam Rory eine Welle von Nostalgie. Plötzlich vermisste er sie ungemein, noch mehr als zuvor.

Interessant, oder? Wie sehr uns etwas am Herzen liegt, sobald es uns nicht mehr gehört.

ACHTUNDZWANZIG

Adelaide musste über Nacht in der Klinik bleiben. «Nur zur Beobachtung», hörte sie die Krankenschwester zu Celeste sagen. Adelaide versicherte ihr, dass sie allein klarkäme, aber Celeste saß am nächsten Morgen trotzdem wieder neben ihrem Bett, damit Adelaide beim Aufwachen Gesellschaft und warme Croissants von Le Pain Quotidien hatte. «Eine kleine Aufmunterung von mir und Mads», sagte sie und gab Adelaide einen Espresso-Chai und die Tüte Croissants. «Keine Angst, ich habe ihr nicht die ganze Geschichte erzählt. Aber ich soll dir ausrichten, dass sie dich lieb hat.»

Erst zwei Tage zuvor hatten sie die Sachen in ihrer Wohnung zusammengepackt und in der Küche Shots getrunken. Seltsam, jetzt daran zu denken.

Kurze Zeit später streckte eine Krankenpflegerin den Kopf herein. Adelaides Jogginghose war voller Croissantkrümel, die sie schnell abklopfte.

«Hallo», sagte die Pflegerin. «Adelaide Williams?»

«Das bin ich», sagte Adelaide und schob halbherzig einen flüchtigen Gruß hinterher.

Die Pflegerin wollte darüber sprechen, wie es für Adelaide weiterginge. Welche Schritte für sie am sinnvollsten wären. Das Klinikpersonal hatte sich gegen einen stationären Aufenthalt in der Psychiatrie ausgesprochen – Adelaide fiel ein Stein vom Herzen, als sie das hörte –, aber man sei sich einig, dass sie Unterstützung brauchte, zumindest auf Zeit. Eine Gruppe des National Health Service böte tägliche Check-ins an. Sie würden Adelaide entweder zu Hause besuchen, oder sie könnte für das Gespräch in die örtliche Klinik gehen. «Was immer Ihnen lieber ist», sagte die Pflegerin.

«Das klingt gut», sagte Adelaide. «Ich kann in die Klinik gehen, das ist kein Problem.»

Am Tag zuvor hatte sie Sam und Djibril vom Krankenhausbett eine E-Mail geschrieben, in der sie aufrichtig zugab, dass sie gerade eine ziemlich schwere depressive Phase hatte und sich wahrscheinlich eine oder zwei Wochen freinehmen müsse. Alliance war bei so etwas recht flexibel – der Vorteil eines Jobs bei einem Technikkonzern, der einem unbegrenzt viele Krankheitstage einräumte. *Überhaupt kein Problem,* hatten sie geantwortet. *Nimm dir alle Zeit, die du brauchst.* Ihre Kollegen mussten ihren langsamen Fall schon seit Monaten beobachtet und sich gefragt haben, wann sie schließlich zusammenbrechen würde, dachte Adelaide.

Jetzt. Die Antwort war: jetzt.

Adelaide musste ein paar Formulare ausfüllen und unterschreiben, dann war sie entlassen. Morgen früh um zehn würde sie sich zum ersten Mal bei der Gruppe der NHS melden, trotzdem fühlte sich Adelaide wie ein verwundeter Vogel, der fliegen sollte. Sie wusste nicht recht, wie.

Celeste begleitete sie nach Hause, half ihr, die ersten Kisten auszupacken, und nahm Adelaides Xanax, ihren Hustensaft und ihre Ausgabe von *Little Women* an sich. («Der Name Laurie klingt zu sehr wie Rory», sagte sie.)

Am Nachmittag stand plötzlich ein in transparente Folie gewickelter Strauß gelber Rosen vor der Tür. *Eine Kleinigkeit, um dich an Sonnenschein und Freundschaft zu erinnern,* stand auf der Karte; die Blumen waren von Eloise. In einer der Umzugskisten fand Adelaide eine Vase. Sie bemerkte ein warmes Gefühl in der Brust, nur ganz schwach. Seltsam, dachte sie – bisher hatte sie trotz allem immer noch Freude und Dankbarkeit empfinden können. Selbst nach Nathalies Tod, nach ihrer Fehlgeburt und nach der Trennung. Aber jetzt fühlte es sich so an, als wäre dieser Muskel erschlafft. Sie konnte ihn noch so sehr beanspruchen, anspannen und dehnen, es mochte kein echtes positives Gefühl entstehen. So etwas war ihr völlig neu.

Sie und Celeste riefen Madison an, die noch immer nicht die gesamten Umstände von Adelaides Klinikaufenthalt kannte. (Als Grund hatten sie ihr Dehydrierung und ein bisschen zu viel Stress genannt.) Madison war mit Anurak am Flughafen, wo sie darauf wartete, in den Flieger nach Bangkok zu steigen und ein neues Leben in einem neuen Land zu beginnen. «Viel Glück», sagten Adelaide und Celeste. «Einen sicheren Flug! Schick uns Fotos!»

«Oh, und guck bei Gelegenheit in die Vordertasche deines Koffers!», fügte Adelaide hinzu. Sie hatte ein paar Polaroidfotos von ihnen dreien in einen Umschlag gepackt, dazu einen Cadbury-Riegel und ein Päckchen mit englischen Lavendelsamen. Ein kleines Andenken.

«Mach ich, danke, ihr Lieben!», sagte Madison. Ihre Stimme klang dünn über den Lautsprecher. «Und pass auf dich auf, Adelaide.»

«Natürlich», sagte Adelaide mit versuchter Überzeugung.

Zum Abendessen bestellten sie bei Shake Shack – Adelaides Mutter zahlte. (Sie hatte ihren Eltern aus dem Krankenhaus jeweils eine Nachricht geschrieben. *Tut mir leid, euch das per SMS mitzuteilen, aber ...* Doch wenn es eine Familie gab, die die Komplexität einer suizidalen Episode und die heilenden Kräfte von Fast Food verstand, dann war es die Williams-Familie.) Adelaide und Celeste verspeisten Wellenpommes, Portobello-Burger und Erdbeer-Milchshakes auf den farblich nicht zusammenpassenden Sofas und schauten sich *Was*

Mädchen wollen an, einen Film, den sie beide das letzte Mal mit elf oder zwölf gesehen hatten.

Celeste beschloss, über Nacht zu bleiben. Sie lieh sich von Adelaide ein T-Shirt und eine Jogginghose, die ihr mit ihren 1,80 viel zu kurz war. Sie bezogen Adelaides Matratze und stopften ihre Decke in einen gelben Bettbezug. Jetzt machte ihr Bett einen hellen und warmen Eindruck und roch nach frischer Wäsche, was schön war (auch wenn es sie irgendwie an Rory erinnerte). Die zwei krochen unter die Decke.

«Danke, dass du hier bist», sagte Adelaide.

«Natürlich», sagte Celeste. Sie griff nach Adelaides Hand und drückte sie fest. «Aber wehe, du denkst noch mal daran, diese Erde zu verlassen, okay? Das ist keine Option. Wir müssen beide hier sein, um gegenseitig unsere Scherben zusammenzuhalten. Deal?»

«Deal», sagte Adelaide. Sie schloss die Augen. Tränen, von denen sie nicht mal gemerkt hatte, dass sie ihr in die Augen gestiegen waren, kullerten ihre Wange hinab.

Am vorigen Tag hatte Celeste sich krankgemeldet, aber an diesem Morgen stand sie früh auf und verließ gegen sieben Uhr leise die Wohnung, um zur Arbeit zu fahren. Sie trug dieselbe Hose wie am Vortag und hatte sich einen bauschigen Pulli aus Adelaides Kommode geliehen. Auf die Kaffeemaschine klebte sie ein Post-it mit der Nachricht: *Die Welt ist dein Spielplatz. Wir sehen uns nach der Schule! Hab dich lieb!*

Eine Stunde später wachte Adelaide auf. Das Bett war Kingsize, viel größer als ihr altes in Highgate. Man hatte so viel Platz darin, dachte sie. Sie stellte sich vor, sie bestünde aus Tausenden von Scherben, zersprengt und über die gelbe Bettdecke verstreut, ohne dass sie die Teile selbst wieder zusammenfügen und sich ganz fühlen konnte. Wie unfair, dachte sie, dass sie Rory dabei geholfen hatte, seine Scherben zusammenzusetzen, und er nicht mal gewusst hatte, dass sie selbst kurz davor war zu zerbrechen.

Sie lächelte, als sie das Post-it auf der Kaffeemaschine sah, und machte sich einen Caffè Latte. Sie duschte, während im dampfigen Bad auf ihrem Handy Lizzo lief, und wünschte, sie hätte die Energie, mitzusingen.

Es klingelte an der Haustür. «Ein Paket für Adelaide Williams», sagte ein Mann durch die Gegensprechanlage. Darin waren ihre Ausgaben von *Der kleine Prinz* und *Dienstags bei Morrie* – die Bücher, die sie Rory geliehen hatte –, beide eingewickelt in braunes Einschlagpapier. Zwischen den Büchern steckte eine Notiz. *Was auch passiert ist,* stand da in Rorys Handschrift, *ich werde immer an dich denken.*

Am liebsten hätte sie die Notiz zerrissen und angezündet, um dann barfuß auf der Asche herumzutrampeln. Stattdessen hielt sie sie an ihr Gesicht, fast als wollte sie sie küssen, in der Hoffnung, dass sie nach seinem Cologne roch, dass dieses Stückchen Papier irgendwie die Distanz zwischen ihnen überbrückte. Natürlich konnte es das nicht.

Am Vormittag ging Adelaide ins örtliche Krankenhaus. Und am Vormittag darauf. Und am Vormittag darauf. Jeden Tag sprach sie mit unterschiedlichen Betreuern und Betreuerinnen. Männer, Frauen, manche klein, manche groß und dünn. *Wie eine Bohnenstange,* hätte ihre Mutter gesagt.

Sie alle kamen zu unterschiedlichen Einschätzungen. Manche waren der Meinung, Adelaide brauche Gesprächstherapie, andere schlugen kognitive Verhaltenstherapie vor oder Serotonin-Wiederaufnahmehemmer. Manche sagten, es sei nur eine Phase, was Adelaide das Blut in die Wangen steigen und sie ganz heiß werden ließ. Ein Teil von ihr wünschte sich, dass sie sich tatsächlich etwas angetan hätte. Dass ihr Selbsthass sich durch Schnitte und blaue Flecken äußerte, die sie dem Klinikpersonal zeigen und damit sagen könnte: «Hier. Seht, wie sehr ich leide. Seht euch an, was ich getan habe.»

Alles fühlte sich so schwierig an, und Adelaide wusste nicht, wie sie erklären sollte, dass sie ihre Wohnung mit Pfingstrosen und Grünpflanzen und farblich aufeinander abgestimmten Büchern dekorieren und gleichzeitig ihr Leben beenden wollen konnte. Sie wollte hier sein, auf der Welt – die Hände ihrer Freundinnen drücken, wenn sie heirateten, deren Babys küssen und ihrer Familie zu Geburtstagen Pakete mit Leckereien schicken. Aber sie wollte auch sterben. Die Welt verlassen. Hätte sie einen stärkeren Glauben gehabt – hätte sie geglaubt, dass es einen Himmel gab, in den sie käme –, dann hätte sie es wohl getan. Aber sie wollte nicht in der Hölle landen oder auf dieser Insel aus *Lost*. Jetzt gerade wollte sie allerdings genauso wenig am Leben sein.

Am Samstag – ihrem vierten Tag bei der NHS-Gruppe – schlug ein Betreuer vor, dass Adelaide ein psychiatrisches Gutachten von sich erstellen ließ. Normalerweise sei die Warteliste dafür sehr lang, sagte er, aber sie könnten sie am Montag bei einer Psychologin dazwischenschieben, wenn Adelaide Zeit hätte?

«Ja, bitte», sagte Adelaide.

Am Montagmorgen hatte sie das Warten bereits perfektioniert. Sie saß geduldig im Wartezimmer mit einem Ohrstöpsel im Ohr – sie hörte «Rhapsody Blues» – und hatte den Kopf über einen Gedichtband in ihrem Schoß geneigt. Heute las sie Mary Olivers *A Thousand Mornings*, doch sie hatte auch Sylvia Plath und Emily Dickinson dabei. Sie versuchte, die Worte auswendig zu lernen, sie in ihr Gedächtnis einzubrennen.

«Adelaide Williams?», sagte eine Frau. Sie trug eine Hornbrille und hatte ein Klemmbrett in der Hand. Adelaide hob die Hand, ging auf die Frau zu und wurde wieder einmal in einem komplett weißen Raum mit zwei Stühlen und einem kleinen Schreibtisch in der Ecke geführt.

«Ich bin Dr. Grayson», sagte die Frau. «Psychiaterin des NHS. Ich habe mich schon darauf gefreut, Sie kennenzulernen.» Adelaide wusste diese Aussage zu schätzen, obwohl ihr klar war, dass es nicht ganz die Wahrheit war. «Ich möchte mit Ihnen darüber sprechen, was in letzter Zeit passiert ist, aber zuerst würde ich gern ein bisschen was über Ihre Vergangenheit erfahren. Würden Sie mir von Ihrer Familie und Ihrer Kindheit erzählen?»

Adelaide fing ganz vorn an. Sie erzählte, dass sie in einem liebevollen, aber turbulenten Elternhaus aufgewachsen war. Dass ihre Schwester Izzy eine bipolare Persönlichkeitsstörung hatte, ihre Mutter an Depressionen litt, und «dass wir oft umgezogen sind, hat auch nicht gerade geholfen». Später war Izzy ins Internat und Adelaides andere Schwester aufs College gegangen, und ihre Eltern hatten sich scheiden lassen. All das habe dazu geführt, dass sie ein bisschen ängstlich wurde, sagte sie, eine etwas lästige Zehnjährige – «nicht sehr beliebt bei den coolen Kids in der Schule». Sie wurde so stark gehänselt, dass sie mit elf Jahren die Primary School verließ. Für ungefähr ein Jahr wurde sie zu Hause unterrichtet, dann war sie mit ihrer Mutter nach St. Mary in Geogia gezogen – eine Stadt, die bekannt war für Pferde und Südstaatenfahnen-Fanatiker. In der Highschool sei sie mit einem Jungen zusammen gewesen, Emory Evans, der sie emotional und körperlich misshandelte. «Damals war mir das aber noch nicht klar», sagte Adelaide. «Wahrscheinlich dachte ich, das wäre normal. Und alles Unnormale habe ich einfach verdrängt oder unterdrückt.» Erst mit neunzehn, zwanzig sei alles wieder hochgekommen. Sie habe plötzlich solche Angst vor Männern, «jeglichen Männern» gehabt, dass sie ihnen jahrelang aus dem Weg gegangen sei – während des Colleges, während ihrer Zeit als Au-pair in Paris. «Als ich zurück in die USA gezogen bin und einen Job in New York angenommen habe, war es, als wäre ein Schalter in meinem Gehirn umgelegt worden», erklärte sie. «Plötzlich war ich in der Lage, mit Männern zu schlafen, also habe ich es getan. Ich habe mit einem Haufen Männer geschlafen.» Dann sei sie nach London gezogen und habe mit noch mehr fremden Männern geschlafen, bis sie Rory Hughes kennenlernte. Sich verliebte und begann, um Ex-Freundinnen und Embryos zu trauern.

Und hier war sie nun, anderthalb Jahre später, ihr Herz wieder einmal gesprungen, weil ein fahrlässiger Typ es fallen gelassen hatte.

Sie atmete aus. «Das war jetzt viel», sagte sie zu der Psychiaterin. «Es tut mir leid, dass ich das alles bei Ihnen abgeladen habe.»

«Überhaupt nicht», sagte Dr. Grayson. «Das sind alles wichtige Informationen, um zu verstehen, womit wir es zu tun haben.»

Sie stellte Adelaide eine Handvoll Fragen – wie oft fühlte sie sich berauscht, beschwingt, enthusiastisch? Wie lange hielt dieses Gefühl an? Wie oft fühlte sie sich niedergeschlagen? Wie extrem empfand sie diese Emotionen? Adelaide dachte nach und antwortete. Dachte nach und antwortete.

Sie erinnerte sich an die Düsternis, die sie im März vorigen Jahres in der U-Bahn überkommen hatte, als sie *Call Me by Your Name* las und sich so irreparabel beschädigt gefühlt hatte, dass sie am nächsten Morgen und die nächste Woche über kaum hatte aufstehen können. Sie erinnerte sich, wie sie nur einen Monat später geglaubt hatte, Rory sei ihr Retter –

sie war außer sich vor Freude darüber gewesen, dass er in ihr Leben getreten war, überzeugt, dass er ihr Freifahrtschein zum Glück war, zu einem Leben ohne Leiden.

Und gleichzeitig erkannte sie, dass ihr Leben einem Muster zu folgen schien: Auf einen Höhenrausch folgte der Fall, auf den wieder ein Höhenrausch folgte – und dann das hier. Der tiefstmögliche Fall.

«Sehr extrem», sagte sie. «Als ob ...» Sie hielt inne und suchte nach der passenden Formulierung. «Als ob ich entweder angeschaltet oder ausgeschaltet bin. Etwas dazwischen gibt es nicht.»

«Es klingt», sagte Dr. Grayson, «als wären Sie entweder manisch-depressiv oder als hätten Sie eine bipolare Persönlichkeitsstörung.»

«Nicht Ihr Ernst», sagte Adelaide. Doch wenn sie es sich recht überlegte ...

Plötzlich und unerwartet ergab etwas einen Sinn.

HERBST – WINTER

London, England
2019

NEUNUNDZWANZIG

Bipolare Persönlichkeitsstörung. Sie ließ die Worte in ihrem Kopf hin und her rollen. *Du bist bipolar,* sagte sie zu sich selbst.

Die Möglichkeit war ihr nie in den Sinn gekommen. Ihre Schwester war bipolar, und Adelaide war nicht ihre Schwester, von daher. Von daher gar nichts, offenbar. Psychische Erkrankungen waren Verwandlungskünstler. Sie kamen in allerlei Formen, äußerten sich auf allerlei Arten und konnten dennoch denselben Namen tragen. Adelaide holte sich eine zweite Meinung ein, und auch dieser Psychologe diagnostizierte ihr eine bipolare Persönlichkeitsstörung, vom Typ zwei. Es war fast tröstlich, dem, was in ihrem Kopf vor sich ging, einen Namen geben zu können. Als wäre die Benennung des Ungeheuers der erste Schritt zu seiner Ruhigstellung. (Und sie wollte es unbedingt ruhigstellen.)

Am Tag, als Adelaide die Tabletten geschluckt hatte, war in ihrem Leben das Licht ausgegangen. Aber gemeinsam mit den Ärzten, Therapeuten, ihren Freundinnen und ihrer Familie baute sie eine Treppe und stellte auf jede Stufe eine Kerze, um den Weg zu erleuchten.

Die erste Stufe bestand aus medikamentöser Behandlung – Dr. Grayson empfahl für den Anfang eine Kombination aus Olenzapin und Sertalin. Sie gab Adelaide ein Tütchen Tabletten mit und legte ihr nahe, sie morgens einzunehmen. «Nach etwa fünf Tagen dürften Sie die ersten Anzeichen bemerken, dass sie wirken.» Adelaide nahm die Tabletten dankend an und plante, in der kommenden Woche wieder ins Büro zu gehen.

Sie war überzeugt, dass diese Tabletten ein Zaubermittel waren und sie bald geheilt sein würde.

Am letzten Septembertag fing Adelaide wieder an zu arbeiten. Der Sommer hatte sich schon vor Wochen verabschiedet, und das Laub im Hyde Park war von einem satten Gold. Am Wochenende zuvor hatte sie sich eine Maniküre gegönnt. «Schwarz, bitte», hatte sie gesagt. «Passend zur gruseligen Jahreszeit.» In Adelaides Leben hatte tatsächlich eine neue Jahreszeit begonnen. Von jetzt an würde sie glücklich sein, sagte sie sich und bewunderte ihre glänzenden schwarzen Fingernägel. Ihr ging es besser.

(Tat es nicht. Aber das sollte sie erst in ein paar Tagen erkennen.)

Nervös und wie auf Zehenspitzen schlich sie ins Büro, als gälte es, ein schlafendes Baby nicht zu wecken. Auf ihrem Schreibtisch erwartete sie eine kleine weiße Orchidee und eine Nachricht von Sam: *Männer sind Idioten! Willkommen zurück, xo.* Adelaide musste lächeln.

Djibril spendierte ihr einen Kaffee, fragte, wie es ihr gehe und ob sie schon bereit sei, wieder zu arbeiten. «So bereit, wie es nur geht!», sagte sie und rang sich ein Lächeln ab.

«Na dann», sagte er. «Wir sind froh, dass du wieder da bist.»

Sie verbrachte den Tag damit, ihre E-Mails abzuarbeiten und den Kolleginnen und Kollegen zu danken, die an ihrem Schreibtisch vorbeikamen, um ihr ebenfalls zu sagen, dass sie froh seien, sie wieder dazuhaben. Sie war nur zwei Wochen weg gewesen, aber natürlich waren sie neugierig auf den Grund ihres unerwarteten Fehlens; bestimmt hatten sie von Raven, Sam oder Djibril Gerüchte gehört, was passiert war. «Warst du im Urlaub?», erkundigte sich ein Kollege.

«Seelisch gesehen», antwortete Adelaide. Er fragte nicht nach, was genau sie damit meinte.

Adelaide war es gewohnt, bis spätabends zu arbeiten, doch heute klappte sie ihren Laptop um halb sechs zu und schloss ihn in ihrem Schreibtischfach ein. «Oh», sagte Djibril. «Fast hätte ich es vergessen – das hier kam in deiner Abwesenheit für dich an.» Er gab Adelaide ein kleines flaches Paket.

«Danke», sagte Adelaide. Als sie es öffnete, sah sie, dass es einen Moleskine-Taschenkalender enthielt, den sie bestellt hatte. Er war schwarz, und auf den Deckel waren in Gold die Buchstaben *RBH* geprägt (für Rory Bernard Hughes – dass sein Mittelname Bernard war, brachte sie immer noch zum Schmunzeln). Sie hatte den Kalender völlig vergessen.

Bevor Raven auf … Bevor die Sache mit Rory zu Ende ging (sie wollte sich die Details nicht wieder in Erinnerung rufen), hatte Adelaide Karten fürs Theater gekauft, Tische in verschiedenen Restaurants reserviert und für die Monate September, Oktober und November lustige Festivals herausgesucht. Die Reservierungen hatte sie gecancelt, die Karten zurückgegeben und die Erinnerungen aus ihrem Terminkalender gelöscht. Aber diese Idee hatte sie völlig vergessen.

Sie hatte vorgehabt, all die Veranstaltungen in farbiger Tinte in den kleinen Taschenkalender einzutragen. Sie hatte Rory eine Sammlung von Momenten schenken wollen, auf die er sich freuen konnte. «Ich habe das Gefühl, im letzten Frühling und Sommer nicht genug für dich da gewesen zu sein», hätte sie ihm gesagt. «Und ich wollte sichergehen, dass das im Herbst nicht wieder passiert.»

Adelaide schaffte es aus dem Büro und auf die Tottenham Court Road, bevor sie, den Taschenkalender an die Brust gedrückt, zu weinen anfing. Sie hielt den Blick auf ihre grellpinken flachen Schuhe gerichtet und konzentrierte sich darauf, immerzu einen vor den anderen zu setzen. «Immer weiterlaufen», murmelte sie. «Weiter, weiter, weiter.»

Unvermittelt stieß sie mit jemandem zusammen – mit noch immer gesenktem Kopf und verschwommenem Blick. Sie hob den Kopf und wollte schon eine Entschuldigung stammeln.

Es war Bubs. (Mist, verdammter.)

«Bubs!» Sie wischte sich schnell mit dem Ärmel über die Augen. «Wie geht's dir? Es tut mir so leid, dass ich jedes Mal in dich reinrenne, wenn ich einen schlechten Tag habe. Ich verspreche, dass ich nicht immer ein Häufchen Elend bin. Oder so. Also, vielleicht nicht», stammelte sie.

«Den Eindruck hatte ich nie», sagte er. «Wie geht's dir? Alles in Ordnung?»

«Den Umständen entsprechend», sagte sie mit einem leichten Schulterzucken. «Aber wie geht es dir? Wie läuft alles?»

«Es läuft gut, ja, danke», sagte er. «Hör mal, ich bin gerade unterwegs zu einem Klienten, aber ich schreib dir meine Nummer auf, okay? Du kannst mich jederzeit anrufen, wenn du einen schlechten Tag hast und eine Aufmunterung brauchst, ja?»

Er holte sein Portemonnaie und einen kleinen Stift aus der Jackentasche und schrieb seine Handynummer auf die Rückseite seiner Visitenkarte. Dann drückte er die Karte Adelaide in die Hand. «Hier. Pass auf dich auf.»

Es sollte Monate dauern, bis Adelaide verstand, dass er flirtete.

Es begann am Mittwoch, dem 2. Oktober, zwei Tage nachdem sie ins Büro zurückgekehrt war. Adelaide wachte auf, und plötzlich war alles furchterregend. Sie hatte schon Panik, bevor sie überhaupt die Augen öffnete.

Ihr war heiß, und sie bemerkte, dass sie schwitzte. Aber

sie war sich sicher, dass der Heizungsregler ihre Haut zum Schmelzen brächte, wenn sie ihn berührte, um die Temperatur herunterzudrehen. Hatte sie einen Albtraum? Schlief sie noch?

Wäre es in Ordnung, wenn ich heute Homeoffice mache?, schrieb sie Djibril.

Ähm, klar, antwortete er. *Ist alles in Ordnung?*

Nein, wollte sie sagen. Alles ist heiß und schmilzt, und meine Haut brennt, und ich habe Riesenpanik.

Ich glaube, schon, schrieb sie stattdessen. *Würde nur gern für einen Check-up zum Arzt gehen.*

Adelaide versuchte, sich noch mal hinzulegen, die Augen zuzumachen und noch ein wenig zu schlafen. Sie hoffte, diesen Alb-Wachtraum abzuschütteln, indem sie etwas REM hörte. Aber mit geschlossenen Augen war die Welt nicht weniger beängstigend. Die Dunkelheit machte es eher noch schlimmer.

Sie stand auf, ging in die Küche und setzte eine Kanne Kaffee auf. Der Klang, wie sie das Kaffeepulver in den Filter löffelte und wie das Wasser durch die Maschine blubberte, war tröstlich. «Alles in Ordnung», sagte sie vor sich hin. «Alles ist okay.» Sie setzte sich mit ihrem Kaffee aufs Sofa und wickelte sich eine Decke um den Körper, obwohl ihr immer noch warm war. Sie brauchte das Gefühl, eingehüllt zu sein, von etwas zusammengehalten zu werden. Sie schaltete den Fernseher ein, aber er war ihr zu laut und der Bildschirm zu hell, also machte sie ihn wieder aus, saß in völliger Stille da und trank zitternd aus ihrer Tasse. «Alles ist okay», wiederholte sie.

Um Punkt acht Uhr wählte Adelaide die Nummer der psychiatrischen Klinik und sagte, dass sie dringend einen kurzfristigen Termin brauche. «Um zwölf könnte einer unserer Ärzte Sie anrufen», sagte die Rezeptionistin. «Würde Ihnen das helfen?»

«Ja», sagte Adelaide. «Ja, danke.»

Vier Stunden lang saß sie zitternd da und wartete auf den Anruf, während sie sich abmühte, wenigstens ein bisschen Arbeit fertigzukriegen.

Wahrscheinlich liege es an den Tabletten, erklärte der Arzt. Eines der Präparate sei ein SSRI – ein Serotonin-Wiederaufnahmehemmer –, die bei Patienten mit bipolarer Störung gegenteilige Nebeneffekte haben könnten. «Verstehe», sagte Adelaide. «Wie lange dauert es, bis das aufhört? Es muss unbedingt aufhören.» Bis der Wirkstoff in ihrem Körper abgebaut sei, würde es einige Tage dauern, erklärte der Arzt. «Geben Sie sich am besten eine Woche Zeit. Und dann versuchen wir etwas Neues. Lassen Sie es in der Zwischenzeit ruhig angehen. Tun Sie nur das Allernötigste. Und viele tiefe Atemzüge, ja?»

Adelaide nickte, auch wenn er es natürlich nicht sehen konnte. «Ja», sagte sie. «Danke für Ihre Hilfe.»

«Und Ms. Williams?», schob der Arzt hinterher. «Ich würde Ihnen raten, ein paar Wochen freizunehmen, bis Sie richtig eingestellt sind. Reduzieren Sie so viele äußere Stressfaktoren wie möglich.»

Wieder nickte Adelaide und biss sich auf die Lippe. «Okay», sagte sie. «Okay.»

Gemeinsam einigten sie sich darauf, dass Adelaide wegen Arbeitsunfähigkeit vier Wochen lang bei halbem Gehalt Urlaub nehmen würde. Adelaide hasste sich dafür, diese Vereinbarung treffen zu müssen.

Die ersten paar Tage verbrachte sie im Bett. Sie hatte zu viel Angst zu kochen, daher ließ sie sich Essen liefern. Im Abfalleimer türmten sich die Essenskartons, und ihre Kreditkartenabbuchungen summierten sich. Ihr juckte die Haut wegen der ganzen Unordnung, aber die Mülltüte rauszubringen, erschien ihr unmöglich. Alles erschien ihr unmöglich.

Das Schwierige an Adelaides Situation war, dass sie sich eigentlich nicht verändert hatte. Ihre wesentlichen Charaktereigenschaften, ihre Bestrebungen – erfolgreich zu sein, eine gute Freundin, Tochter, Angestellte, gesund, vorzeigbar und begehrenswert – waren nicht verschwunden, pochten mit derselben Dringlichkeit weiterhin durch Adelaides Adern. Es war ihr nicht plötzlich alles egal. Aber sie war nicht mehr in der Lage, diese Bestrebungen zu erfüllen, ihre Häkchen dahinterzusetzen. Und diese Tatsache heizte ihren Selbsthass an, als gösse man Benzin ins Feuer. Sie wollte gut sein. Nein, sie wollte erstklassig sein – aber sie konnte es nicht. Rein körperlich war sie nicht in der Lage dazu. Himmel, es gelang ihr ja kaum, sich die Haare zu waschen oder die Post reinzuholen. Wie sollte sie auch nur ansatzweise wieder zu der Person werden, die sie sein wollte, wenn sie es nicht mal nach draußen schaffte?

Ein paar Tage später hörte die Welt auf zu schmelzen. Alles kühlte sich ein wenig ab, fühlte sich wieder fester und beständiger an. Wie durch ein Wunder gelang es Adelaide, einen weiteren Termin bei Dr. Grayson zu bekommen, die ihr diesmal ein Medikament namens Aripiprazol verschrieb – einen Stimmungsstabilisator, durch den sich Adelaide geerdeter und ausgeglichener fühlen werde. Bis dahin könne es bis zu zwei Wochen dauern, sagte Dr. Grayson, doch das machte Adelaide nichts. Sie fühlte sich noch nicht wieder ganz wie sie selbst, aber sie hatte auch keine panische Angst mehr, den Müll runterzubringen. Ihr ging es einigermaßen gut.

Sie nahm die Tabletten abends vor dem Zubettgehen ein, und gefühlt zum ersten Mal seit Jahren konnte sie schlafen. Es gebe keinen Zaubertrank, hatte Dr. Grayson gesagt, kein Allheilmittel für ihren Fall. Aber dies war zumindest ein vielversprechender Anfang.

Die nächste Stufe auf Adelaides sprichwörtlicher Treppe war Therapie – kognitive Verhaltenstherapie, genauer gesagt. Es würde Monate dauern, bis sie einen von der Krankenkasse bezahlten Platz bekam, doch glücklicherweise konnte sich Adelaide eine Privattherapie leisten, obwohl sie derzeit nur ein halbes Gehalt bekam. Nicht lange nachdem sie angefangen hatte, Aripiprazol zu nehmen, saß sie bei einer Therapeutin namens Margaret – «Meg», wie sie sich vorstellte –, die genau wie Adelaide Amerikanerin war und in London lebte. Sie fluchte wie ein Seemann und nannte Adelaide «Schätzchen». Sie strahlte von innen und versprühte Energie und Tatkraft. Sie war perfekt.

Einmal pro Woche hielten sie eine Sitzung in Megs Therapiezimmer ab. Die Tapete an den Wänden war grün mit weißem Blumenmuster, und immer brannten Sandelholzkerzen. Adelaide fand es gemütlich. Es fühlte sich sicher an. Einladend.

«Ich weiß nicht, wie», sagte sie an einem Nachmittag. «Ich weiß nicht, wie ich die Balance finden soll zwischen meinem obsessiven Bedürfnis, für andere da zu sein, und meiner mentalen Gesundheit, verstehen Sie? Ich weiß nicht, wie ich eine gute Freundin oder Partnerin sein und trotzdem Grenzen setzen kann oder wie ich eine gute Angestellte sein soll, wenn ich gerade die Arbeit von Wochen auf meine Kollegen abgewälzt habe. Aber was rede ich überhaupt, meine Probleme sind so klein.»

«Ihre Probleme sind überhaupt nicht klein», widersprach Meg. «Sie haben Ihre Batterien komplett entladen für jemanden, der Sie verarscht hat, und das ist ein scheußliches Gefühl, das zu empfinden völlig legitim ist. Sie fahren auf Reserve, Adelaide. Aber wir finden eine Lösung, okay? Wir werden ein Weg finden, Ihre Batterien wieder aufzuladen.»

«Okay», sagte Adelaide. «Ja, okay.»

Izzy hatte ein Mantra, das Adelaide vor Jahren gelernt hatte: *Schmerz ist Schmerz ist Schmerz.* Klar ist es wichtig, die eigenen Privilegien zu erkennen. Dankbar zu sein und zu schätzen, was einem gegeben wurde. Aber genauso wichtig ist es, den eigenen Schmerz anzuerkennen und zu akzeptieren; zu verstehen, dass, egal, wie groß oder klein unsere Probleme, unsere Verluste, unsere Wunden auch sein mögen – sie sind gerechtfertigt. Wir haben das Recht, sie zu fühlen. Der schwerste Verlust ist, sich selbst zu verlieren.

Das versuchte Adelaide sich in Erinnerung zu rufen. Ihre Trauer war nicht so gewaltig wie Rorys, aber das machte sie nicht weniger zulässig. Sie hatte schneller Hilfe gefunden als der Durchschnitt, aber einfach war es trotzdem nicht. Adelaide – die Frau, die alles fühlte – musste sich daran erinnern, dass es in Ordnung war zu fühlen. Dass es in Ordnung war, ihre Lungen mit Luft, ihre Batterien mit Energie und ihren Körper, wenn nötig, mit Chemikalien zu füllen. Es war in Ordnung, durch die Hölle und zurück zu gehen und all das Licht und die Dunkelheit mit sich herumzutragen. Es war in Ordnung, sich selbst uneingeschränkt zu lieben, mit ein bisschen Egoismus und Kalkül.

Das alles war in Ordnung.

DREISSIG

Sie hatte mit Yoga angefangen, denn was tut man sonst nach einem mentalen Zusammenbruch?

Meg hatte es vorgeschlagen. Es sei eine neue Herausforderung für Adelaide. Ein Test für jemanden, dem es so schwerfiel, die eigene Mitte und innere Ruhe zu finden. Eines Abends verließ Adelaide das Yogastudio und fühlte sich so geerdet wie seit Jahren nicht mehr – vielleicht wie noch nie. Als würde das Universum sie dichter in sein Zentrum ziehen und sie fest umarmen. Sie trank einen Schluck Wasser, warf einen Blick auf ihr Handy und schloss eine Sekunde lang die Augen. Und dann sah sie Bubs. Schon wieder. «Schon wieder», sagte sie laut.

Er trug einen grauen Anzug, um den Kragen hing lose eine dunkelblaue Krawatte, und es sah aus, als stünde sein oberster Hemdknopf offen. Normalerweise wäre sie ihm ausgewichen. Ja, ihre Büros lagen nicht weit voneinander entfernt, und manchmal nahmen sie dieselbe U-Bahn, aber ihrer Meinung nach waren sie sich nun schon zu oft über den Weg gelaufen, als dass es Zufall sein konnte, und am Ende glaubte er noch, dass sie ihm heimlich folgte. (Oder folgte er ihr?) Aber egal, irgendetwas an diesem Abend verleitete sie dazu, ihn trotzdem anzusprechen – auf ihrem Gesicht glänzte noch der Schweiß, und ihr Haar war zu einem hohen Pferdeschwanz zurückgebunden.

«Bubs», sagte sie. «Hi, wie geht's dir?» Sie umarmten sich, und er tätschelte ihr unbeholfen den Rücken.

«Gut», sagte er. «Gerade ging mir durch den Kopf, dass der

Abend viel zu schön ist, um mit der U-Bahn nach Hause zu fahren.» Er kratzte sich mit zwei Fingern hinter dem Ohr. «Lust auf einen Drink in der Fitzroy Tavern?»

«Ich habe ein paar unschöne Erinnerungen an die Fitzroy», sagte sie. «Wie wäre es mit dem Marquis?»

«Ist mir recht», sagte er.

Sie würde für ein Pint Bier bleiben, sagte sie sich. Vielleicht zwei.

«Okay», drei. «Aber es ist das letzte», sagte sie später zu Bubs. (Sie hatte seit Anfang September kaum mehr Alkohol getrunken.) «Ich bin zurzeit nicht sonderlich trinkfest.»

Er nickte und hob leicht die Hände. «Fühl dich nicht unter Druck gesetzt.»

Sie sprachen über Bubs' aktuelle Fälle und den Cavalier-Spaniel-Mischling, den Adelaide im Januar adoptieren wollte. (Sie würde ihn Fitz nennen, sagte sie. «Weil Fitz Williams ein toller Name ist.») Sie tauschten Geschichten über ihre Schwestern und Mütter aus und waren sich einig, dass «Don't Stop Believin'» sowohl das beste als auch furchtbarste Karaokelied aller Zeiten war. Eine freundschaftliche, ungezwungene Unterhaltung. Frei von jeglicher Spannung.

«Eigentlich will ich es gar nicht ansprechen», sagte Bubs, «aber ein Vögelchen hat mir gezwitschert, dass du und Rory euch getrennt habt?»

«Ich hatte keine Ahnung, dass es da was zu zwitschern gab», sagte Adelaide. «Um ehrlich zu sein, war ich nicht mal sicher, ob seine Freunde überhaupt meinen Namen kennen. Aber egal, ja, wir haben uns getrennt. Vor fast zwei Monaten.»

«Tut mir leid, das zu hören», sagte er. (Eine Lüge.) «Darf ich fragen, was passiert ist, oder ...?»

Adelaide erklärte ihm die Situation so diplomatisch wie möglich. «Oh», es sei schon eine Weile nicht mehr ganz so gut gelaufen. Seit dem letzten August etwa seien sie langsam auseinandergedriftet. Die Verbitterung, die Adelaide zeitweise empfunden hatte, erwähnte sie nicht, auch nicht den Spalt zwischen ihnen, der mit jeder unbeantworteten Nachricht, jedem unerwiderten «Ich liebe dich» größer geworden war.

«Und dann hat eine Kollegin von mir sein Profil auf einer Dating-App gefunden.» Sie seufzte und nahm einen Schluck Bier. Es tat immer noch weh, daran zu denken, als ob man vorsichtig ein Pflaster anhob, nur um zu sehen, dass sich noch kein Schorf auf der Wunde gebildet hatte.

«Weißt du», sagte Bubs. «Als Kollege und Mitbewohner war Rory voll korrekt, aber dir gegenüber hat er sich offenbar echt scheiße verhalten.» Adelaide nickte und hielt den Blick auf ihr Glas gesenkt. «Wahrscheinlich hast du das schon tausendmal von tausend anderen gehört, aber so was hast du nicht verdient, Adelaide. Du verdienst so viel mehr.»

«Danke», sagte sie, zuckte leicht die Schultern und trank ihr Bier aus. «Das klingt nach einem guten Schlusswort. Sollen wir langsam gehen?»

Sie verließen das Marquis. «Ich muss da lang», sagte Adelaide und zeigte Richtung Oxford Circus.

«Und ich muss zur Tottenham Court Road», sagte Bubs. Er machte einen Schritt und winkte ihr. «Wir sehen uns, Adelaide. Pass auf dich auf.»

«Du auch», sagte sie.

Adelaide verstand, dass sie mit ihrem Leben einen Kompromiss schließen musste. Sie hatte immer gedacht, dass ihr Leben eines Tages einfach gut wäre. Und gut bliebe. Dass sie einen tollen Job und einen tollen Partner hätte. Dass sie in London einen Hund adoptieren und genug Geld sparen würde, um sich eine Wohnung in der Londoner Zone 3 leisten zu können, und fortan ein bequemes und relativ entspanntes Leben führen würde. Doch inzwischen hatte sie gelernt, dass auf die guten, hellen Tage voll Freude oft dunklere Momente folgten. Es gab keine Verstecke für ihre Traurigkeit mehr, keine Nischen in ihrem Körper, in denen sie das Unglück verstauen konnte, um es zu ignorieren. Sie musste neu lernen, uneingeschränkte Freude, uneingeschränkte Ruhe, uneingeschränktes Glück zu empfinden, aber ihr Verstand kannte jetzt auch den Zugang zu totaler Hoffnungslosigkeit, totalem Selbsthass. Und gelegentlich sprang sie zwischen beiden Extremen hin und her wie eine Flipperkugel.

Manchmal schien die Welt in Ordnung. In der U-Bahn nach Hause, nachdem sie mit Bubs Bier getrunken hatte – auf den Sitz gefläzt und mit etwas Alkohol im Blut –, fühlte sich alles normal an. Beinahe gut.

Aber diese guten Momente waren meist von kurzer Dauer.

Am darauffolgenden Tag, einem Samstag, saß Adelaide auf ihrem Sofa. Eingewickelt in Decken, schaute sie alte Sitcoms und überlegte, sich ein Grilled-Cheese-Sandwich zu machen, entschied sich dann aber, Nudeln von dem kleinen Italiener zu bestellen. Sie tropfte versehentlich rote Soße auf ihre weiße Steppdecke und fluchte leise. Aus alter Gewohnheit murmelte sie eine Entschuldigung, obwohl sie natürlich niemand hören konnte. Irgendetwas an dieser ganzen Situation führte dazu, dass sie sich plötzlich sehr einsam fühlte.

Zusammen mit ein paar weißen T-Shirts und Socken steckte sie die Decke in die Waschmaschine und holte alles mehrere Stunden später aus dem Trockner. Der Fleck war nicht rausgegangen, und jetzt roch die Decke auch noch nach frischer Wäsche. Nach Rory.

Es war frustrierend, dachte Adelaide, wie viele Dinge er ihr weggenommen hatte: den Geruch von Waschmittel, das

Parfüm, das sie bei ihrem ersten Date getragen hatte, den Geschmack von Colgate-Zahnpasta. Dies alles gehörte nun voll und ganz ihm. Und sie wollte es zurück.

Bei diesem Gedanken sank sie in die Knie. Aus dem Lautsprecher auf dem Tisch sang Kate Nash «Merry Happy» – Adelaide hatte sich beim Zusammenlegen der Wäsche alte Popsongs angehört –, und sie begann zu weinen. «Yeah you make me merry ... but you obviously, you didn't want to stick around.»

(Später wird sie das alles vergessen. Sie wird vergessen, wie es war, sich vor Liebeskummer zu verzehren, sich so elend zu fühlen. An das dunkelgraue Sofa gelehnt auf dem Boden zu sitzen und sich die Augen mit frisch gewaschenen T-Shirts abzuwischen, um dann erneut zu fluchen, weil sie jetzt voller Mascaraflecken waren. Man vergisst, wie sich der Zusammenbruch angefühlt hat, sobald man sich wieder berappelt, wie sehr die Wunden schmerzten, bevor sie verheilen. Man weiß noch in etwa, wo die Schnitte gewesen sind, aber man kann nicht länger mit dem Finger über die Stelle fahren und sagen: «Hier. Hier hast du mir wehgetan.» Der Schmerz wird allmählich abebben. Aber so weit ist es noch nicht.)

Kurz darauf ertönten die ersten Takte von «Wannabe», und Adelaide sah vor ihrem inneren Auge, wie sie mit Rory auf Mallorca im Hotelzimmer getanzt hatte und dann noch mal an Silvester. Sie legte die Hand an ihre Hüfte, erinnerte sich an seine Berührungen und das Gefühl seiner Haut unter ihren Fingern. Adelaide schloss die Augen – sie konnte ihn förmlich spüren, genau hier, direkt vor sich.

«Hör auf», sagte sie laut. «Lass nicht zu, dass dir dieser Scheißkerl auch noch die Spice Girls stiehlt.» Er hatte ihr bereits genug genommen.

Adelaide wischte sich erneut mit dem T-Shirt über die Au-

gen (es war jetzt eh wieder dreckig). Dann schrieb sie Celeste. *Lust, heute Nacht auszugehen?*, fragte sie. *Oder auf einen gemütlichen Abend zu Hause?*
Bin in einer Stunde bei dir, antwortete Celeste. *Bis gleich.*

Adelaide entschied, dass sie in dieser Nacht einen draufmachen wollte. Ein paar Drinks, tanzen. Ein schulterfreies Top und eine schwarze Jeans, die einen Hauch zu eng war. «Ist roter Lippenstift zu viel?» Nicht heute Abend.

Sie gingen ins Roxy, einen Club, in dem Adelaide als Austauschstudentin oft gewesen war und den sie seither nicht mehr betreten hatte. Er war gerammelt voll mit Studierenden, und die Luft war klebrig – nicht gerade ein Ort, an dem sich vernünftige Sechsundzwanzigjährige herumtrieben. «Aber heute Nacht sind wir nicht vernünftig», sagte Celeste. «Heute Nacht wollen wir verschwitzte Nippel und mit Fremden zu alten Nelly-Songs abtanzen.» Und dafür war es genau der richtige Ort.

Sie tranken reihenweise Shots und etliche Gläser Billigalkohol. Sie sprachen mit englischem Akzent und stellten sich mit falschen Namen vor, aus Spaß und weil sie betrunken waren, und warum auch nicht? Adelaide, jetzt Lula Mae, lernte einen Typen namens Townsend kennen – ein Bankier aus Texas, der «geschäftlich in der Stadt» sei, sagte er mit schmalzigem Südstaatenakzent. Sie sangen einander «No Scrubs» ins Gesicht und kicherten wie Highschoolschüler beim Prom. Sie mochte das Gefühl seiner Hände auf ihren Hüften und in ihrem Haar. Er blies ihr sanft in den Nacken, was ihr eine Gänsehaut über die Arme jagte, und *O mein Gott*, genau das hatte sie gebraucht.

«In Wirklichkeit heiße ich Adelaide, und eigentlich spreche ich so wie jetzt, und würdest du mich bitte sofort küssen?», sagte sie.

«Herrje», sagte er. «Na gut.» Er zog sie zu sich heran, hob sie von der Tanzfläche und schob ihr die Zunge in den Mund. Der Kuss war schlabberig und unromantisch, aber egal, es fühlte sich gut an. Aus der Ecke jubelte ihr Celeste mit einem neuen Glas in der Hand zu.

Er kam mit zu ihr, natürlich kam er mit zu ihr. Gegen drei Uhr morgens stolperten sie in ihre Wohnung und knöpften sich im Flur gegenseitig die Jeans auf wie übereifrige Teenager. Er hatte eine Insulinpumpe im Bauch, die Adelaide keinesfalls beschädigen wollte. (Ihre Angst war unbegründet.)
«Warte», sagte sie. «Hast du ein Kondom dabei?»
«Nein. Aber mach dir keinen Kopf, Baby.»
«Ich mache mir sehr wohl einen Kopf!», rief sie.
Adelaide setzte sich auf und strich sich das Haar hinter die Ohren. In der Geschwindigkeit und Tonlage eines Auktionators hielt sie ihm einen Vortrag über die Wichtigkeit von Verhütung und die Tatsache, dass sie sich nie vollständig gegen HPV-Viren hatte impfen lassen. «Weil ich einen ziemlich schlimmen Ausschlag bekommen habe», sagte sie. «Und ich will ja nicht zu der Stigmatisierung von sexuell übertragbaren Krankheiten beitragen, aber wusstest du, dass HPV Gebärmutterkrebs hervorrufen kann?»
«Das mit dem Bettgeflüster hast du echt drauf», sagte Townsend und lachte kurz – ein tiefes rollendes Geräusch.
«Was denn?», sagte sie. «Hast du etwas anderes erwartet, als du zugestimmt hast, mit zu mir zu kommen?»
In ihrer Kommode fand sie ein Kondom in dem alten Falschlederportemonnaie, das sie in New York immer benutzt hatte und dessen Verpackung an den Ecken schon ganz zerschlissen war. Sie hatten Sex – den einfachen, mechanischen Sex zwischen zwei Betrunkenen. Und dann – dann fragte

Townsend Adelaide, was sie antrieb im Leben, und als sie sagte: «Die Menschen, schätze ich. Die guten», begann er, in ihr Kissen zu weinen.

«Tut mir leid», sagte er. «Scheiße, das ist echt peinlich. Nur, meine Schwester ist vor ein paar Monaten gestorben. Sie war auch eine von den Guten, und ...» Adelaide biss sich auf die Lippe und tätschelte ihm den Kopf. Sie sagte, es sei in Ordnung: «Lass es raus», sie sei für ihn da.

Innerlich verfluchte sie das Universum und verkniff sich ein Lachen. Ein gemeiner Gedanke, aber ehrlich: Wie hoch war verdammt noch mal die Wahrscheinlichkeit?

EINUNDDREISSIG

Der Flieger mit Eloise und Nico an Bord landete am 27. November um zehn Uhr. Seit wenigen Wochen ging Adelaide wieder zur Arbeit – dauerhafter diesmal –, trotzdem hatte sie sich die kommenden Tage freigenommen. Sie hatte vor, Eloise mit einer schief sitzenden Kappe und einem Schild mit der Aufschrift MR. UND MRS. DEMOPOULOS am Flughafen zu empfangen. Wahrscheinlich ärgerten sich ihre Kollegen über ihre ständige Abwesenheit, aber Adelaide lernte gerade, dass ihre Bedürfnisse manchmal wichtiger waren als kleine Irritationen anderer.

Eloise trat in einem kastanienbraunen Pulli der Fordham University und mit leicht schiefem Dutt in die Empfangshalle. Ihren Koffer hinter sich herziehend, rannte sie auf Adelaide zu und fiel ihr um den Hals, sodass Adelaide die Kappe vom Kopf rutschte.

«Ich bin so froh, dich zu sehen», nuschelte sie in Adelaides Haar.

«Ich bin so froh, *dich* zu sehen», erwiderte Adelaide. «Du hast ja keine Ahnung. Wo ist Nico?»

«Er ist kurz zur Toilette. Aber ich konnte es nicht abwarten, dich zu umarmen.»

Wenige Minuten später stieß Nico zu ihnen, ebenfalls mit elegant zerzaustem Haar. Auch er zog Adelaide in eine Umarmung, sodass ihre Füße vom Boden abhoben.

«Meine liebste Pseudoschwägerin», sagte er. «Wie läuft's?»

«Oh», sagte Adelaide. «Du weißt schon, wie immer. Keine besonderen Vorkommnisse, seit wir uns das letzte Mal gesehen haben.» Sie zwinkerte. Typisch Adelaide, ihren Zusammenbruch herunterzuspielen.

Sie nahmen den Gateway Express nach Victoria und liefen im Regen zu Adelaides Wohnung. Während ihre Gäste duschten, machte sie eine Kanne English Breakfast Tea und drückte Eloise eine Tasse in die Hand, als sie aus dem Badezimmer kam – ihr Haar war in ein Handtuch gewickelt, der Badezimmerspiegel beschlagen. «Nico ist auf deinem Bett eingeschlafen», sagte Eloise. «Bestimmt schnarcht er gerade in sein Handtuch.» Adelaide lachte.

«Was bedeutet», fuhr Eloise fort, «dass du und ich uns in Ruhe unterhalten können.» Sie setzte sich auf eins der Sofas und klopfte neben sich aufs Polster. «Komm. Setz dich. Erzähl mir, was zur Hölle los war.»

Adelaide ließ sich mit einem leichten Seufzer neben ihr nieder. «Na ja», sagte sie. «Zumindest drei Dinge weiß ich mit Gewissheit: Ich habe mich verliebt, dann bin ich zerbrochen, und jetzt versuche ich, mich wieder zusammenzusetzen.» Fürs Erste waren dies die essenziellen Tatsachen in ihrem Leben. «Manchmal müssen Dinge auseinanderfallen, bevor sie sich passend wieder zusammensetzen können», sagte Meg immer.

Eloise nickte und nahm einen Schluck Tee. «Und wie läuft das Zusammensetzen?»

«Es ist seltsam», sagte Adelaide. «Im Moment fühle ich mich gut. Ohne Einschränkungen. Ich sitze hier mit meiner allerbesten Freundin, mein Kühlschrank ist voll für Thanksgiving, und ...»

«Da fällt mir ein», unterbrach Eloise mit gehobenem Finger. «Ich habe eine Dose Kürbis- und eine Dose Cranberrysoße im Koffer. Erinnere mich daran.»

«Perfekt», sagte Adelaide. «Einfach perfekt. Siehst du? Die Welt ist in Ordnung. Du bist hier, Nico ist hier, und ihr habt amerikanische Leckereien mitgebracht. Ihr zwei verbringt euer erstes Thanksgiving als Eheleute mit mir albernem Ding im albernen London, und dafür sollte ich unermesslich dankbar sein. Ich *bin* unermesslich dankbar.»

«Aber?»

«Aber meine Gedanken kennen jetzt einen furchtbar finsteren Ort, und irgendwie hängt diese Finsternis immer noch am Rand meines Sichtfelds. Egal, wie viel Licht in meinem Leben ist.»

Krankheit fühlt sich anders an, wenn sie den Geist betrifft, dachte Adelaide. Wenn sie die Botenstoffe im Körper durcheinanderbringt, anstatt sich in entzündeten Nebenhöhlen oder gebrochen Knochen zu äußern. Krankheitsverläufe sind nie linear. Aber wenn man erst mal so krank gewesen ist, dass man sich fast umgebracht hätte, weiß der Verstand, wie weit er gehen kann. Er weiß, dass es keine Grenze gibt, die er nicht überschreiten könnte.

«Ich bin keine Therapeutin», sagte Eloise. «Aber vielleicht ist die Finsternis nicht nur negativ. Vielleicht ist sie eine Erinnerung daran, dass du das Blatt wenden kannst, weißt du? Du warst an diesem sehr dunklen beängstigenden Ort, aber du kennst auch den Weg zurück.»

«Du klingst genau wie Meg», sagte Adelaide. «Das ist positiv gemeint. Sie sagt immer, dass ich lernen muss, mit der Dunkelheit zu leben, statt sie zu fürchten.»

«Ganz genau», sagte Eloise. «Aber leicht ist es bestimmt nicht, hm?»

«Ganz und gar nicht.»

Ohne echten Grund stiegen Adelaide die Tränen in die Augen. Vielleicht weil sie Angst hatte? Oder aus Erleichterung, dass hier jemand in Jogginghose im Schneidersitz auf ihrem Sofa saß, der sie so gut verstand. Eloise wischte eine Träne von Adelaides Wange. «Ich hab dich am liebsten, das weißt du», sagte sie. «Und ich bin hier, um dir in der Dunkelheit beizustehen.»

«Ich weiß», sagte Adelaide. «Und ich hab dich auch am liebsten.»

Adelaide hatte Nico und Eloise ihr Bett überlassen. Sie schliefe gern auf dem Sofa, hatte sie gesagt. Die beiden sollten einen Rückzugsort haben, an dem sie sich zusammenkuscheln und die Beine lang ausstrecken konnten, und sie hätte ein schlechtes Gewissen gehabt, Nico auf das Ausziehsofa zu verbannen. (Abgesehen davon hatten sie am Abend so viel Wein getrunken, dass sie sowieso kaum wahrnahm, wo sie schlief.)

Gegen sieben Uhr morgens kam Eloise ins Wohnzimmer geschlichen. Es war Thanksgiving, und sie war bereits angezogen und hatte sich die Haare zu einem unordentlichen Dutt hochgebunden. «Adelaide», sagte sie und stupste sie an. «Wach auf, zieh dir was an! Wir machen einen Spaziergang.»

Diese Erinnerung würde Adelaide noch Jahre mit sich herumtragen. Von der besten Freundin wurde man eigentlich nur bei Übernachtungspartys in der Grundschule, Nickerchen im Urlaub oder an verkaterten Morgen nach durchfeierten Nächten geweckt. Die Worte «Wach auf, zieh dir was an» waren nicht oft das Erste, was Adelaide am Morgen hörte. Sie waren etwas Besonderes. Das hier war etwas Besonderes.

Sie und Eloise füllten Milchkaffee in Thermobecher, hüllten sich in ihre Mäntel und Schals und traten vor die Tür – der Morgen war klar, kühl und taufrisch. Sie spazierten zur Tate Gallery und dann die Themse entlang, vorbei an morgendlichen Joggern und Kindern in dunkelblauen Schuluniformen. Sie unterhielten sich über Eloises Jurastudium, über ihre in wenigen Wochen anstehenden Abschlussprüfungen und darüber, wie es sich anfühlte, mit einem Ehering über den Campus zu laufen. «Es ist seltsam», sagte sie. «Als Nicos Frau empfinde ich ein noch stärkeres Gefühl von Erfüllung. Ich will ihm mehr denn je gerecht werden, verstehst du?» Adelaide nickte. (Obwohl sie es in Wahrheit nicht vollständig verstand, nein.)

Sie kamen am Palace of Westminster, dem in ein Baugerüst gehüllten Big Ben und an Westminster Abbey vorbei. In ein paar Stunden sollten Regenwolken aufziehen, aber noch war der Himmel klar und blau und tauchte die Gebäude in dieses helle Licht, dass allein den frühen Morgenstunden innewohnte. Auf dem Rückweg gingen sie kurz bei Waitrose vorbei, kauften einen bunten Blumenstrauß als Tischdeko, frische Schlagsahne und drei Flaschen Wein (schließlich hatten sie am vergangenen Abend zweieinhalb Flaschen leer getrunken).

Als sie zurück in die Wohnung kamen, schlief Nico noch. Sie machten eine neue Kanne Kaffee und begannen mit der Planung ihres Thanksgiving-Menüs. Auf der Arbeitsplatte sitzend, diskutierten sie flüsternd über Sauerteigfüllung und Pumpkin Pie. Eloise bestand darauf, dass es Truthahn gab, auch wenn Adelaide ihn nicht essen würde; als Inspiration sahen sie sich alte Videos an, wie Julia Child und Jacques Pépin bei *Cooking in Concert* einen Truthahn zubereiteten. (Beinahe hätte sich Adelaide den rohen Vogel über den Kopf gestülpt. «Wir könnten Nico einen Schreck einjagen!», sagte sie. «Oder du setzt ihn auf und legst einen kleinen Tanz hin, wie Monica in *Friends*!» Eloise weigerte sich.) Als Nico gegen halb elf in die Küche geschlurft kam, saßen die beiden auf dem Boden und lachten wie kleine Kinder über wer weiß was.

«Ich störe ja nur ungern, Ladys», sagte er. Die Brille saß ihm leicht schief auf der Nase, und sein Haar sah aus, als hätte er einen verzottelten braunen Mopp auf dem Kopf. «Aber guckt mal, was ich mitgebracht habe.» Er hielt mit der einen Hand einen *briki* und mit der anderen eine Tüte griechischen Kaffee hoch. «Will jemand etwas über seine Zukunft wissen?» Beide Frauen hoben die Hand.

Es war dreieinhalb Monate her, seit Nico zuletzt Adelaides Kaffeesatz gelesen hatte. Seit er Messer, zerbrochene Ringe und Scheren in ihrer Tasse gesehen hatte – alles Vorboten für Gefahr. Diesmal sah er die groben Umrisse einer Hacke und eines Pferds – Verheißungen von harter Arbeit und (konnte es sein?) Liebe.

«Diese Tasse lügt», sagte Adelaide. Aber das tat sie nicht.

Sie machten Kartoffelbrei, cremiges Mac and Cheese und Süßkartoffeln mit veganen Marshmallows. Sie bereiteten die Brotfüllung, Rosenkohl, Cranberrysoße und einen paradoxerweise riesigen «kleinen Truthahn» zu, von dem Adelaide sicher war, dass ihn ihre Freunde nie im Leben aufessen könnten. (Taten sie aber.) Gegen sechzehn Uhr traf Celeste ein, umarmte Adelaide und Eloise und gab Nico, den sie zum ersten Mal traf, die Hand. Sie hatte noch mehr Wein und einen Schoko-Pekannuss-Kuchen dabei. Auf dem mit Blumen dekorierten Tisch brannten Kerzen, und ihre Gläser waren gefährlich voll mit Côtes du Rhône. Bevor sie sich aufs Essen stürzten, stießen sie an: «Auf alte Freunde und Neuanfänge.»

«Sollen wir reihum sagen, für was wir dankbar sind?», fragte Celeste irgendwann, während sie aßen.

«Au ja», sagte Eloise. «Fang du an.»

Celeste war dankbar für ihren Job, für ihre Schüler und das britische Gesundheitssystem. «Und für euch alle», sagte sie. «Ich bin dankbar, hier zu sein, und dafür, dass Ms. Adelaide uns alle zusammengebracht hat, und ich bin dankbar, dass

Eloise diesen Vogel zubereitet hat, sodass ich es nicht tun musste.» Sie lachten.

Nico war dankbar für gute Freunde und gutes Essen und für sein «junges Eheglück». Eloise war dankbar für die gesammelten Flugmeilen, die ihr diese Kurzreise nach London ermöglicht hatten, und für «die wunderbare Adelaide, den wunderbaren Nico und die wunderbare neue Londoner Freundin, die wir in dir gefunden haben, Celeste».

«Auch wenn es ein bisschen düster klingt», sagte Adelaide. «Aber ich bin dankbar, weil ihr alle dieses Jahr dafür gesorgt habt, dass mein Herz weiterschlägt, buchstäblich und im übertragenen Sinne. Und ich bin dankbar, dass wir alle in diesem Augenblick zusammen sind.»

«Hört, hört!», sagten die anderen.

«Und jetzt», sagte Adelaide. «Zeit fürs Dessert?»

«Hättet ihr statt Haut lieber Fell», sagte Eloise, «oder Schuppen?»

Wie aus einem Munde riefen Adelaide und Nico: «Schuppen!»

«Niemals», sagte Eloise. «Ich hätte lieber ein Fell. Am ganzen Körper.»

«Ich glaube, ich auch», sagte Celeste. «Fell wäre so kuschelig. Aber ... Hm, vielleicht auch nicht. Ich bin zwiegespalten.»

«Ich bin Grieche», sagte Nico. «Ich mag die Hitze und das Meer. Und Adelaide ist sozusagen eine personifizierte Eidechse. Team Schuppen!» Er gab Adelaide ein High Five. «Team Schuppen!», sagte auch sie.

Sie hatten bereits drei Flaschen Wein geleert und zehn Runden *Entweder ... oder ...* gespielt; Adelaides Wohnzimmer verschwamm bereits leicht vor ihren Augen. *Wärt ihr lieber ein umgekehrter Zentaur oder eine umgekehrte Meerjungfrau?*

Hättet ihr lieber Spaghettibeine oder Muffinhände? Würdet ihr lieber teleportieren oder fliegen können? Jede dieser Fragen zog eine hitzige Debatte nach sich.

Gegen dreiundzwanzig Uhr wurden sie langsam stiller und streckten sich auf Adelaides Sofas aus. Eloises Füße hingen über eine der Armlehnen. «Ich sollte langsam heimgehen», sagte Celeste. «Morgen früh ist Unterricht.» Sie stand auf, beugte sich zu jedem Einzelnen hinab, um sie zu umarmen, und blies ihnen Luftküsse zu, während sie aus der Tür ging.

Noch so ein Abend, an dem sich die Welt sicher, gut und in Ordnung anfühlte.

Für den nächsten Tag hatte Nico sich mit einem alten Freund aus Griechenland verabredet; also gingen Eloise und Adelaide am Nachmittag auf ein gemeinsames «Date». Dem trüben Wetter trotzend, spazierten sie Arm in Arm zu Fortnum & Mason – ein heiliger Ort, den Adelaide ihrer Freundin noch nicht gezeigt hatte.

«Als wir hier lebten, bin ich immer mit meiner Mum und meinen Schwestern hergekommen», erzählte sie Eloise. «Es war jedes Mal ein richtiges Vergnügen.»

«Kann es kaum erwarten», sagte Eloise.

Seit ihrem letzten Besuch mit Rory im Sommer, um ihm einen Lichtblick zu schenken, war Adelaide nicht mehr hier gewesen. Das Kaufhaus jetzt zu betreten – mit den Verkaufstheken voll türkischem Honig und den Regalen voller Tee –, schenkte ihr weder Freude noch Trost. Über alles war die Erinnerung an Rory geschmiert.

Noch ein Teil von Adelaide, den er ihr genommen hatte.

«Alles in Ordnung?», fragte Eloise.

«Ja», sagte Adelaide. «Ja, nur. Es kommt mir vor, als sähe ich alles durch eine Rory-farbene Brille.»

«Wie meinst du das?»

Adelaide versuchte, es zu erklären. Wie der Geruch von frischer Wäsche, der Minzgeschmack von Zahnpasta und jetzt auch noch der Zuckerbäckercharme von Fortnum & Mason unauslöschlich mit Rory verknüpft waren. «Als würde das alles jetzt ihm gehören», sagte sie. «Als könnte ich seinen Grundbesitz nicht mal mehr betreten. Bildlich gesprochen.»

«Ich verstehe», sagte Eloise. «Ich meine, nicht richtig, aber irgendwie schon. Und ich könnte jetzt sagen, lass uns umdrehen und zulassen, dass Rory dir das hier nimmt, wie er dir die Freude am Zähneputzen genommen hat. Aber weißt du, was ich stattdessen sage? Scheiß auf ihn! Scheiß auf diesen Typen, lass uns neue Erinnerungen schaffen, die ganz allein dir gehören. Ganz allein dir.»

Sie gingen zum Parlour und bestellten warme Scones, klebrige Sundaes und Tassen mit dampfendem Tee. Sie unterhielten sich über das Leben in New York und London und sprachen über alles außer Rory Hughes. Und gemeinsam begannen sie, Adelaides Erinnerungen neu zu schreiben.

ZWEIUNDDREISSIG

Weihnachten verbrachte Adelaide in Decken gekuschelt mit ihrer Familie bei ihrer Schwester in Massachusetts. Gemeinsam mit ihrem Neffen verzierte sie strumpfförmige Kekse (von denen einige schreiende Ähnlichkeit mit einem Phallus hatten), kuschelte mit ihrem Hund Puff und erzählte ihm von dem Mischling, den sie bald in London adoptieren und der sein allerbester Freund in der Ferne werden würde, versprochen. Sie packten Geschenke aus, sangen Weihnachtslieder, und zum ersten Mal, soweit Adelaide sich erinnern konnte, wandte Izzy sich zu ihr und sagte: «Vergiss nicht, Adelaide, du darfst genauso viel Raum einnehmen wie jeder andere.» In diesem Jahr gab es keinen Streit, keine emotionalen Explosionen und Schreiwettbewerbe. Ausnahmsweise mal hatte Adelaide nicht das Bedürfnis, sich kleinzumachen, zu schrumpfen.

Nach den Weihnachtsfeiertagen fuhr Adelaide mit dem Zug nach New Jersey, um ein paar Tage mit ihrem Vater zu verbringen. Er überhäufte sie mit Umarmungen und Ermutigungen (und mit Geschenken wie Kerzen, Pullis und igelbestickten Sneakersocken). Anschließend stieg sie in den Flieger, um rechtzeitig für Silvester zurück in London zu sein.

Es fühlte sich anders an dieses Jahr, Silvester. Vielleicht, weil Adelaide betrunken war. (Also, *sehr* betrunken.)

Sie trug einen schwarzen Pullover mit Goldpailletten und hatte sich eine schwarze Seidenschleife um ihren hoch sitzenden Pferdeschwanz gebunden. Um zehn Uhr morgens war sie gelandet, hatte sich zu Hause für ein Nickerchen hingelegt und dann, als sie wieder zum Leben erwacht war, begonnen, sich für Celestes Silvesterparty fertig zu machen. Sie trug schwarzen Eyeliner auf, tupfte sich goldenen Lidschatten auf die Augen und glättete mehrmals ihre Haare, bevor sie sie hochband.

Die Party in Celestes Wohnung bestand nur aus einer kleinen Gruppe Freunde: Adelaide und ein paar von Celestes Arbeitskollegen. Es gab Käseplatten und Cupcakes, Wein und noch mehr Wein. (Eine Kollegin hatte auch Eierpunsch mitgebracht, selbst gemacht nach einem Familienrezept, das es in sich habe. Adelaide füllte ihr Glas häufiger auf, als sie zählen konnte.)

«Ich habe drei gute Vorsätze fürs nächste Jahr», sagte Adelaide und hielt, ein Auge zusammengekniffen, drei Finger hoch. Sie lallte nur ein ganz kleines bisschen. «Erstens: mir einen Hund anschaffen.» Celeste nickte; die Adoption war für nächste Woche geplant. «Zweitens: Es wird Zeit für wilde Datingritte. Ritte im übertragenen Sinne, ihr wisst schon.» Alle lachten. «Und drittens: Ich will im Jahr 2020 nicht so ein verdammtes Volldesaster sein.»

«Darauf prost!», sagte Celeste. «Auf das Jahr 2020!» (Zu diesem Zeitpunkt kannten sie alle das Wort «COVID» noch nicht.)

Sie tanzten zu alten Bowie-Songs und spielten *Charades!* und *Celebrity*. Gegen Mitternacht zündeten sie Wunderkerzen an, mit denen sie herumwedelten, während sie zehn, neun, acht den Countdown zum neuen Jahr herabzählten – einem Jahr, das hoffentlich nicht wegen Trennungen und Krankenhausaufenthalten in Erinnerung bleiben würde. Sie schrien: «Frohes Neues!», und Adelaide küsste Celeste auf die Wange, froh, dass sowohl sie als auch Madison (die ihnen über FaceTime zugeschaltet war) an ihrer Seite gewesen waren, in diesem Chaos namens 2019. (Diesem Chaos namens Adelaide, besser gesagt.)

«Ich hab euch lieb, Mädels», sagte sie, bevor sie in Celestes Badezimmer taumelte und auf dem Badvorleger einschlief.

Zehn oder vielleicht zwanzig Minuten später hob Celeste Adelaide mit Mühe hoch und schleifte sie in ihr Bett, wo sie sie für den Rest der Party in eine Bettdecke wickelte. Gegen drei Uhr morgens kam Celeste zu ihr gekrochen und schob Adelaide – die ausgestreckt wie ein Seestern das gesamte Bett beanspruchte – sanft zur Seite.

«Ich kann nicht glauben, dass ich mich so betrunken habe», murmelte Adelaide. «Das neue Jahr ist kaum eine Stunde alt, und ich bin schon völlig zerstört. Warum bin ich so? Warum magst du mich überhaupt?»

«Ich mag dich nicht nur», sagte Celeste und tätschelte Adelaides Kopf. «Ich liebe dich, meine Süße.»

«Wirklich?»

«Wirklich», sagte sie. «Betrunken oder nicht betrunken. Schlafend auf meinem Badvorleger oder wach. Ich hab dich lieb, Adelaide.»

«Ich hab dich noch mehr lieb», sagte Adelaide.

Sie wachte mit einem Kater und über ihre Wangen verschmierter Mascara auf, die Seidenschleife hing ihr schief im Haar.

«Willkommen im Jahr 2020», sagte Celeste halb sarkastisch und drückte Adelaide eine dampfende Tasse Kaffee in die Hand. «Willkommen in deinem neuen Leben.»

«O mein Gott», sagte Adelaide. «Das kannst du laut sagen.»

Sie duschte kurz und half Celeste, die Plastiksektgläser und Glasflaschen zusammenzusammeln, die in ihrer kompletten Wohnung verteilt waren. Dann lieh sie sich von ihr einen sauberen Pullover – der ihr wegen ihres Größenunterschieds fast bis zu den Knien ging – und lief zur nächsten U-Bahn-Station. Die frische Luft schnitt ihr ins Gesicht.

Eine Sekunde lang dachte sie, Rory stünde neben ihr auf dem Bahnsteig. Natürlich war er es nicht – auf den zweiten Blick sah ihm der Mann nicht mal ähnlich. Trotzdem bekam Adelaide ein flaues Gefühl im Magen, und ihr stiegen Tränen in die Augen. Es war ein neues Jahr, ein frisches Kapitel, aber ihre Geschichte fühlte sich noch nicht abgeschlossen an. Sie hatte Rory in der Waterloo Station einen Abschiedskuss gegeben, per Telefon mit ihm Schluss gemacht und ihn anschließend weder gesehen noch von ihm gehört. Mit einem «Puff» war er verschwunden, und der Bildschirm war schwarz geworden.

Wie schon gesagt, hatte Adelaide die Theorie, dass die wichtigsten Personen genau dann in unser Leben treten, wenn wir sie am meisten brauchen. Sie hatte gedacht, dass Rory eine dieser Personen war (und eine Zeit lang auch Nathalie). Wie hatte sie sich so täuschen können?

«Vielleicht haben Sie sich gar nicht getäuscht», sagte Meg am nächsten Nachmittag und nahm einen Schluck Tee. (Meg trank immer Tee während ihren Sitzungen, ohne Ausnahme.) «Vielleicht sollten Sie es mal andersherum betrachten. Vielleicht sind Sie in sein Leben getreten, als er Sie – *Sie* – am meisten brauchte.»

«Wie meinen Sie das?», fragte Adelaide und beugte sich vor. Ihr war nie in den Sinn gekommen, dass ihre Theorie auch in diese Richtung funktionierte, dass sie eine signifikante Bedeutung für das Leben anderer haben konnte.

«Denken Sie mal drüber nach», sagte Meg. «Sie müssen sich nicht für eine Märtyrerin halten, die ihn vor sich selbst retten sollte, aber denken Sie nur an das Mitgefühl, das Sie ihm haben zuteilwerden lassen. Denken Sie an Ihre großzügige Spende für den Gedenkfonds dieser Frau. An die Bücher, die Sie ihm geschenkt haben, und all die Nächte, in denen Sie seine Wohnung verlassen haben, damit er besser schlafen konnte. Denken Sie an all die Opfer, die Sie auf sich genommen, und die Güte, die Sie ihm entgegengebracht haben, während er eine sehr schwere Phase seines Lebens durchmachte. Vielleicht musste nicht er in Ihr Leben treten, sondern Sie in seins.»

Adelaide dachte darüber nach. Sie war unperfekt, das wusste sie nur zu gut. Doch wenn sie auf ihre Beziehung mit Rory zurückschaute – wenn sie all die guten und schlechten Momente gegeneinander abwägte (all die Male, da sie zu spät kam, gegen all die Male, da sie ihm nach einem schweren Tag einen Milchshake vor die Tür gestellt hatte) –, dann wusste sie es. Adelaide wusste es! Die Gleichung ergab, dass sie überwältigend fürsorglich gewesen war, egal, welchen Maßstab man anlegte. Sie war genug gewesen.

Als Adelaide Megs Praxis verließ, zog sie den Reißverschluss ihrer Jacke bis zum Kinn hoch. Es war der 2. Januar, und in der Buchhandlung um die Ecke gab es Weihnachtskarten im Angebot. Sie kaufte einen Stapel zum halben Preis. Auf die Karten waren rote, mit glitzerndem Schnee bedeckte Briefkästen gedruckt.

Lieber Rory, schrieb sie.
Mein Herz ist immer noch gebrochen, keine Frage. Aber ich wollte dir trotzdem nachträglich frohe Weihnachten und ein noch froheres neues Jahr wünschen. Ich habe schon immer geglaubt, dass die wichtigsten Menschen dann in unser Leben treten, wenn wir sie am meisten brauchen, und ich hoffe – mit jeder Faser –, dass wir

im genau richtigen Zeitpunkt in das Leben des jeweils anderen getreten sind. Danke, dass du mir Fleabag und Crabbie's Ginger Beer gezeigt hast. Auf noch höhere Höhenflüge im Jahr 2020 (und dass die Tiefpunkte etwas einfacher zu ertragen sein werden).

Sie setzte ein x unter ihren Namen und steckte die Karte in den Umschlag. Dann schrieb sie Rorys Adresse darauf, klebte eine Briefmarke in die obere rechte Ecke und lief zum Briefkasten, der leider nicht mit Schnee bedeckt war.

Manche Teile unseres Herzens verschenken wir. Wir leihen sie nicht nur aus, sondern opfern sie unwiederbringlich. Manchmal geben wir sie Menschen in dem Wissen, dass wir sie nie zurückbekommen werden. Es war, als hätte Adelaide die ganze Zeit mit aller Macht an dem Teil ihres Herzens festgehalten, den sie Rory geschenkt hatte, und gesagt: «Nein, das brauche ich noch.»

Aber es war sinnlos. Dieser Teil gehörte jetzt ihm, würde immer ihm gehören. Und mit dem sanften «Flopp», mit dem der Brief in den Briefkasten fiel, hatte Adelaide das Gefühl, endlich losgelassen zu haben.

Es war Samstag. Und würde Adelaide jeden Morgen wie in dem Musical *Dear Evan Hansen* Briefe an sich selbst schreiben, so finge der heutige mit einem enthusiastischen *Liebe Adelaide Williams, heute wird ein guter Tag* an. Weil Adelaide heute – am frisch angebrochenen 4. Januar – einen Flauschball von einem Cavoodle adoptieren würde, der Fitz heißen und sie auf ewig lieben würde.

In der vorigen Nacht hatte sie kaum geschlafen; sie warf sich unruhig hin und her und blickte aus ihrem Fenster zum

Mond. Kam der Weihnachtsmann? Es fühlte sich an, als käme der Weihnachtsmann.

Unter der Dusche sang Adelaide Titelsongs von Serien. Sie glättete ihre Haare wie immer und gönnte sich auf dem Weg zum Tierheim in Battersea einen geeisten Caffè Latte. Er ließ ihre Finger in der kalten Winterluft ganz taub werden, aber das war ihr egal. Die Sonne schien, die Wolken brachen auf, und ja, heute war ein guter Tag.

«Hallo», sagte sie zu der Rezeptionistin. «Ich bin Adelaide Williams! Ich bin hier, um meinen Hund abzuholen. Ich bin sein neues Zuhause!» Die Rezeptionistin lachte höflich in Anbetracht von Adelaides Begeisterung. «Setzen Sie sich dort hin. Wir müssen noch ein paar Formulare ausfüllen. Ich hole sie schnell.»

Adelaide nahm Platz, holte *Quetschkartoffeln gegen Trübsinn* aus ihrer Tasche und blätterte zu der Seite mit dem Lesezeichen. Doch sie war nicht bei der Sache. Nur ein paar Formulare und Minuten trennten sie noch von Fitz, und ihr Verstand konnte sich auf nichts anderes konzentrieren als seine flauschigen Ohren und sein rosa Näschen und: *Ich hoffe, er mag das Hundebett, das ich ihm gekauft habe.*

Wenige Minuten später trat eine Frau in lila T-Shirt mit Fitz auf dem Arm auf sie zu. Er hatte ein rotes Halsband um, und die Leine hing lose in der linken Hand der Frau. Sie übergab Adelaide das flauschige, schwanzwedelnde kleine Wesen, eine Verschmelzung von weißen, braunen und rötlichen Locken, und Adelaide biss sich auf die Lippe. Es fühlte sich an, als hätte ihr jemand einen Sonnenstrahl auf den Arm gesetzt, der sie sofort äußerlich und innerlich wärmte.

«Fitz», sagte die Frau. «Darf ich vorstellen, deine neue Besitzerin, Adelaide.»

«Sehr erfreut, Fitz», sagte Adelaide mit brüchiger Stimme.

«Tut mir leid», fügte sie an die Frau gewandt hinzu. «Ich bin ein bisschen emotional.»

«Verständlich», sagte die Frau. «Wir müssen nur ein paar organisatorische Sachen durchgehen, und dann dürfen Sie zwei gehen und glücklich leben bis ans Ende Ihrer Tage.»

Adelaide lächelte.

Ein paar Stunden später kam Celeste vorbei. Sie wollte Fitz unbedingt in echt kennenlernen. Er hatte direkt in Adelaides Wohnzimmerecke gepinkelt, aber das machte ihr nichts aus. Sie wischte das Malheur mit Papiertüchern und antibakteriellem Spray weg und grinste, als sie alles in den Mülleimer warf. Sie hatte jetzt einen Hund! Adelaide Williams hatte einen Hund ganz für sich allein.

Sie und Celeste hielten Fitz abwechselnd auf dem Arm, während sie heiße Schokolade tranken. Er sei so entspannt, sagte Celeste. So sanft und fügsam und süß. Adelaide nickte – peinlicherweise fragte sie sich schon jetzt, ob sie irgendwann zu der Art Person werden würde, die ihren Hund «mein kleiner Mann» nannte. (Die Antwort war Ja, auf jeden Fall.)

«Okay», sagte Celeste. «Hinter den ersten Vorsatz für dieses Jahr können wir also einen Haken setzen. Einen Hund anschaffen: erledigt.» Wieder nickte Adelaide. «Als Nächstes: Zeit für wilde Datingritte, wie du es so charmant formuliert hast.»

Adelaide rümpfte die Nase. «Eins nach dem anderen.»

«Gib mir dein Handy», sagte Celeste. «Wie wär's, wenn wir jetzt gleich einen Account erstellen und das Pflaster mit einem Ruck von deiner Datingwunde ziehen?»

Sie luden die Dating-App herunter, über die Adelaide auch Rory kennengelernt hatte – der alte Chatverlauf war noch immer gespeichert. Ihre Profilfotos waren inzwischen, nach fast zwei Jahren, natürlich nicht mehr ganz aktuell. «Aber du siehst noch genauso aus», sagte Celeste. «Die können wir später aktualisieren. Sehen wir mal, wen es so gibt.»

Wenn man genauer darüber nachdachte, war es ziemlich lustig. Bizarr. Absurd. Die ganze Geschichte hatte mit einem Algorithmus begonnen, den ein paar Typen im Silicon Valley kreiert hatten, die Sex wollten. Es waren nicht die Sterne, die Götter oder das Schicksal gewesen. Der Algorithmus einer Dating-App hatte Rory Hughes in ihr Leben gebracht und ihn dann genauso schnell wieder daraus entfernt.

Hier war sie also und spielte erneut mit dem Feuer.

Und genau hier stieß Adelaide zum dutzendsten Mal auf Bubs. Nicht im Keller eines Comedyclubs oder auf der Straße vor ihrem Büro. Sondern auf einer Dating-App – derselben, auf der sie auch Rory Hughes kennengelernt hatte, derselben, die ihr Leben entzweigerissen hatte.

Sie blickte auf sein Profil – ihr Daumen hing über seinem Gesicht, seinem schiefen Lächeln. Dann wischte sie mit dem Finger über das Display und fragte sich, was um alles in der Welt sie da getan hatte.

FRÜHLING

London, England
2023

EPILOG

Sie sah ihn wieder, natürlich sah sie ihn wieder. Jahre später joggte sie mit Fitz im Green Park an ihm vorbei (sie ging jetzt joggen!), und er stand vornübergebeugt da, um sich den Schnürsenkel zuzubinden. Sie sah, wie er bei Fitz' Anblick lächelte, und hörte ihn mit der Zunge schnalzen. Ihr fiel ein breiter Silberring an seinem linken Ringfinger auf, der im Sonnenlicht schimmerte.

Dann stand er auf und ging davon, ohne je zu bemerken, wer das andere Ende der Leine hielt. Adelaide wurde flau im Magen, und Galle stieg ihr hoch.

«Rate mal, wen ich heute getroffen habe», sagte Adelaide zu Brennan, als sie nach Hause kam. (Sie nannte Bubs jetzt Brennan.)

«Wen?», fragte er, küsste ihre verschwitzte Stirn und reichte ihr einen Eiskaffee.

«Rate.»

«Prinzessin Charlotte?», sagte er. «George, Louis? Irgendein anderes Mitglied der königlichen Familie? Vielleicht einen königlichen Geist?»

«Geist ist nah dran», sagte sie. «Rory Hughes.»

«Oh. Scheiße. Habt ihr euch unterhalten?»

Hätten sie nicht. Brennan war sichtbar erleichtert.

«Aber ich habe gesehen, dass er einen Ring trägt», sagte Adelaide bemüht lässig. «Er muss inzwischen verheiratet sein.»

«Ja», sagte er. «Ich habe gesehen, dass Diana, unsere ehemalige Kollegin, ein paar Fotos gepostet hat. Er hat eine Frau namens Ivy geheiratet, glaube ich. Sie kannten sich aus der Schule.»

«Er hat Ivy geheiratet?», fragte sie. Seine erste Freundin – die Amerikanerin, die mit falschem englischen Akzent sprach. «Und das hast du mir nicht erzählt?»

«Ich dachte, ähm. Ich dachte, du würdest es nicht gut aufnehmen.»

Unrecht hatte er damit nicht, dachte Adelaide, wenn man bedachte, wie übel ihr beim Anblick von Rorys Ring geworden war. Aber ganz recht hatte er auch nicht.

So vieles hatte sich verändert, seit sie Rory das letzte Mal zu Gesicht bekommen hatte. Sie lebte immer noch in London, ja, aber inzwischen war sie bei Brennan eingezogen, in sein Haus in Angel – es hatte einen kleinen Garten für Fitz, einen alten Kamin voller dicker Kerzen, auf dessen Sims blühende Orchideen standen, und ein plüschiges Kingsize-Bett, in dem sie jede Nacht gemeinsam schliefen. (Manchmal beschwerte sich Brennan, dass sie nachts um sich trat, aber er bat sie nie, auf dem Boden zu schlafen.) Sie arbeitete auch immer noch mit Sam und Djibril für Alliance, obwohl sie sich schon seit einigen Monaten auf Jobs bei der amerikanischen Wahlkampftour bewarb. Sie war entschlossen, einer weiblichen Kandidatin zu helfen, ein politisches Mandat in den USA zu gewinnen. (Adelaide hatte aus der Collegezeit noch ein paar Kontakte.)

Madison und Celeste hatten England beide verlassen: Madison lebte jetzt zusammen mit Anurak in Singapur – sie war Rektorin einer amerikanischen Schule, er arbeitete für ein Investmentunternehmen, das Tech-Start-ups im Bildungsbereich finanzierte –, und Celeste war im vergangenen Oktober kurzerhand mit einem französischen Bankier-Slash-DJ durchgebrannt. Sie teilten sich eine Wohnung in der Nähe des Canal Saint-Martin in Paris; Celeste unterrichtete an einer Vorschule für Diplomatenkinder. Natürlich.

Eloise und Nico lebten in Brooklyn, wo Eloise bei einer kleinen gemeinnützigen Organisation für Strafrecht arbeitete. Sie war schwanger mit ihrem ersten Kind, einem Mädchen, das Mia Lucille Adelaide Demopoulos heißen und jedem einzelnen Buchstaben ihres Namens gerecht werden sollte.

Adelaide dachte an ihre Freundinnen und an ihre Familie, an ihren süßen kleinen Neffen und das Baby, mit dem sie bald den Namen teilen würde. Sie dachte daran, wie ihr jedes Mal das Herz in der Brust schwoll, wenn sie mit ihnen telefonierte, und wie sie nie ohne ein «Ich hab dich lieb» auflegte. In Brennan verliebt zu sein, fühlte sich an, wie an den Kamin gekuschelt heißen Tee zu trinken. Jeder Schluck seiner Gesellschaft wärmte ihr Innerstes, ihr Herz und ihre Seele.

Sie wusste natürlich, dass Liebe in verschiedenen Formen kam, doch sie neigte dazu, sie in einem alles verzehrenden, schwindelerregenden Ausmaß zu empfinden (sei es romantische, platonische oder familiäre Liebe). Für ihre Freunde. Für ihre Familie. Für fiktive Buchcharaktere und adoptierte Hunde namens Fitz und jetzt auch für Brennan Uralla-Burke. Sie tauchte mit dem Kopf voran in diese Liebe ein. Anders konnte sie es nicht.

Rory Hughes liebte auf eine andere Weise. Inzwischen hatte sie erkannt, dass sein Herz ganz anders funktionierte als ihres. Rorys Liebe existierte in der Vergangenheit, nicht in der Gegenwart. Letztendlich hatte er seine Flamme aus der Schulzeit geheiratet – jahrzehntelange Rückschau war nötig gewesen, bis ihm klar wurde, dass sie die Person war, mit der er sein Leben verbringen wollte, höchstwahrscheinlich, weil Rory nicht in die Zukunft blickte. Aber Adelaide? Adelaide hatte ihre gemeinsame Zukunft sofort vor Augen gehabt. Sie hatte sich in ihn verliebt, wie sie sich immer verliebte. Indem sie sich ohne Zögern hineinstürzte. Es war erfrischend und belebend wie Schwimmen im Winter: ein eisiger Rausch. Aber es war auch schmerzhaft, betäubend und unglaublich kalt. Es war nie diese kuschelige Art von Liebe gewesen, wie verzweifelt sie auch versucht hatte, ihre Beziehung mit Wärme zu füllen.

Sie hoffte darauf, dass Rory jetzt, rückblickend, vielleicht erkannte, dass er Adelaide durchaus geliebt hatte. Dass sie immer einen kleinen Teil seines Herzens bewohnen würde, genau wie Nathalie (und genauso, wie er immer in einem kleinen Teil ihres Herzens wohnen würde). Aber sie würde es nie erfahren. Es gab immer noch so viel, was Adelaide nicht wusste – nicht weiß.

Adelaide weiß zum Beispiel nicht, dass Brennan jetzt gerade in seiner Sockenschublade ein Ringkästchen und zwei Zugtickets nach Paris versteckt. Sie weiß nicht, dass er sie in nur vier Wochen um sechs Uhr morgens aufwecken und darauf bestehen wird, dass sie sich für ein Überraschungsabenteuer fertig macht. Dass er bereits ihre Reisetaschen gepackt haben wird und für Mitternacht einen Antrag im Montmartre plant. Dass Celeste sie am darauffolgenden Morgen mit Mimosas, Croissants und einer Menge Blumen und Umarmungen in der Hotellobby überraschen will. (Jetzt gerade weiß nicht mal Brennan, dass er diesen Plan am Abend vor der Fahrt nach Paris komplett über den Haufen werfen wird. Dass er Adelaide über zwei Pizzakartons von Pizza Express ansehen und sagen wird: «Scheiß drauf, ich kann es einfach nicht abwarten, unser gemeinsames Leben zu beginnen», um anschließend ins Schlafzimmer zu rennen, den Ring zu holen und ihr genau dort, auf dem Boden, einen Antrag zu machen, während Fitz ihre Pizzakrusten klaut.

Sie weiß nicht, dass sie einen Anruf von einer gewissen Präsidentschaftskandidatin bekommen wird. Dass sie nur wenige Tage nach ihrer Verlobung das Angebot bekommen wird, das PR-Team für die Wahlkampftour zu unterstützen und somit einen winzigen Beitrag zur Wahl der ersten Präsidentin der USA zu leisten. (Auch weiß sie nicht, dass sie in South Carolina ratzfatz fünf Kilo zunehmen wird, weil sie sich ausschließlich von Jack-in-the-Box-Keksen ernährt, woraufhin Brennan bemerkt, dass sie sich auf ganz andere Art für die Hochzeit in Form bringt.)

Sie weiß nicht, dass sie in zwei Jahren auf einem alten, mit Blauregen bewachsenen und mit Lichterketten geschmückten englischen Gutshaus heiraten werden, Brennan im marineblauen Anzug, während ihnen beiden die Tränen kommen, wenn sie zum Traualtar schreitet, und sie einander «Verdammte Hacke» zuraunen und kichern. Sie weiß nicht, dass sie ihr eigenes Gelübde verfassen wird, in dem sie Brennan einen Traum nennt und ihn mit einem Schläfchen im Sonnenschein vergleicht – warm und tröstlich, fast wie echte Zauberei. (Den nächsten Teil würde sie nicht laut vorlesen: dass sie einmal geglaubt hatte, Rory sei die Sonne. Dass sie wie Ikarus zu dicht an sie herangeflogen war. Und dass sie daraus gelernt hatte.) Auch Brennan wird ein Gelübde schreiben. Er wird Adelaide sagen, dass sie perfekt ist, und ihr versprechen, jedes bisschen Licht und Dunkelheit in ihr zu lieben, komme, was wolle. Er wird geloben, ihr jeden Montag Blumen zu kaufen, einfach so. Seine Mutter wird wohlriechenden Rauch um sie beide verteilen – um das Böse zu vertreiben und das Paar ausschließlich mit Gutem zu umgeben.

Sie weiß nicht, dass es nach diesem unvergesslichen Tag

etliche Tage geben wird, die sich unbezwingbar schwierig anfühlen werden. Dass es noch mehr missglückte Schwangerschaften, mehr zu betrauernde Todesfälle, mehr innere Unruhe geben wird, mehr Schmerz, Leid und schweren Ballast zu tragen. Und auch wenn sie nicht weiß, dass es all diese Tage geben wird, weiß sie doch, dass sie sie überstehen wird. (Genauso, wie sie jeden anderen schweren Tag überstanden hat.)

Sie weiß nicht, wie es sich anfühlen wird, das erste Mal die süße kleine Mia Lucille im Arm zu halten, ihre klitzekleinen Finger und Zehen zu zählen und ihr hoch und heilig zu versprechen, dass sie auf immer und ewig ihre beste Freundin sein wird. Wie es sein wird, ihr Geheimnisse über Eloise und ihr Junggesellinnenabschieds-Wochenende vor einigen Jahren in London zuzuflüstern. Sie weiß nicht, dass sie auch Madison und Celeste an den Tagen ihrer Hochzeiten an sich drücken wird – auf einer tropischen Insel und an der Côte d'Azur –, ihre schwitzigen Hände spüren und sagen wird, ja, sie dufteten fantastisch, und nein, ihr Eyeliner sei nicht verschmiert.

Nein, nichts davon weiß sie. Im Moment weiß sie nur, dass sie am Leben ist und atmet und dass sie geliebt wird. Sie ist hier. Und alles wird gut werden.

DANKSAGUNG

All meine Liebe und Dankbarkeit gilt Melissa Edwards und Sallie Lotz, meiner unendlich weisen (und unendlich geduldigen) Agentin und der wunderbarsten Lektorin der Welt. Danke, dass ihr meine Träume habt wahr werden lassen, und danke, dass ihr mich daran erinnert habt, mich nicht mit Krümeln zu begnügen, wenn es Kuchen und Champagner gibt. Ich werde nie wissen, womit ich eure geballte Großzügigkeit und Beratung verdient habe, aber ich werde auf immer (und ewig!) dankbar sein.

Großer Dank gilt auch Sarah Cantin, Jen Enderlin, Lisa Senz und allen Mitarbeiter:innen von St. Martin's Press – von der Herstellung bis zum Verkauf – für euren Enthusiasmus und dafür, dass ihr seit der ersten Seite an diese Geschichte geglaubt habt. Dank an Olga Grlic für das umwerfende Cover der englischsprachigen Ausgabe. An Henry Kaufmann für deine Ratschläge und Musikanregungen. An Terry McGarry für die geschickten Überarbeitungen. An Addison Duffy und Olivia Fanaro von der United Talent Agency dafür, dass ihr Potenzial in diesen Seiten gesehen habt. An Ben Fowler, Anna Carmichael und Rachel Clements von Abner Stein (und an die süße Emily Patience!) für eure immense Hilfe auf der anderen Seite des Großen Teichs. An Mary Moates, Alexis Neuville und Brant Janeway dafür, dass ihr dieses Buch bis zum Abwinken beworben habt. Man braucht wirklich ein gesamtes Dorf, und ich bin hellauf begeistert, euch alle an Bord von *Team Adelaide* zu haben.

An meine Eltern, Beth und Brian Wheeler, die mich auf jede

erdenkliche Weise und bei all meinen Bestrebungen unterstützt haben. Danke, dass ihr mir immerzu gesagt habt, dass ich es schaffen kann und schaffen werde und dass es mit der Zeit besser wird. Ihr hattet recht. Euch verdanke ich alles.

Meinen Schwestern, Kate Heranis und Tori Wheeler, danke ich dafür, dass ihr mir Erfolg und Durchhaltevermögen in der reinsten Form vorlebt. Meinen süßen Neffen, Clarke und Dean, danke, dass ihr mir so viel Hoffnung gebt. Und George, danke, dass du uns alle in Schach hältst.

An Torri und Stephanie Macarages, meine Lieblingsleserin und die wunderbare Frau, die sie zu meiner besten Freundin gemacht hat. An Megan Daglaris, meine Megster (und meine Cosmo), die erste Frau, die mir gezeigt hat, wie wahre Freundschaft aussieht. An Elyse Crescitelli, die der Grund ist, weshalb ich heute noch auf dieser Erde weile. Ich bin so froh, dass wir hier sind, um gegenseitig unsere Scherben zusammenzuhalten; ein Danke ist nicht mal ansatzweise genug.

An Emma Leighton und Emily Glaser, die stets Ja gesagt haben zum x-ten Mal *Jeopardy!*, zu Deliveroo-Bestellungen und «London Bridge»-Tanzpartys. Und an Lucy Cross und Allison Schoner, zwei (der vielen) Frauen, die mir geholfen haben, meine Tränen zu trocknen, meine Möbel aufzubauen und mein Herz zu flicken. Danke, dass ihr mit mir lebt und mit mir geht – durch die höchsten Höhenflüge und tiefsten Tiefpunkte. Bei euch fühle ich mich zu Hause.

An Iain Naylor, der im wildesten und perfekten Moment in mein Leben getreten ist und dieses Buch in unvorstellbarer Weise unterstützt hat – danke, dass du mein Happy End bist. Ich habe so ein absolutes Glück, dich zu lieben und von dir geliebt zu werden. (Und ich bin so dankbar, dass *das listige Luder* uns beide gefunden hat!)

An Alyssa Lodge, die meine Worte zum Blühen bringt, indem sie die Blumen illustriert hat, die die Erstausgabe dieses Buches und die Innenseite meines Arms schmücken. *Je te remercie beaucoup.*

An meine besten Freund:innen und leidenschaftlichsten Ansporner:innen, von denen viele meine Sigma-Kappa-Schwestern sind: Caroline, Alex, Sophia, Miranda, Katie, Caitlin, Jenn, Carly, Christina, Anna, Raychel, Samantha, Angie, Allyson, Ramya, Katerina, Laurie, Rachel, Becca, Nicole, Vasavi, Ashwin, Camille und Nik. Danke, dass ihr etliche Stunden mit mir in Cafés und Tapas-Bars verbracht und meine ewig langen Textnachrichten ertragen habt, während ich daran gearbeitet habe, dieser Geschichte Leben einzuhauchen. Ein Riesendankeschön (und Riesenumarmungen) an Lisa, Alyssa, Amanda und die erweiterten Familienkreise Wheeler, Kinney und Phillips für die zusätzlichen Ermutigungen und Champagnertoasts.

An meine Kolleg:innen und Mentor:innen der letzten Jahre – Jaime, Samir, Lori, Emily, Caroline (die Liste geht noch weiter). An Lexie Hewitt, eine Lebensretterin im wahrsten Sinne des Wortes. Und an die Frauen von Powell, die mich mit vereinten Kräften durch meine Zeit in New York gebracht haben. Danke für die niemals endende Inspiration und euer Verständnis. Ich bewundere euch alle.

An Lily Herman, Hannah Orenstein, Beck Dorey-Stein und all die anderen brillanten Autor:innen, die mich unterstützt und mein Buch angepriesen haben – danke für die frühen Korrekturen, weisen Ratschläge und die kosmische Motivation. Das bedeutet mir mehr, als Sie ahnen. (Oh, und ein großer Applaus an den Bad Bitch Book Club für die stete Publicity!)

Meiner Wunder vollbringenden Therapeutin Janet, danke, dass Sie mich durch diese Zeit begleitet und mir das Rüstzeug gegeben haben, besser für mich selbst zu sorgen. Und danke

Sandhya, dass Sie mir geholfen haben, den Zaubertrank zu finden. Falls auch ihr zu kämpfen habt – damit, ein Buch zu schreiben, morgens aufzustehen oder tief nach innen zu schauen – und wenn ihr *leben* wollt, bitte wisst, so klischeehaft es auch sein mag, dass es tatsächlich Licht am Ende des Tunnels gibt und dass Hilfe bereitsteht.

Und schlussendlich eine anerkennende Erwähnung für LK. In den Worten von Charles Dickens: *Seit ich Dich kenne, plagt mich eine Reue, von der ich dachte, sie würde mich nie wieder belasten, und ich höre das Flüstern alter, mich aufwärtstreibender Stimmen, die ich für immer verstummt glaubte ... Ein Traum, alles ein Traum, der mit nichts endet und den Schläfer dort zurücklässt, wo er sich niederlegte. Aber Du sollst wissen, dass Du ihn beflügelt hast!* Es hat nicht mit nichts geendet. Danke, du.

Quellen

Zitate aus Joan Didion, *Das weiße Album*, Ullstein 2022,
auf Seite 7, Beck Dorey-Stein, *Good Morning, Mr. President!*,
Rowohlt 2018, auf Seite 7, Madeleine L'Engle, *Das Zeiträtsel*,
Piper 2018, auf Seite 40 und Seite 256

Maxim Adam Bemis, *A Walk Through Hell* auf Seite 60
Darwin Merwan Smith, *Constellations* auf Seite 72
Rupert Holmes, *Escape (The Piña Colada Song)* auf Seite 110
Kanye West, Onika Maraj, William Roberts II, Shawn Carter,
Justin Vernon, Mike Dean, Patrick Reynolds, Ben Broffman,
Malik Yusef Jones, Harley Wertheimer, Daniel Lynas,
Monster auf Seite 181
Mack David, Al Hoffman, Jerry Livingston, *So This Is Love
(Cinderella Song)* auf Seite 205
Kate Nash, *Merry Happy* auf Seite 364